Théâtre

A quoi joue-t-on !??

Jeux de déconstruction

Jean Renault

Préface

En regroupant, ici, des textes écrits au cours de ces quinze dernières années, j'ai réalisé à quel point ils traitaient de processus, de jeux de « déconstruction », intemporels ou inhérents au monde d'aujourd'hui, suscités ou subis.

« **Il va bientôt faire nuit** », parle du crime pour raison d'état, « **Démons intérieur** », du génocide, « **Le labyrinthe mental** », de la torture, « **Rêve chinois** », des délocalisations, « **L'enquête romaine** », des Eglises et la sexualité, « **On riait de l'idiot du village** », de l'islamisme, « **Maurice** », d'Alzheimer, « **Futur antérieur** », de l'abysse entre les croyances archaïques et les découvertes fascinantes, d'aujourd'hui.

Je remercie, José Valverde, auteur, metteur en scène, qui le premier, a mis en lecture un de mes textes, « Chloé », au théâtre de l'Essaïon de Paris,
Diane de Segonzac qui en fut la première interprète,
Nicolas Bataille, comédien, metteur en scène, et son équipe de comédienne et comédiens qui ont joué « Kidnappée » au Théâtre de La Huchette,
Louise Doutreligne, écrivain et comédienne, qui m'a permis de rejoindre « Les Ecrivains Associés du Théâtre », et m'a beaucoup aidé et appris,
Daniel Lemahieu, pour ses premiers conseils au coin four,
Jean Luc Paliès, metteur en scène, (et l'équipe d'Influenscènes) qui a présenté en version pupitre au théâtre du Rond Point de Paris et au Théâtre Gérard Philipe de Fontenay-sous-Bois « Rêve chinois », et « Modulors »,
Dominique Paquet, écrivain et comédienne, pour sa pédagogie, et sa remarquable interprétation de « L'employée » dans « Rêve chinois »,
Patrick Simon, professeur de théâtre, comédien, metteur en scène, pour avoir joué mon propre rôle, à s'y méprendre, dans « Modulors »,
Marie Josée Brakha, metteur en scène, (et les membres de Des Mots et des Actes) qui a mis en lecture au théâtre Darius Milhaud, quatre de mes textes, « Il va bientôt faire nuit » et « Sels et chocolats », « Tremblements de terre », et « Bagdad airport »,
Michel Cochet, metteur en scène, et les membres de « A Mots Découverts » pour leurs analyses, leurs conseils et leurs critiques, avisés et riches,
Lise Martin pour avoir présenté « Démons intérieurs » en lecture publique à « Lire en Fête »,
Le comité de lecture des Ecrivains Associés du Théâtre, qui sous les présidences d'Elie Pressmann, de Gérard Levoyer et de Dominique Chryssoulis ont fait entrer au répertoire cinq de mes textes : « Accords trop parfait », « Voie ferrée », « Rêve chinois », « Le labyrinthe mental » et « L'enquête romaine ».
Mes camarades, écrivains de théâtre et comédiens, pour en avoir interprété deux autres au Palais de la Découverte, « L'escroquerie quantique » et « Yo ».
--- femmes et hommes sans lesquels ce recueil n'aurait sans doute pas vu le jour.

Avertissement.

Toute représentation ou lecture publique de ces textes, hors celles gratuites servant aux comédiens lors de leurs examens, nécessite l'autorisation préalable de la SACD.
Numéro SACD de l'auteur : 62074 26

Il va bientôt faire nuit

Jean Renault

A Lou Renault, pour ses transgressions et son leadership et Vadim Renault pour son regard acéré et son indépendance.

*****

Préambule

Ce texte a fait l'objet lectures publiques :
Au **Théâtre de L'Opprimé**, avec Yves Beneyton, Henri Courseaux, Elisabeth Margoni et Jacques Tessier, en 2002.
A **L'hôtel des Arts et Métiers** ; avec Pierre Carrive, Alain Farrès, Christine Gagnepain et Loïc Pichon, en 2005.
Au **Théâtre Darius Milhaud**, par Marie-Josée Brakha (Des Mots et des Actes), avec Ana Bara, Gilbert Edelin, David Gale, Michel Santelli, en 2010.

Il a été traduit en Espagnol par Santiago Martin Bermùdez

*****

Les personnages

Judith E.   Chef du Service Action.
Bernard L.   Conseiller Juridique.
Aymar P.   Conseiller Civil
Gautier M.   Conseiller Militaire.

Décors

Le salon d'une maison

*****

Scène 1
Judith, Aymar, et Gautier, tendus, sont assis autour d'une grande table. Sur la table, de l'eau et quatre verres. La discussion a commencé. Les débats sont entrecoupés de silences pesants.

Judith

(Regardant sa montre) Que fait-il !!?

Gautier

Il s'est perdu !

Aymar

Judith, un peu d'eau !??

Judith

Je vous en prie !

Gautier

(Tendant son verre) De toute façon---

Judith

Ils sont une trentaine !

Aymar

(A Judith) C'est préoccupant !

Bernard

(Entrant dans la pièce, détendu) C'était très loin, je suis passé trois fois devant---. Je ne connaissais pas ! *(Un temps)* Je n'ai pas reçu d'ordre du jour !

Gautier

Il n'y a pas d'ordre du jour !

Aymar

L'enquête a donc confirmé vos soupçons !

Judith

Sans ambiguïté !

Gautier

Le crime est presque parfait !

Bernard

De quoi s'agit-il !??

Judith

Asseyez-vous ! *(Un temps)* L'étendue de la gangrène est encore imprécise !

Bernard

De quel genre de soupçon !??

Gautier

Habituellement, vous ignorez les simples soupçons !

Bernard

Avec raison !!!

Aymar

Je n'en connais pas de précédent ! *(Un temps)* Notre neutralité politique doit être incontestable !

Judith

Les preuves sont accablantes !

Aymar

Je vous félicite pour avoir réagi aussi vite ---

Judith

Il nous a fallu six mois !

Gautier

Une crapule trop confiante baisse la garde !

Aymar

--- et sans attirer l'attention !

Judith

Nous ne serions plus là pour en parler !!!

Bernard

Euh ! Pourriez-vous m'éclairer !??

Judith

Quand un premier journaliste a disparu, nous avons dressé l'oreille ! *(Un temps)* Il s'était volatilisé ! *(Un temps)* Quand un second, enquêtant sur le même sujet, est mort à la suite d'un accident inexplicable, nous avons décidé de fouiller les poubelles--- pour en découvrir les commanditaires et la raison ! *(Un temps)* Et nous sommes allés de surprises en surprises !

Bernard

Vous n'en aviez rien dit !??

Aymar

Vous pensez les avoir identifiés !??

Judith

Il y a forte probabilité que la liste que nous avons établie soit bonne ! *(Un temps)* Après six mois d'enquêtes et d'écoutes---.

Scène 2

Autour de la table, les personnages se figent, la lumière baisse et s'oriente sur Judith, songeuse. On entend, en voix off, une femme au téléphone, très enjouée.

Voix féminine off *(Une)*

Finalement, j'ai fait faire des mèches ! Légèrement platinées. *(Un temps)* Je ne pouvais plus me voir en peinture ! C'est très réussi, a murmuré ma voisine. *(Un temps)* C'était la deuxième fois que nous étions côte à côte ! Une femme charmante ! Nous avons sympathisé. Je suis tellement bavarde ! Je lui ai raconté ma vie. *(Un temps)* Martin me reproche d'être trop confiante. Un vrai parano ! *(Un temps)* On se retrouve à midi ! *(Un temps)* As-tu déjà été suivie !?? *(Un temps)* Tu me diras, comment tu me trouves !

Scène 3

La lumière revient brutalement. Et les personnages se raniment.

Bernard

En quoi sommes nous concernés par la disparition de deux journalistes !??

Judith

Par le mobile !

Aymar

Trente !?? *(Un temps)* C'est tentaculaire ! Le paysage parlementaire risque d'en être bouleversé ! La majorité était déjà réduite. Je participais d'ailleurs à un débat sur ce sujet !

Bernard

Le mobile !??

Judith

(Pincée) Nous avons découvert qu'une officine mafieuse avait pris le contrôle de l'exécutif !

Bernard

--- pris le contrôle de l'exécutif ??? *(Un temps)* Ce que vous avancez est très grave ! Soyez plus précise !

Judith

--- que notre gouvernement obéissait à des tiers ! On en devine d'ailleurs les prémisses !

Bernard

J'ai peine à vous croire ---

Gautier

Nous devons neutraliser ces fripouilles !!!

Aymar

Avec prudence---.

Bernard

Neutraliser, comment !!?

Gautier

Avec un seul souci, le résultat !

Bernard

J'adore vos raccourcis ! *(Un temps)* Mais, les chemins de traverse sont exclus !

Judith

Nous allons être mis sur la touche ! *(Un temps)* Dans quelques jours tout au plus. Voire, dès demain ! Et je n'ai pas pour habitude d'exagérer les menaces !

Gautier

L'eau est croupie !!!

Bernard

Ne sombrons pas dans la paranoïa---

Judith

Le nouveau directeur, un homme antipathique, interroge, s'approche ---. Il va découvrir ce sur quoi nous avons enquêté ! *(Un temps)* Nous avons un problème de timing !

Bernard

Le directeur !!?

Judith

Son prédécesseur partageait nos craintes ! Ils l'ont évincé ! *(Un temps)* Il est difficile de procéder par étape !

Bernard

Vous voudriez arrêter une trentaine de personnes sur la base de présomptions ! C'est ça !??

Gautier

Non ! Les éliminer !

Aymar

Allons !??

Judith

Trois des ministres leur obéissent !

Aymar

L'opposition est-elle contaminée ?

Bernard

Si les preuves sont claires, il faut les inculper et faire démissionner ces ministres ! *(Un temps)* De qui parle-t-on !!?

Gautier

Nous aurions disparu bien avant !!!

Bernard

J'ai peine à l'imaginer --- !

Aymar

Sommes-nous surveillés ?

Judith

J'en ai l'intuition ! *(Un temps)* D'où cet endroit et les précautions que je vous ai demandées de prendre pour y venir !

Aymar

C'était sage !

Bernard

Je découvre cette histoire---

Gautier

Les faire disparaître est seul à même d'écarter tout danger !

Bernard

Les faire disparaître !!? *(Il époussette inutilement sa veste et le refera chaque fois que la tension montera d'un cran)* Je croyais avoir mal entendu !!!

Judith

Avons-nous d'autres choix !??

Aymar

Gardons raison !

Bernard

Trente cibles !?? *(Un temps)* Vous n'y songez pas !!?

Aymar

Je ne conteste pas votre enquête, mais de quoi est-on certain ?

Bernard

Il est exclu d'agir en dehors des règles !!!

Gautier

Ces salauds n'ont pas vos réticences !!!

Judith

Je n'avais jamais pensé, devoir faire face, à un pareil complot !

Bernard

Les dispositions réglementaires sont assez vastes pour y répondre !

Judith

L'affaire va nous échapper !

Bernard

Pouvons-nous oublier les règles !!?

Judith

Il s'agit d'un coup d'état !!! *(Un temps)* D'autant plus délétère qu'il est discret et rampant !

Aymar

Ce serait un séisme--- !

Bernard

Emprisonner vos suspects peut aller vite !

Gautier

Les libérer, tout aussi vite !!! *(Un temps)* Vous sous-estimez leur pouvoir !

Aymar

C'est un cas d'école ! Mais de là à ---. *(Un temps)* Avez-vous songé aux rebonds !?? *(Un temps)* Il ne s'agirait pas d'éclaboussures, mais de tsunami !

Bernard

Si vos arguments sont convaincants, rendez les publics !

Judith

La démesure de la situation nuit à sa crédibilité ! C'est nous qui serions accusés de complot !

Aymar

Je veux bien l'admettre, mais sans tout à fait, vous suivre !

Gautier

On nous croira une fois, morts ! *(A Bernard)* Je ne comprends pas vos scrupules !!!

Bernard

Nous n'allons pas imiter la mafia sur son absence de scrupules !!!

Gautier

Que faites-vous ici !!?

Aymar

(Un temps) Une semblable riposte ne serait plus maîtrisable !

Bernard

Entre autres !

Gautier

Nous devons répondre à un acte de guerre !

Judith

--- de façon proportionnée !

Bernard

Proportionné !?? Vous parlez de la disparition de deux journalistes--- !

Aymar

Comment se font-ils obéir ?

Judith

Un ministre est acheté ! Et deux autres menacés ! Leurs proches, pris en otage !

Aymar

Je n'en reviens pas !

Judith

Quand je l'ai moi-même compris ---

Bernard

Protégeons ces otages !

Gautier

Comment !!?

Judith

Ces deux ministres, je doute de leur courage, préféreront oublier la démocratie !

Bernard

Nous avons des règles d'engagement ! *(Un temps)* J'en suis le garant !

Judith

Bernard, nos activités sont inscrites dans la légitimité plutôt que dans le droit ! Et dans un cas aussi grave et pressant---.

Bernard

Pour un tel nombre de cibles, nous serions mis en cause !

Gautier

Que proposez-vous !!?

Bernard

Ce n'est pas de mon ressort ! *(Un temps)* Je vérifie la licité des opérations !

Judith

Nous devons choisir entre l'illégalité et l'échec ! *(Un temps)* Et en cas d'échec, le respect de la loi serait pour longtemps compromis !

Aymar

Je suis réservé devant l'emploi de solutions irréversibles ! *(Un temps)* Politiquement réservé !

Bernard

Je suis soulagé ---

Gautier

Comment les mettre hors d'état de nuire !!?

Bernard

Je n'en sais rien !

Judith

Il ne s'agit pas de punir --- mais de défendre !

Gautier

--- ni de disserter avec une bardé d'avocats en habit de cour !

Bernard

Trouvons des preuves qui soient irréfutables !

Gautier

Nous n'en avons pas le temps !

Judith

Celles qui ont été recueillies sont convaincantes à défaut d'être parfaites !

Aymar

De quels ministres s'agit-il ?

Judith

Du premier d'entre eux, du Ministre de l'intérieur et de celui de la Justice !

Bernard

Du premier Ministre !??

Aymar

Notre approche est trop rationnelle !

Judith

Nous parlons d'une dictature de fait !

Bernard

Pourquoi nous charger de ce problème !??

Judith

(Tapotant nerveusement avec un crayon, geste qu'elle refera) J'accepte les avis divergents, mais moins d'être agacée !!!

Bernard

Si c'est le cas, les médias et le peuple, vont très vite s'opposer à des abus bientôt visibles !

Gautier

Vous préférez qu'ils s'installent !!?

Aymar

Vous seriez prête à supprimer une trentaine de suspects, dont trois ministres ?

Judith

Une fois confondus, deux des ministres démissionneront ! *(Un temps)* Nous fournirons une arme au plus vénal !!!

Aymar

(Pianotant des doigts sur la table) C'est un vrai bâton merdeux !

Bernard

Et vous n'hésiteriez pas, s'ils ne sont pas tous ou réellement, coupables, à faire disparaître quelques innocents !?? *(Un temps)* Je ne me laisserai pas entraîner dans ce---

Gautier

Ils ont du sang sur les mains !

Aymar

C'est une addition dont nous ignorons le prix ! *(Un temps)* Je n'achète jamais en aveugle un service aussi coûteux !

Judith

Nous parlons de dictature et de grand banditisme !

Aymar

Cette mafia va se reconstituer !

Judith

Les criminels d'une telle envergure sont assez rares !

Gautier

Les imitateurs potentiels apprécieront l'exemple !!!

Judith

Le temps joue contre nous ! *(Un temps)* Il faut les prendre de vitesse, nous ne pourrons frapper qu'une fois, et les surprendre ! *(Un temps)* Les éliminations seraient simultanées !

Bernard

Où sont-ils ?

Judith

Pour la plupart, à l'intérieur de nos frontières !

Aymar

Vous envisagez d'en éliminer à l'étranger !??

Gautier

Soit, ils sont sur la liste, soit, ils n'y sont pas !!!

Bernard

(Un temps) Quelqu'un aurait-il du chocolat ? *(Un temps)* Vous en parlez comme s'il s'agissait d'une liste de commissions !

Aymar

Par quels moyens ?

Judith

Habituels !

Gautier

Le fusil à lunettes et plus puissant si la cible est à l'intérieur d'une maison !

Aymar

Nous aurons des dégâts collatéraux !

Judith

Peut-être.

Bernard

Je ne peux pas m'associer à ça !

Gautier

Vous préférez être associé à des mafieux !

Bernard

Je n'ai pas à prouver mon attachement à la démocratie !

Gautier

Vous manifestez votre attachement au droit plutôt qu'à la démocratie !

Bernard

Ca ressort de la boucherie !

Gautier

Ce n'est pas la première fois que nous éliminons quelqu'un !

Bernard

Toute une tribu, si !!! *(Se levant pour se diriger vers un meuble)* Il faut que je croque quelque chose !

Gautier

Ces placards sont vides !!! *(Un temps)* Nous sommes là pour ça !

Bernard

Nous sommes là pour obéir à des instructions ministérielles ! Et là, il s'agit d'une auto-saisine !!!

Judith

La position des cibles est déterminante ! Nous connaissons leurs habitudes ! Et si je vous ai réuni ce soir ---

Bernard

Leurs proches risquent d'être touchés ! *(Un temps)* La culpabilité de vos cibles est incertaine, que dire de celle de leurs enfants !!?

Gautier

Vous manœuvrez comme un ours devant quelques rats ! *(Un temps)* Ces animaux propagent la peste !!!

Aymar

La majorité et l'opposition ne s'entendront jamais pour en gérer les suites !

Bernard

Où sont vos preuves !!?

Judith

(Posant plusieurs dossiers sur la table) Prenez-en connaissance !

Bernard

(Rapprochant un dossier, mais sans l'ouvrir) Quels sont leurs mobiles ?

Gautier

Les ventes d'armes !

Bernard

Les ventes d'armes !??

Judith

Entre autres ! *(Un temps)* Pousser à des investissements militaires discutables, aux ventes d'armes à des tiers susceptibles de les retourner un jour contre nous, générer des rétro-commissions ---. Mais c'est plus compliqué et plus vaste ! Ils ont entrepris de s'emparer des médias !

Bernard

Vous voulez en faire un exemple !

Judith

Le crime se suffit à lui-même ! *(Un temps)* J'avais six ans quand un inconnu a essayé de m'enlever ! *(Un temps)* Nous étions seules avec maman ! Il faisait noir ! *(Un temps)* Elle s'est souvenue que le héron éliminait son adversaire en lui traversant l'œil. *(Un temps)* Je me souviens du regard de cet homme--- il n'avait pas de regard ! *(Un temps)* Elle m'a poussée vers lui, a ouvert son sac et s'est emparée d'un crayon. L'homme s'est effondré ! *(Un temps)* J'ignore encore son mobile. *(Un temps)* Nous faisons face à un même gouffre ! Et je redoute, beaucoup plus, la tumeur que le traitement.

Bernard

Je comprends pourquoi vous êtes à ce poste ! A défaut d'être certains de leur mobile, nous connaissons le nôtre !

Aymar

Bernard !!! *(Un temps)* Comment avez vous établi cette liste ?

Judith

Le cerveau et les premiers engrenages ! *(Un temps)* Nous arrêterons les autres !

Bernard

Et, vous dites craindre pour votre vie ?

Gautier

Accessoirement, pour la vôtre !

Judith

Il ne me déplaît pas de les défaire !!!

Aymar

Quelle que soit notre futur tuteur, nous aurons du mal à le convaincre du bien fondé de cette décision ! *(Un temps)* Quand voudriez-vous procéder ?

Judith

(Prenant son téléphone) Identification C 78121 ! Où en êtes-vous ? ---------- Très bien ! *(Raccrochant)* Nos hommes sont en place !

Aymar

Dès ce soir !??

Bernard

Vous êtes juge d'instruction, jury de cour d'assise et bourreau, il n'y a pas d'avocat, la sentence est immédiate et vous aimeriez que je vous couvre !!?

Judith

C'est un flagrant délit !

Aymar

Je n'aime pas être pris à la gorge---.

Judith

Devant l'imminence d'être, nous-mêmes, découvert, avons-nous le choix !!?

Aymar

Comment habiller une semblable hécatombe !??

Gautier

(Regardant sa montre) Quelle heure est-il ?

Bernard

Trente cibles !!?

Gautier

Raison de plus !

Bernard

Et quand nécessaire, avec des roquettes !!!

Gautier

Pour la délinquance en cravate, les roquettes sont exemplaires !!!

Bernard

J'ai compris que vous vouliez en faire un module pédagogique !!!

Gautier

Non !!! Juste rappeler la violence qui sévit au sommet d'un état et l'absence d'avertissement quand on s'en prend à lui !

Judith

Pratique-t-on ce genre de crime sans en connaître les règles ?

Aymar

Nous devons faire preuve de mesure, de décence, de circonspection---.

Gautier

Comment le faire autrement qu'en ne les ratant pas !

Judith

C'est assez ça ---.

Bernard

Pourquoi ne pas se limiter à les mettre hors d'état de nuire ? *(Un temps)* Les blesser ? Je ne sais pas !

Gautier

Jusque là, vous montriez moins d'innocence !

Bernard

Nous vivons sur des planètes différentes !

Gautier

Des dissidents laotiens m'avaient enfermé dans une cage ! Je chiais contre les barreaux !!!
Il faut un minimum de courage pour éviter d'en arriver là !

Bernard

Vous sombrez dans le ressentiment !

Gautier

Je confesse avoir l'envie de vous frapper !

Aymar

J'imagine mal la suite ! *(Un temps)* Que pourrons-nous dire et taire ? Tout rendre public, jouer aux imbéciles, une commission d'enquête inopérante complétant le décor ? C'est éculé, mais ça fonctionne ! Puis laisser au temps le soin de l'oubli--- ?

Judith

Innocenter l'Etat !

Aymar

C'est essentiel ! Mais complexe.

Bernard

(Aigre) Inventer des coupables !??

Judith

Eviter de reconnaître que l'exécutif était contrôlé par des tiers !

Bernard

Jamais, vous ne pourrez cacher la vérité !

Gautier

Vous attirez le merdier !

Aymar

La vérité---. *(Un temps)* Qui pourrait l'entendre !!? *(Un temps)* Dites-moi que je suis guéri, mais ne me dites pas de quoi ! C'est ce que réclame le peuple !

Judith

Le chemin est étroit !

Bernard

Comment défendre la démocratie dans de telles conditions !!?

Aymar

Le problème est bien posé !

Judith

Les subtilités trop vives ne sont pas dans ma nature ! Surtout quand je suis menacée !

Bernard

(Un temps) Y a-t-il une prédominance de race ou de religion chez vos suspects ?

Gautier

Avez-vous une préférence ?

Bernard

Pff !

Judith

Messieurs !!!

Bernard

Cette histoire me stupéfie ! Je n'arrive pas à la croire ! *(Un temps)* Asservir l'exécutif. Chez nous !??

Judith

Comment s'étonner que quelques-uns des entrepreneurs qui achètent leurs clients à l'étranger, tentent de le faire, ici !!? Face à des élus incapables parfois de leur résister ! *(Un temps)* Le pot de fer, jadis du côté de l'état, et le pot de terre, du côté de l'entreprise, ont permuté ! Et l'argile vient d'être brisée ! *(Un temps)* A nous de remplir notre devoir de sauvegarde !

Bernard

Je préférerais ne pas être là ! *(Un temps)* Peut-on voir la liste !!?

Judith

(Lui désignant le dossier) Prenez en connaissance !

Bernard

(Rapprochant un peu plus le dossier, mais toujours sans l'ouvrir) Vous reconnaissez que nos agents vont agir sans avoir la certitude de --- !

Gautier

Vous le tolérez à l'étranger ! Quand les cibles sont loin !

Judith

Bernard, notre incertitude est à minima !

Gautier

C'est la seule riposte qui soit appropriée !

Bernard

Approprié ? En l'occurrence, je n'aime pas le mot ! *(Un temps)* Cette réunion est sordide !

Gautier

Je surveillais une maison dans les Balkans ! Elle était occupée par des barbares ! *(Un temps)* Ils écoutaient une putain de musique ! Je leur ai balancé une grenade. C'était la goutte d'eau. *(Un temps)* Il faut se préserver des orchestres foireux !!!

Bernard

La goutte d'eau !??

Gautier

Une putain de musique !!!

Aymar

Que le remède soit nécessaire et la leçon, utile, soit ! Mais comment contrôler les remous ? *(Un temps)* Et les conséquences du choc sur un corps électoral dont la participation ne cesse de décliner ?

Judith

(Tendant un document à Bernard) C'est le formulaire habituel ! *(Un temps)* Il faudra, à posteriori, faire approuver l'opération. *(Un temps)* Si nous la faisons !

Bernard

Je ne peux pas signer ça !

Gautier

Vous avez peur de sauter dans le vide !

Bernard

Nous, nous ne sautons pas !!!

Judith

Jusqu'à demain ! *(Un temps)* Au-delà, j'ai des doutes que nous soyons encore en mesure d'agir et *(Un temps)* et de nous protéger !

Bernard

Avons-nous réellement le temps d'examiner vos papiers !!? *(Un temps)* Le ciel s'assombrit, et avec la nuit, nous augmentons les risques de dégâts collatéraux !

Gautier

La contrainte est vertueuse !

Bernard

Si vous saviez ce que j'ai envie de vous dire à propos de votre vertu !!!

Aymar

(Pianotant nerveusement sur la table) J'aurais aimé être prévenu plus tôt !

Judith

J'aurais préféré ! *(Un temps)* Je vous en avais dit quelques mots. *(Un temps)* Nous devons sortir d'une nasse dont le nouveau directeur va refermer l'entrée !

Bernard

Il faut que je boive !!!

Aymar

Je suis convaincu du sérieux de votre enquête, et, de notre devoir de protéger la démocratie ! Il n'y a pas là, objet à débat ! Mais ---

Bernard

Cette enquête est-elle suffisante pour l'innocent dont on va éclater la tête !!? *(Un temps)* Il faut vraiment que je boive !

Judith

Je n'ai rien à ajouter !

Gautier

Il reste de l'eau !

Bernard

Quelque chose de fort !!!

Judith

Est-ce bien le moment !!?

Bernard

Pour m'obliger à descendre trente types--- !

Judith

(Un temps) Nous avons trois agents par cible !

Aymar

---être prévenu un peu plus tôt ----

Bernard

S'ils sont en place, pourquoi nous demander notre avis !!?

Judith

Donnez-moi une raison de reporter l'opération ! *(Un temps)* En dernier ressort, c'est ici qu'il revient de plaider !

Bernard

Je n'ai aucune chance d'être entendu ! *(Un temps)* Les avocats commis d'office sont mauvais ! Ils ne connaissent pas leur dossier ! *(Un temps)* Et c'est mon cas, je le découvre !

Gautier

Vous connaissez les charges !

Bernard

Non ! Pas très bien.

Gautier

Ouvrez cette putain de chemise !!!

Bernard

Aucun texte ne nous permet de prendre cette décision !

Judith

En connaissez-vous qui soient applicables ?

Aymar

Ma position ne peut être que politique !

Gautier

Vous êtes payé pour taire votre empathie !!!

Bernard

Je n'accepte pas l'absence d'une autre proposition, moins incertaine et coûteuse !

Gautier

Trouvez-la !!!

Aymar

J'aime avoir le temps de ruminer, de laisser mûrir ---

Bernard

Ces gens là bougent, boivent, parlent aux proches ---. Et vous voulez que je décide de briser ces vies !

Judith

Oui !

Gautier

Ca me rappelle la mort de ces deux journalistes---

Bernard

Je n'en sais rien !!! *(Un temps)* Vous me demandez d'en décider en aveugle !

Judith

Deux agents par cible, un troisième pour leurs gardes du corps !

Bernard

Comment protéger leurs proches contre des roquettes !!?

Aymar

Permettez-moi d'être cynique ! En connaissons-nous beaucoup qui se soient révoltés contre des parents voyous ou dictateurs !!? *(Un temps)* Les proches profitent du crime !

Gautier

Nous avons une fenêtre de tir ! Et à défaut d'en user, il nous faudrait des années pour nous en remettre ! *(Un temps)* J'ai l'impression de négocier avec quelques-uns de leurs comparses !

Aymar

Je vous en prie !!!

Bernard

Etes-vous, certain, de ne pas vouloir en profiter pour panser de vieilles cicatrices !!?

Gautier

Je ne vous répondrai pas !!!

Judith

Nous devons décider !

Aymar

Les dés ont été lancés par d'autres !

Bernard

Vous n'avez pas besoin de moi.

Gautier

Pensez à nos agents au lieu de biaiser !!! *(Un temps)* Ils doivent cacher leurs gestes, et le temps joue contre eux ! *(Un temps)* Vous manifestez les pudeurs d'une anglaise devant une part de cake qu'elle prétend trop grosse !

Bernard

Et, pour le nouveau Directeur !??

Judith

Nous serions peu manœuvrant s'il restait aux commandes !

Bernard

Nous serons suspectés de rancunes personnelles !!!

Gautier

Il a choisi son camp !!!

Aymar

Je ne le défendrais pas ! Mais ça ne simplifiera pas la communication.

Judith

J'ai fait faire un sondage, dans deux pays voisins, pour juger des réactions populaires ! *(Un temps)* Si nous en décidons ---

Bernard

Cette méticulosité me remplit d'effroi !

Judith

C'est assez favorable !

Aymar

C'est un élément essentiel et nouveau !

Bernard

Ceux qui ont répondu n'ont pas à presser sur la détente ! *(Un temps)* Ils changeront d'avis devant le sang sur les photos !!!

Judith

Je reconnais que les conséquences sont difficilement prévisibles !

Aymar

Votre sondage nous en donne une idée !

Bernard

Enfant, je détestais que les copains plantent une paille dans le cul des sauterelles !!!

Judith

Je refuse la comparaison !!! Et si c'était nécessaire, je les tuerais de mes mains !

Aymar

(Un temps) Combien de temps l'opération prendra, prendrait-elle ?

Judith

Une demi-heure !

Bernard

Trente minutes, trente morts, plus quelques-autres --- Ne pourrait-on pas ? Je ne sais pas ---

Gautier

Je ne sais pas--- quoi !!?

Aymar

Un timing très serré est plus rassurant !

Bernard

Nous avons encore un peu de temps---

Gautier

--- pour finir dans l'obscurité et augmenter la casse !!!

Bernard

La casse--- !?? Vous gardez un reste d'humanité !

Gautier

(Se grattant nerveusement la joue, un geste qu'il refera) Ce n'est pas plus facile pour moi !

Aymar

De quoi nous avez-vous guéri, demanderont les médias, alors que vos radios étaient floues ?

Judith

Moins floues que vous ne le pensez ! Consultez les documents !

Bernard

Ca ne sert à rien !!!

Aymar

(Feuilletant les documents) Un regard différent ! Un détail ? On ne sait pas ! *(Faisant glisser son doigt sur une liste)* Je connais celui-là ! *(Un temps)* Et cet autre, et je suis surpris ! Lui, je l'ai rencontré. Très antipathique ! *(Un temps)* J'ai aperçu celui-ci, de loin.

Bernard

Je n'avais jamais réfléchi au droit de grâce, avec assez d'admiration pour ceux qui le détenaient. *(Un temps)* Votre décision est prise ! Mais je ne peux pas signer ça !

Gautier

Ce sont des vampires d'aujourd'hui !

Aymar

On ne se résout pas sans amertume à faire abattre des animaux dangereux ! *(Un temps)* Avez-vous des femmes parmi vos cibles ? C'est plus délicat, même si les esprits ont évolué.

Judith

Deux ! Sans enfants ! *(Un temps)* Et ce n'est pas la première fois !

Bernard

Des femmes !?? Pourquoi ne pas simplement les menacer ?

Judith

Absence de lèvres, pas de lobe, des pommettes taillées à coup de serpe, une large mâchoire, un menton en avant--- elles vous dépèceraient avec leurs ongles !!!

Bernard

(Un temps) Comment pouvez-vous exercer ce métier ?

Judith

Ces gens là n'ont pas conscience de leur criminalité ! Ils sont trop intelligents ! *(Un temps)* Pour eux, quels que soient leurs méfaits, ce n'est qu'une question d'avocats et de plaidoiries. *(Un temps)* Et les cadeaux ne sont pas dans mon tempérament !

Gautier

La criminalité habituelle est réservée aux imbéciles ! Sans cravate !

Judith

Au-delà de l'argent et du pouvoir, ils en font un jeu ! *(Un temps)* Ils méprisent leurs congénères ! *(Un temps)* Mais à trop mépriser---

Aymar

Les Aztèques pratiquaient une étrange compétition ! Il fallait faire passer une balle au milieu d'un anneau de pierre. Ils jouaient par équipe ! Et les gagnants étaient sacrifiés ! *(Un temps)* Pourquoi les gagnants ??? Etait-ce une façon d'éviter la dictature ? Au moins sur le stade !

Judith

Il va bientôt faire nuit !

Bernard

(Un temps) Je m'abstiens !

Gautier

Bien !

Aymar

Vous ne devriez pas !

Bernard

Je pense en avoir le droit !

Judith

Vous devriez prendre position !

Gautier

(A Judith) Même en cas de partage des voix, vous emportez la décision !

Judith

Je ne veux pas !

Bernard

Vous souhaitez partager la ciguë.

Judith

Oui.

Gautier

Faites ce que nous avions convenu !

Judith

Nous n'avons rien convenu !

Bernard

Ce que vous avez prévu !

Judith

(Un temps) Approuvez-vous la riposte ?

Aymar

La démocratie et son cortège de sacrifices --- ??? Je confesse un faible pour les solutions plus sournoises et dépliées ---- et aux conséquences plus prévisibles, mais nous manquons de temps ! *(Pianotant sur la table)* Autant que leurs crânes soient fracassés plutôt que les nôtres ! *(Un temps)* Leur souffrance m'est égale, et je ne suis pas certain que la mienne m'importe ! *(Un temps)* La mort est une telle abstraction que les circonstances qui l'entourent sont bien dérisoires !

Gautier

(A Judith) Pourquoi, chercher le consensus ?

Bernard

Ca ne ferait que sept virgule cinq victimes par personne---

Judith

C'est une façon de voir les choses !

Bernard

Que signifie le demi ? Et pour éviter quel gouffre ? Trente vies dans un livre de comptes---. *(Un temps)* Je ne sais toujours pas qui on tue !

Aymar

Ils savourent sans aucun doute leur impunité---. *(Un temps)* Pourquoi renoncer à les vaincre ? Même si la victoire est parfumée d'incertitude---

Bernard

Et d'une irrépressible envie de vomir !!!

Judith

(Regardant sa montre) Hâtons-nous !

Aymar

Un de mes oncles vendait des épices ! C'était une sorte de voyou et il adorait les combats ! *(Un temps)* J'en retrouve l'odeur ! Ce n'était pas réellement mon oncle, mais peu importe ! *(Un temps)* Je pourrais utilement vous accompagner chez le Premier ministre ! *(Un temps)* Je le connais de longue date.

Judith

Je vous en aurais prié !

Gautier

Où doit-on signer ?

Bernard

Je ne peux pas.

Gautier

(A Bernard) Qu'est-ce que vous faites ici !!? *(Il signe)*

Aymar

La liberté m'est trop précieuse ! *(Un temps)* Qui me prête son stylo ? *(Il signe)* Let's go ou Play !!! Je ne sais pas quelle est la bonne formule !

Judith

Bernard ?

Aymar

(A Bernard) Nous devrons rendre des comptes et des réserves nous fragiliseraient !

Gautier

Alors !!?

Bernard

(Un temps) Oui---. *(Un temps)* Il va bientôt faire nuit, et c'est terrifiant ! Je suis---. Mes réserves --- *(Il signe)* De toute façon ---.

Scène 3

Autour de la table, les personnages se figent, la lumière baisse et s'oriente sur Bernard ---On devine qu'il cauchemarde. Série de voix off.

Voix un

(Masculine et autoritaire) Vous préviendrez mon épouse que je ne dînerais pas ce soir !

Voix deux

(Féminine) Oui, Monsieur !
Bruit de voiture et crissement de pneus

Voix trois

(D'enfant) Papa, je t'ai fait un dessin !

Voix quatre

(Masculine et froide) Oui !
Bruits de porte

Voix cinq

(Féminine) Un monsieur vous attend !

Voix six

(Masculine et sèche) Conduisez-le dans la véranda !!!
Bruits d'intérieurs

Voix de la scène 1

(Féminine) Mon portable est en panne ! Il marchait tout à l'heure.

Voix huit

(Masculine) Recharge-le !!!

Voix de la scène 1

Je viens de le recharger ! Et, j'entends des voix. *(Un temps)* Prête-moi le tien !

Voix huit

Un portable ne se prête pas !!!
Bruit de verre brisé

Voix neuf

(Féminine) Tu rentres tôt !

Voix dix

(Masculine) Où sont les enfants !??

Voix neuf

Ils sont couchés ! Ne marche pas pieds-nus, j'ai cassé un flacon !

Voix dix

Encore ! Sers-moi un verre !!!
On peut imaginer, en lieu et place de ces voix off, une série de projections de scènes de la vie courante à la condition qu'elles soient variées, courtes, très concrètes et lisible

Scène 4

La lumière revient et les personnages se raniment. Bernard passe la main devant ses yeux.

Judith

(Au téléphone) : A 06600 ! Message : 40420 ! Je répète : 40420 ! *(Reprenant sa respiration)* Action ! *(Elle raccroche et répète, émue)* Action ---. Un seul mot après quelques chiffres pour souligner le peu d'humanité qui me reste ---.

Gautier

(Un temps) Nous n'avons plus d'eau.

Aymar

Si quelqu'un souhaite fumer ---

Gautier

La pièce est trop petite !

Bernard

Aucun de nous n'a jamais fumé.

Aymar

C'est vrai.

Bernard

Il fait froid !

Aymar

La température a beaucoup baissé.

Gautier

Le radiateur marche !

Bernard

(Frissonnant) Peut-être !

Aymar

Mon fils est en plein examen ! *(Un temps)* Il a pris le sabre comme option. C'était une idée de mon épouse ! *(Un temps)* Je ne sais pas si c'était une bonne idée ---. *(Un temps)* Nous n'échapperons pas aux conséquences de cette décision !

Bernard

L'opération devait nous mettre à l'abri !??

Gautier

Je suppose que votre accord n'était pas lié à des considérations personnelles !

Bernard

(A Aymar) Je saisis mal votre remarque ---
Sonnerie stridente

Judith

(Saisissant l'appareil) C 06400 ! --------- Bien ! *(Raccrochant)* Avancement, trente pour cent !

Bernard

(Sombre) Ils se préparent ---

Judith

Un tiers des cibles sont détruites !

Bernard

(Un temps) Détruites ??? *(Un temps)* Dix, oui c'est ça, enfin, environ dix.

Aymar

Ces morts ne pourront pas rester impunies !

Judith

L'Etat n'y est pour rien !

Aymar

La rue voudra des coupables ! Les médias, en jouer ! La justice, tenir son rang !

Gautier

Nous devrons protéger nos agents !

Aymar

Ils ne font qu'obéir.

Judith

L'Etat ne savait pas !
Sonnerie stridente

Judith

(Saisissant l'appareil) G 06130 ! ----------- Très bien ! *(Raccrochant)* Soixante-dix pour cent !

Bernard

(Un temps) Vingt et un ! J'étais pris d'un doute. Un trou dans la table de sept. *(Un temps)*
Oui, vingt et un ! La table de sept est la plus difficile ! Huit fois sept, cinquante six !

Gautier

(A Bernard) Vous devriez aller quelquefois sur le terrain !

Judith

Encore quelques minutes ---

Gautier

(A mi-voix) Ils utilisent des projectiles à forte pénétration !

Aymar

Les élus détesteront que nous ayons attaqué trois des leurs, même coupables. *(Un temps)*
Et, comme nous ne connaissons pas l'étendue de la prévarication, il faudra leur cacher une
partie du dossier ! *(Un temps)* Ca ne facilitera pas notre défense !

Bernard

Vous prétendiez l'opération légitime !

Gautier

Mais illégale ! Et, vous l'avez abondamment rappelé !

Judith

Officiellement, l'Etat n'était pas inféodé !!! Ne l'a jamais été !

Aymar

Il nous sera reproché d'avoir surestimé une menace imprécise, dont la réalité restera officiellement inacceptable, et supprimé quelques innocents !

Bernard

(Un temps) Vous nous avez consciemment sacrifiés !

Judith

Avions-nous d'autre choix ?

Gautier

Nous devions faire ce sale boulot ! Et pour devoir en cacher les raisons, le payer d'années de forteresse !

Bernard

(Murmurant) Je devais en répéter le rôle et suis pleinement devenu un personnage de tragédie !

Gautier

Je n'ai aucun regret ! *(Un temps)* On risque si souvent sa vie pour des causes obscures.
Sonnerie stridente

Judith

(Décrochant) A 13100 ! -------- Merci. *(Raccrochant)* C'est terminé ! Trente-deux cibles détruites et cinq de leurs gardes du corps touchés ! *(Un temps)* Nos agents sont indemnes !

Gautier

Ces garçons sont parfaitement entraînés !

Bernard

Trente-deux ? *(Il frotte inconsciemment sa veste pour en ôter une poussière inexistante)*

Judith

(Prenant son téléphone) Bonsoir, Monsieur le Premier ministre ! *(Un temps)* Pourriez-vous me recevoir ? ------- Non ! C'est extrêmement grave ! ------Non, ce soir !!! -----Ca ne peut pas attendre !!! ------Non ! Pas au téléphone. ------ Le Directeur vient d'être tué ! -------------------- Bien ! *(Raccrochant, à Aymar)* Il nous attend !

Aymar

Allons-y--- et finissons-en proprement !

Judith

(Posant avec hésitation un téléphone sur la table. Puis, s'adressant à Bernard et Gautier en tapotant avec son crayon) Je vous rappellerai sur cet appareil ! *(Un temps)* D'ici là, ne téléphonez à personne et ne bougez pas !
Judith et Aymar sortent.

Scène 5

Dans l'obscurité, pendant une centaine de secondes, succession de sirènes de police, de pompier, du Samu et d'ambulances, éclats de voix, freins et crissements de pneus, échanges radio--

Voix off masculine

32 chemin des Sables, un homicide ! Je répète, 32 chemin des Sables !
--- grésillements---

Voix off féminine

Avenue Victor Hugo, coup de feu !
--- grésillements---

Voix off masculine

Bien reçu !

--- *sirènes* ---

Voix off féminine

Un mort et un blessé ! Un mort et un blessé !

Voix off masculine

Répétez ! Veuillez répéter !

--- *crissements de pneus* ---

Voix off masculine

C'est une explosion ! C'était dans une chambre ! Un cadavre !

--- *sirènes s'éloignant* ---

Scène 6

La lumière revient.

Bernard

Il n'y a plus rien à boire.

Gautier

J'ai du m'assoupir---

Bernard

Comment pouvez-vous dormir !!?

Gautier

En face d'un gars armé et menaçant, il faut tirer le premier ! Ca ne s'apprend pas, ça se sait ! C'est abdominal ! *(Un temps)* Après, on n'a pas de remords ! C'est le mérite du duel. *(Un temps)* On est juste fatigué et courbatu.

Bernard

Je n'ai pas vu leurs fusils, mais j'ai deviné le bruit des nôtres ! *(Un temps)* Nous aurions du simplement les menacer !

Gautier

Nous n'aurions plus rien contrôlé !

Bernard

Ils étaient trop riches et rationnels pour ne pas céder !

Gautier

Vous auriez préféré une guerre de tranchées !!?

Bernard

Ils se seraient rendus !

Gautier

Nous avons choisi d'être efficaces plutôt qu'exemplaires !

Bernard

Je me sentirais moins nauséeux ! *(Tendant l'oreille)* Il y a du bruit !

Gautier

Ils nous auraient pris de vitesse !

Bernard

Seul, le fait de m'être longuement battu contre cette boucherie me soutient !

Gautier

Nous étions vulnérables !

Bernard

(Un temps) Pourquoi nous a-t-elle demandés de rester là ?

Gautier

L'affaire n'est pas terminée !

Bernard

Ne bougez pas et n'appelez pas ---

Gautier

C'est à dire ---?

Bernard

Nous sommes devenus d'excellentes cibles !

Gautier

Nous l'étions !

Bernard

(Regardant au plafond) Avez-vous entendu !!?

Gautier

Oui, le vent !

Bernard

Morts, nous constituerons un bon alibi ! *(Un temps)* Il n'y avait pas de vent !!!

Gautier

Je ne comprends pas !??

Bernard

Il suffira de prétendre que notre assassinat précédait celui de nos victimes, et que l'hécatombe que nous avons décidée n'était qu'une riposte !

Gautier

Vous perdez tout bon sens !

Bernard

Avec un médecin légiste soucieux de sa carrière.

Gautier

Vous devenez paranoïaque !!!

Bernard

Non, je suis lucide ! *(Un temps)* Je vais fermer la porte à clé !

Gautier

C'est dérisoire !

Bernard

Alibi ou témoins encombrants, dans un tel marécage, à qui peut-on se fier !?? *(Un temps)* Nous disparus, les explications seront simples !

Gautier

Vous êtes trop nerveux !

Bernard

Je vous assure que j'entends du bruit ! *(Un temps)* Ecoutez !!! *(Un temps)* Nous sommes au cœur du crime d'état ! On n'hésitera pas à sacrifier quelques comparses pour le justifier ! *(Un temps)* Je n'ai même pas lu ses papiers ! *(Un temps)* Ca vient du jardin !

Gautier

Votre imagination vous joue des tours !

Bernard

J'en ai toujours manqué ! *(Un temps)* Nous ne serons pas les premiers, éliminés par leurs troupes pour des raisons d'une logique abstraite, momentanée et aveugle !

Gautier

Je ne vous comprends pas !

Bernard

Aymar a conclu, finissons en proprement !

Gautier

C'est ce que nous attendons !

Bernard

S'il a été pensé, compris, décidé, que nous étions gênants !

Gautier

Pour quel motif ?

Bernard

Nous sommes à l'origine de trente-deux éliminations, de la chute de deux ministres et du suicide probable d'un autre ---

Gautier

Vos craintes sont paradoxales !

Bernard

Il y a des mouvements dans le jardin et du bruit sur le toit !!! *(Un temps)* J'avais avoué que j'aurais préféré ne pas être là ---. Que feriez-vous à sa place !!?

Gautier

Je n'en sais rien !

Bernard

Vous n'en avez pas les éléments ! *(Un temps)* Quand vous pataugez dans la vase, un ami peut penser qu'il est utile de vous noyer !

Gautier

Qui donnerait cet ordre en mon absence !!?

Bernard

Elle est assez dévouée pour le faire ! *(Un temps)* Venez en voiture de location, sans portable et sans GPS ! *(Un temps)* Personne ne sait où nous sommes et, moins encore, que nous sommes là !

Gautier

Elle a toujours défendu ses hommes ---.

Bernard

Racine l'aurait choisie comme héroïne ! *(Un temps)* J'ai de l'estime pour son courage, et de la peur tant il est ardent ! *(Un temps)* Combien de vos collaborateurs avez-vous supprimés pour des raisons dites de sécurité !!? *(Un temps)* Non ! Ne répondez pas !
La lumière s'oriente sur un Gautier brutalement plongé dans ses pensées. On entend très faiblement la sonnerie au mort. Gautier rectifie sa position dans une sorte de garde-à-vous assis.

Bernard

(Désignant la chaise d'Aymar) Je pourrais vous accompagner chez le premier ministre ! *(Un temps)* Qui est vraiment cet homme ? Trop politique ! *(Un temps)* Et des deux, qui donne réellement les ordres ? *(Un temps)* Il a changé d'avis au détour d'un sondage--- comme ça ! *(Un temps)* Ces assassinats, était-ce une riposte ou un réel coup d'état !!? *(Un temps)* Vous ne savez pas ce que vous avez signé ! *(Un temps)* Il nous reste peu de temps ---

Gautier

Si vous avez raison, la situation est sans issue ! *(Un temps)* Mais, rien ne plaide pour ça !
La lumière de la pièce s'éteint. Elle n'est plus éclairée que par la lune.

Bernard

Ils viennent de couper le courant !

Gautier

C'est une panne ! Due au vent !

Bernard

Vos charognards préfèrent l'obscurité !

Gautier

Ces charognards sont aussi les vôtres ! *(Un temps)* Et après tout, nous aurons servi !

Bernard

Votre dévouement frise la bêtise ! *(Un temps)* Je n'imagine pas des morceaux de mon crâne sur le sol ou un morceau de métal qui n'en ressortirait pas. *(Un temps)* Mais les femmes rêvent de nettoyage jusqu'à l'absurde ---

Gautier

Vous imaginez trop !!!

Bernard

Le sacrifice fait partie de votre costume de militaire. Moins du mien ! *(Un temps)* Je ne suis qu'un fonctionnaire ! *(Un temps)* A quel titre vos agents peuvent-ils assassiner leurs semblables !!?

Gautier

Quand on leur en donne l'ordre !

Bernard

Et pourquoi le font-ils ?

Gautier

J'ai toujours obéi !

Bernard

Par devoir, en imaginant qu'ils sont en face du diable !?? *(Un temps)* Par aveuglement, tant pour eux, tout est lointain ? --- et absence totale d'empathie ? Avec le plaisir du chasseur ? Ou un mélange de ces sinistres travers !??

Gautier

Je ne me pose jamais de questions de ce genre !

Bernard

Il vous reste quelques minutes pour vous les poser !!! *(Ricanant)* Vous avez choisi vos agents pour de curieux penchants, voire des infirmités ou des tares, que vous avez soigneusement développées !

Gautier

Cette remarque relève du sabotage *(Un temps)* et si vos craintes sont fondées, elle est inutile ! *(Un temps)* Mais, jusqu'à preuve du contraire, nous sommes en fonction !

Bernard

Tout ça est stupide ! *(Un temps)* Dans le travail d'éboueur que nous faisons, je n'avais jamais ressenti à quel point la distance entre le coin du feu et le cimetière était minuscule. *(Un temps)* Vous avez trop d'admiration pour elle !

Gautier

J'ai beaucoup d'estime !

Bernard

Elle est devenue folle, mythomane, paranoïaque ! *(Désignant l'extérieur)* Que font-ils !??

Gautier

Ils réfléchissent--- se préparent--- attendent les ordres ou notre sortie. *(Se levant et se dirigeant vers la porte)* Je n'y crois pas ! Mais autant s'en assurer !

Bernard

Autant s'en assurer--- ?

Sonnerie stridente du téléphone. Gautier s'immobilise. Bernard ne décroche pas.

Bernard

Elle a posé cet appareil avec beaucoup de précaution---

Gautier

Il est coûteux !

Bernard

--- puis l'a repris pour le déplacer---

Gautier

Un geste machinal !

Bernard

--- et finalement le poser en face de la fenêtre ! Pour que celui qui décroche ---

La sonnerie continue

Gautier

Vous êtes à côté !

Bernard

(Un temps) Oui --- *(S'approchant et posant la main sur l'appareil)* S'il n'y a plus aucun moyen pour ne pas finir, comme quelques autres, un trou dans la tête, puis jeté dans une benne à ordure ---

Fin

Démons intérieurs

Jean Renault

A Pacôme Renault, le comédien et le sage.

Préambule

Ce texte a fait l'objet d'une lecture publique, organisée par Lise Martin, pour « Lire en fête ».

*****

Scène 1

La scène se passe dans un bois ou une maison isolée.
George, habillé d'un maillot coloré et d'un tee-shirt délavé, debout, s'adresse avec de grands gestes à Max, très attentif, assis, les bras pendants derrière le dossier d'une chaise.

Max

Que veux-tu !!?

George

Nous venions d'arriver ! La veille ! De descendre d'avion. *(Un temps)* A bord, on était très serré. Et la bouffe était ignoble. En l'air, il y a dans de plus en plus d'incidents. A force d'entasser ! D'accidents cardiaques. Des gens qui ne bougent pas. Un caillot qui remonte ! Des types un peu forts. Plus coincés. Passifs. Sans être obèses ! Ils meurent en route. Sans faire d'histoire ! *(Un temps)* Le village était près de la frontière, tout près ! On ne le savait pas ! Mais de toute façon, on s'en fichait. L'important, c'était la plage, le soleil, le sable, trop blanc. Il fallait s'en méfier ! Même à l'ombre. Bref ! C'était les vacances. Et on n'était pas très nombreux, c'était en basse saison, c'était moins cher. *(Un temps)* C'est arrivé le lendemain ! A la tombée de la nuit. Le soleil venait de se coucher ! Depuis peu. Quelques minutes ! J'ai cru que c'était une fête ! On parlait de fête dans la brochure. C'était un bruit lointain et voisin. Je n'aurais pas pu dire ! Des vociférations ou un chant, une mélopée, sans rythme. Plutôt avec un rythme bizarre ! Une musique trop moderne, jouée avec des fourchettes et des timbales. Un truc pour gens avertis ou très spécialisés. Pas pour moi ! Déjà le tango---. J'ai pensé à Dvorak ! *(Un temps)* Mais, j'étais incapable de dire depuis quand. Souvent, on entend quelque chose d'insolite, auquel on n'est pas habitué et on se demande, mais, depuis quand !?? Et on est incapable d'y répondre ! Généralement, ça vient juste de commencer ! Ca m'était arrivé, et je m'étais, déjà, posé la question !

Max

Et alors !!?

Georges

Comme ça continuait, en plus fort, qu'ils paraissaient plus nombreux, nous n'avions rien d'autre à faire, c'était l'avantage, on flânait, le dîner n'était pas prêt, je me suis dit, allons voir ! Ils parlaient de surprises ! Même si je n'avais pas d'illusion, compte tenu du prix et de la saison. *(Un temps)* D'autres m'ont suivi. J'avoue que ça m'a étonné ! C'était plus loin que je n'imaginais. A deux kilomètres au moins ! En fait, c'était à la frontière ! Nous n'étions qu'à deux kilomètres de la frontière. Autant dire, tout près. Mais, nous n'en savions rien ! *(Un temps)* Leurs voisins avaient mauvaise réputation. Leur brochure n'en parlait pas ! *(Un temps)* On a mis une bonne demi-heure ! Il y avait un sentier, heureusement, sinon, on aurait du rebrousser chemin. Et je l'aurais regretté ! Nous n'étions pas nombreux. Deux ont abandonné en route. --C'est trop loin ! Et sans éclairage ! Tout ça pour des nègres, a murmuré l'un d'eux. Deux femmes sont restées avec nous ! *(Un temps)* En s'approchant, on a compris que c'était important ! Je n'avais jamais entendu un bruit pareil ! C'était dépaysant ! Je m'attendais à être un peu dépaysé, même si je n'avais pas choisi le séjour, aventure ! Le mien était dans la catégorie du milieu !

Max

Ne te presse pas !!!

Georges

On a découvert la lueur ! Ils avaient allumé des feux. Forcément ! La nuit tombait. Ca ressemblait à la Saint Jean. Le bruit était de plus en plus---. On aurait dit des cris ! Ceux d'ouvriers dans une usine. Une usine sans toit ! J'ai aussi pensé à un abattoir. Je n'avais jamais entendu les bruits d'un abattoir. C'était l'idée que je m'en faisais. Si ! Une fois, j'avais entendu le cri d'un cochon qui avait reçu un coup de pied. Ca me rappelait ça ! *(Un temps)* Puis, on a vu qu'on arrivait à la frontière. Il y avait des barbelés ! On n'a pas compris que c'était la frontière. On l'a su après ! Seulement après ! On a vu les barbelés, c'est tout. Et, vu que ça se passait de l'autre côté. *(Un temps)* J'ai immédiatement pensé à une fête, une grande fête, une fête vaudou ! C'était tellement différent ! Et ils étaient, ils semblaient --- possédés ! *(Un temps)* Pourquoi étaient-ils derrière des barbelés ? Je ne me suis même pas posé la question. *(Un temps)* C'était d'une grande violence ! Ils donnaient l'illusion de se battre. J'étais sidéré ! *(Un temps)* C'était remarquable !!! Les cris étaient, c'était des hurlements, des vociférations et des hurlements. Les hurlements dominaient ! La brutalité ambiante me laissait sans voix, me déconcertait. *(Un temps)* A mes côtés, les autres ne bougeaient plus et se taisaient. Je n'aurais d'ailleurs rien entendu. Pas pu les entendre. *(Un temps)* Il fallait prendre l'avion et venir aussi loin pour être à ce point déconcerté. J'étais subjugué par --- par l'énergie et la fureur, associées à ces rites. *(Un temps)* C'était un combat à la machette ! Certains jouaient aux agresseurs. Ils avaient un pagne rouge ! Les autres jouaient les victimes. Les femmes avaient les seins nus. Certaines des victimes tombaient très vite ! *(Un temps)* C'était superbe ! Au début, oui. Au début, c'était superbe ! *(Un temps)* Il y avait des paillotes. Elles brûlaient ! Tout un décor de paillotes. L'éclairage était excellent ! Et harmonieux. Rouge et blanc. Oui ! On peut dire ça, harmonieux. *(Un temps)* J'avais l'estomac serré. C'était la première fois que je voyais un pareil spectacle. Aussi fantastique et --- ambitieux ! *(Un temps)* Comme il n'y avait pas de spectateurs autour d'eux, j'ai pensé à une répétition ! Apparemment, nous ne dérangions pas les comédiens. Les barbelés devaient représenter le bord de la scène. Et nous étions dans la salle.

Max

Raccourcit !!!

Georges

Le bruit ! J'insiste sur le bruit ! Il était --- La juxtaposition des gestes des agresseurs, des cris des victimes, du sifflement des machettes, du choc, mat, à l'impact et du silence brutal qui le suivait était, relevait, oui, de la perfection ! C'est ce que je ressentais, et c'était fascinant !!! *(Un temps)* Je remarquai, on s'attache à certains détails, que l'une des victimes s'affaissait un peu vite. J'ai failli l'accuser de tricher ! Mais, je me suis retenu, et bien m'en a pris. Bien que, dans le vacarme, personne n'aurait entendu ma remarque. *(Un temps)* L'une des femmes qui nous accompagnaient a vomi ! *(Un temps)* Je ne vous ai pas parlé de l'odeur ! Elle était abominable. Je suffoquais ! Une odeur de brûlé. Associé à une autre, plus dérangeante encore, d'hôpital --- mais sans l'éther. Elle a vomi ! Je n'ai pas compris pourquoi ! *(Un temps)* Ca sentait la merde ! Dans les pays humides et chauds, les fruits qui pourrissent sentent la merde. En général, je reste sur la plage ! Je ne sentais même plus ma sueur. Mais quand la merde fait partie des vacances, il faut l'accepter. C'est un tout ! *(Un temps)* Je me suis approché. Avec prudence ! Il y avait des tas de trucs qui volaient. Ce n'était pas le moment d'en prendre un sur la gueule ! Je commençais le séjour et je l'avais payé. *(Un temps)* Trois autres, dont une femme, m'ont suivi. Celle qui n'avait pas vomi !

Max

Et, alors !!?

Georges

De près, c'était forcément plus net ! J'ai pensé, j'ai failli ne pas voir ça. J'étais là par hasard !
J'ai oublié l'inconfort du voyage et la bouffe de merde ! *(Un temps)* Dans un club de
vacances, il y a des hauts et des bas. Et souvent des moments de grande banalité. *(Un temps)*
Ca m'a rappelé la première fille que j'avais sautée. Pourquoi ? Je l'ignore ! D'en voir autant,
les seins nus ? Peut-être ! J'étais en érection ! Pourtant, je n'aurais pas pu baiser une noire !
A cause de l'odeur. Une odeur plus forte ! Une érection pareille, c'était une première !!! Au
cinéma, ça m'était arrivé, mais en moins singulier. J'ai compris que c'était ---. Et, c'était
vraiment nouveau. Une découverte ! Alors que j'ai souvent d'énormes difficultés. Je n'ai pas
osé demander aux autres si eux-mêmes ---. Je ne les connaissais pas suffisamment ! *(Un
temps)* De près, on voyait des traînées rougeâtres. Elles m'acculaient les corps. Quelquefois
même, ça, ça giclait ! Certains coups produisaient des bruits sourds. Sur le crâne, ils étaient
plus francs ! *(Un temps)* Survolté, j'étais tenté d'y participer ! Plutôt, côté agresseurs. Jouer
les victimes me semblait sans intérêt ! Sans les barbelés, je l'avoue, j'y serais allé ! Je ne me
suis jamais servi d'une machette. Mais je ne suis pas malhabile. J'aurais pu apprendre. Et j'en
aurais ramassé une ! *(Un temps)* Mon voisin me faisait des signes. Par intervalles ! Mais,
j'avais du mal à saisir ce qu'il voulait me montrer. Son visage était incolore ! Sans doute, un
effet de lumière. Oui ! J'avais du mal à ---. Il s'agissait de projections blanchâtres, vers le
haut, oui, et qui s'échappaient des crânes de ceux qui, qui ---. *(Un temps)* Alors, j'ai vomi ! On
m'a demandé pourquoi je n'avais rien tenté pour interrompre ce carnage. La question était
stupide ! Il aurait fallu que je tue tous ceux dont le pagne était rouge. Et ça n'aurait pas
diminué le nombre de victimes ! Ils étaient aussi nombreux des deux côtés. On m'a demandé
si c'était la peur --- En fait, je n'ai jamais eu peur ! Il y avait les barbelés ! Et, plus encore,
parce que pour ces gens, je n'existais pas ! Et que ce combat n'avait aucune réalité pour moi.
(Un temps) Depuis, j'ai appris, qu'en l'absence de cheminement, on appelle ça comme ça,
mon cerveau de témoin et de victime, et aussi de victime, surpris, mon cerveau était
incapable d'accepter cette scène, de l'identifier, la reconnaître, comme réelle. Elle m'était
trop étrangère ! Vous comprenez !?? *(Un temps)* Et, sans les barbelés, si un des
combattants, dans son délire, s'était précipité vers moi, pris au dépourvu, et incrédule,
j'aurais attendu immobile qu'il me tue. *(Un temps)* J'avais payé ! J'étais en vacances ! Je ne
pensais pas à ma mort. Pas du tout !

Max

(Un temps) J'aime bien ton histoire ! *(Secouant ses bras)* Maintenant, tu me détaches !

Georges

(S'emparant d'une scie électrique) Je m'appelle Georges ! Et je suis comptable de métier !

Max

Ne joue pas avec ça !!!

Georges

J'ai beaucoup changé ! *(Un temps)* C'est deux fois le hasard, le vôtre et le mien ! *(Un temps)*
Enfant, je faisais de jolis dessins ---. Mais, l'herbe était écarlate !!!

Max

Tu ne me connais pas !!!

Georges

Jadis, je n'aurais pas osé me confier. Surtout à un inconnu ! J'ai toujours été timide. Timide
et craintif. *(Un temps)* Aujourd'hui, je mets en scène ! Et je suis spectateur ! *(Un temps)* J'ai

rencontré la mort. Je la partage ! *(Un temps)* Il n'y a pas d'innocents ! Ni d'explications. C'est un soulagement !

Max

Je n'ai rien à voir avec ça !!!

Georges

Je l'ignore ! *(Mettant en marche sa scie électrique)* Mais ça n'a aucune importance !

Fin

Le labyrinthe mental

Jean Renault

A Arthur et Joachim Renault, la logique

Préambule

Une première version de ce texte, écrite avant même la découverte de Guantanamo a fait l'objet d'une lecture et d'une analyse critique, sous la direction de Bruno Cochet, par « **A Mots Découverts** » en 2004.

Il a été remarqué par la commission de l'aide à la création du **Ministère de la Culture**.

Sa première scène a fait l'objet d'une lecture publique au **Théâtre du Rond Point** sous la direction de Jean-Luc Paliès *(Influenscènes)*.

Il a été retenu par le comité de lecture du **TNJ de Strasbourg** pour figurer en bibliothèque.

Il est entré au **Répertoire des Ecrivains Associés du Théâtre** en 2013.

Et une mise en maquette, par Hugo Malpeyre, a été présentée au **Théâtre 13 Seine**, en 2014, avec Julien Ratel, Pierre-André Gilard, Karl Eberhard-Brunati et Naïs El Fassi.

*****

Préface

« Toute l'histoire est l'histoire d'une interpellation par ce qui se passe ailleurs ».
« Nous sommes assis sur une frustration fondamentale, la mondialisation modifie les attentes des gens, mais ne leur donne pas la capacité de les satisfaire »
   Daniel Cohen

*****

Les personnages

L'inconnu : Un homme.
A et **B :** Deux hommes ou un homme et une femme.

Le décor

Une pièce sans fenêtres.

****

Scène 1

L'inconnu est attaché sur une chaise. A, le bourre de coups ! B les regarde.
La lumière, éventuellement noire, donne un aspect d'irréalité à une scène d'une extrême violence.

A

Ce sont des manipulateurs !!! Ils te tiennent ! Tu es fragile. Soit raisonnable !

B

Pourquoi nous avoir choisis ?

Inconnu

J'étais dans la rue ----

A

Il a été converti de force ! Il ne parlera pas ! A un âge où on est malléable. Il n'en est pas conscient.

B

Ne le tue pas !!!

Inconnu

Je passais ----

A

Ils élèvent des rats, des rats assoiffés !!! *(Un temps)* Vous espérez nous convaincre ? De quoi !!? Du diable !

B

(Dit en tchétchène, et projeté en français sur le fond de la salle) Nous savons que les Russes tuent vos femmes et vos enfants !
Suit, un éclat de lumière bref, intense, violent, blanc puis bleu, celui d'une explosion très proche, mais sans aucun bruit.

Scène 2

Les trois mêmes hommes. L'inconnu, libre, est attablé en face des deux autres. Il manifeste des signes d'ivresse dans son élocution.
La pièce est bruyante. Nombreux bruits de chaises métalliques. Echos.

A

(Avenant) Comment est-ce arrivé ?

Inconnu

Je conduisais, tout à coup, j'ai vu une forme, *(Un temps)* comme une lame, je la voyais de face, une forme plus large que la voiture, descendre devant moi, descendre du ciel, *(Un temps)* instinctivement j'ai baissé la tête !

A

De quelle couleur était-ce ?

Inconnu

Dans les bruns, brun clair, mais métallique, enfin, pas tout à fait, ça avait une sorte d'éclat mat ! *(Un temps)* J'ai bien cru que je ne passerai pas ! *(Un temps)* La voiture a été coupée derrière moi, juste derrière moi, sans bruit. *(Un temps)* Ca m'a surpris, tout m'a surpris, coupée en deux, carrément, enfin, je ne l'ai pas vu, je l'ai senti, un frôlement suivi d'un courant d'air, j'ai compris qu'il n'y avait plus rien derrière, que la forme était une lame, comme une lame, mais, ça ne pouvait pas être une lame, à cause du bruit, de l'absence de bruit, pas une lame normale, j'aurais entendu du bruit, un bruit de ferraille, épouvantable !

A

Vous étiez seul à l'avant ?

Inconnu

Derrière, ils étaient deux ! *(Un temps)* Le silence était terrifiant, le silence et le courant d'air, j'ai compris que j'étais dehors, je l'ai senti.

A

Que sont-ils devenus ?

Inconnu

Je n'en sais rien, je ne me suis pas retourné, c'était, *(Un temps)* je n'osais pas me retourner !

B

(Avenant) Comment était la route ?

Inconnu

Plate, vraiment plate et rectiligne, je n'en voyais pas le bout, juste un point, à l'horizon, une route à deux voies, deux voies étroites ---. *(Un temps)* Importante et secondaire !

A

Vous souvenez-vous de la végétation, de celle qui la bordait ?

Inconnu

Il n'y en avait pas, pratiquement pas, le désert, juste quelques arbustes !

B

De quelle espèce ? *(Un temps)* Quel genre d'arbuste ? Donnez-nous un nom ! *(Un temps)* Un désert de sable ou de cailloux ?

Inconnu

Je ne l'ai jamais su, non, je n'ai jamais su leur nom, *(Un temps)* une plante que les chèvres ne broutent pas, les moutons non plus, qui aurait, sinon, disparu depuis longtemps, un peu comme un caoutchouc, ce que vous appelez caoutchouc, que vous mettez dans des pots, mais avec des feuilles moins épaisses, le même vert, un peu plus pâle, la même forme de feuille !

A

Reprenons ! *(Un temps)* A quel moment avez-vous aperçu cette forme ?

Inconnu

Mais, je ne sais pas, tout à coup, je vous l'ai dit !!! *(Un temps)* J'ai d'abord cru que c'était une ombre, puis compris que c'était impossible, il n'y avait pas d'arbre, ni de nuage, une ombre métallique brune et mate, que c'était impossible, surtout là !

B

Avez-vous freiné ?

Inconnu

Non, accéléré, plutôt ! Je ne sais pas pourquoi, un réflexe--- et j'ai baissé la tête.

B

Avez-vous crié ?

Inconnu

Je n'ai pas eu le temps. *(Un temps)* Je n'aurais jamais crié !

A

Et, ceux de derrière ?

Inconnu

Je n'ai rien entendu, nous avons été séparés. Je n'ai rien entendu !

B

Quelle langue parlaient-ils ?

Inconnu

Je n'ai rien entendu !

A

Vous dites qu'ils étaient deux, parlaient-ils la même langue ?

Inconnu

Ils ne parlaient pas !

B

Et, avant, avant cette ombre, cet accident, que disaient-ils ?

Inconnu

Rien !

A

Reprenons ! J'avoue que je ne comprends pas. *(Un temps)* Et, en montant ?

Inconnu

Ils ne disaient rien !

B

Vous les avez salués ?

Inconnu

Ils m'ont répondu d'un signe de tête, discret, *(Un temps)* je ne les connaissais pas.

A

On ne peut pas dire que votre affaire soit très claire ! Que voulez-vous que je note ? *(Un temps)* Je dois faire un procès verbal ! *(Un temps)* Y avait-il autre chose sur le bord de la route, une maison, un simple mur, même en ruine, une colline, un détail, un repère, où était le soleil, un repère--- une cache !!?

Inconnu

Je l'avais dans le dos.

B

Bien ! *(Un temps)* Ca, c'est intéressant, c'est un premier point, quelle heure était-il ?

Inconnu

Je ne me souviens plus, c'était dans l'après-midi, on avait fait de la route, nous étions partis après le déjeuner, oui, on avait roulé plusieurs heures.

B

Qu'aviez-vous mangé ?

Inconnu

De la viande, du chevreau, je crois, grillé, non, oui, je me souviens, je crois que c'était ça, non, j'ai oublié !

B

La femme qui vous a servi était pieds nus ?

Inconnu

Non ! J'ai oublié.

A

Bien ! *(Un temps)* Donc, cette espèce de forme surgit du ciel, vous baissez la tête, c'est un réflexe, vous accélérez, la voiture est coupée en deux --- qu'est-ce que c'était comme voiture, une petite, une grosse ?

Inconnu

Un quatre-quatre, je crois, oui, c'était une grosse.

B

Avec un toit ?

Inconnu

Oui, avec un toit !

A

Coupé en deux et sans bruit, je n'arrive pas à ---. C'était une japonaise, leurs voitures sont pourtant solides.

Inconnu

Oui, Honda ! *(Un temps)* Non, je ne m'en souviens plus !

B

Je déteste manger avec les mains, vous aviez mangé avec vos mains ?

Inconnu

Ca ne me dérange pas, *(Un temps)* ça dépend des fois !

A

Cette fois là ?

Inconnu

Vous notez ma déposition ?

A

Je ne fais que ça, mais, je vous avoue que --- *(Un temps)* Est-ce que vous comptez porter plainte ? Il faut décider si vous portez plainte !

B

C'est du jambon espagnol, j'ai amené du jambon espagnol, *(Il pose sur la table une assiette en carton ou un papier de boucher rempli de Sérano, puis commence à manger)* servez-vous, j'ai faim, il y en a suffisamment, *(Un temps)* mon oncle était catalan, c'était un républicain !

Inconnu

(Il en prend plusieurs morceaux) Oui ! J'ai faim.

A

C'est le choc ! *(Un temps)* Moi, le Sérano, je n'en veux pas, je déteste les Espagnols, ils ont chassé les Arabes, les Arabes avaient construit une magnifique mosquée à Cordou, les Espagnols y ont enchâssé une cathédrale hideuse, je n'ai jamais aimé les Espagnols, *(Un temps)* ils sont trop arrogants !

B

C'est très salé, vous avez soif ?

Inconnu

Oui !

B

Vous voulez du vin ? *(Un temps)* Ce n'est pas un vin espagnol, c'est celui d'un artisan, un éleveur d'ici, nous sommes de petits artisans.

Inconnu

Non, de l'eau !

B

Tenez, c'est de l'eau avec un peu d'anis, vous aimez l'anis ? *(Il remplit le verre de l'inconnu)* Nous préférons le vin !

Inconnu

(Après avoir bu) Vous n'avez pas de fenêtre, c'est un commissariat ?

B

C'est dur, cette lumière artificielle, en permanence, très dur, l'administration est de plus en plus pingre, tout est très dur ! *(Un temps)* Est-ce que vous portez plainte ?

Inconnu

Que s'est-il passé ?

A

J'aimerais le savoir ! Mais, si vous ne le savez pas---. *(Un temps)* Et après, après que la voiture a été coupée en deux ?

Inconnu

Je n'en sais rien ! *(Un temps)* Comment je suis arrivé là ?

B

A notre arrivée, vous étiez là, *(Un temps)* les autres nous ont dits, prenez sa déposition !

Inconnu

Les autres ??? *(Un temps)* Que sont devenus mes passagers ?

A

Comment voulez-vous qu'on les retrouve ? Il faudrait nous les décrire !

Inconnu

Qui m'a retrouvé, où m'avez vous retrouvé ?

B

Vous avez du venir par vos propres moyens, ils ne nous ont rien dit, ça leur paraissait, sans doute, évident, faites un effort de mémoire, vous êtes le seul à pouvoir les reconnaître, je comprends que ça vous ait troublé, voulez-vous qu'on vous aide, ce jambon est délicieux !

A

On pourrait tenter de faire un portrait robot, *(Un temps)* oui !

Inconnu

J'ai soif !

B

Tenez, ne buvez pas tout ! *(Un temps)* Avez-vous pissé ? Il faut pisser, pour éviter l'hépatite. *(Un temps)* On pourrait vous accuser de les avoir fait disparaître, je parle des autres ! *(Un temps)* Qu'avez-vous ressenti à ce moment là, au moment où la lame est tombée, de la curiosité, de l'inquiétude, de l'effroi, de l'angoisse ?

A

Je vais vous montrer des photos, vous me direz si vous reconnaissez quelqu'un ! *(Il fait défiler une succession de clichés. L'inconnu fait des signes de dénégation. Sur l'un des clichés, il manifeste une brève hésitation)*

B

Quelle était la vitesse de cette lame ?

Inconnu

Un peu comme un sabre, c'était très rapide, j'ai juste eu le temps de ---

B

Un sabre !?? *(Un temps)* Je n'ai jamais vu décapiter quelqu'un avec un sabre ! A quelle vitesse rouliez-vous, était-ce oppressant, ça devait être oppressant ? - décapiter quelqu'un---

A

Continuez à regarder ces photos, soyez très attentif, si vous remarquez quelque chose, vous le dites, même si vous vous trompez, les témoins sont faillibles, on le sait, vous rectifierez après, on ne vous en voudra pas ! *(Un temps)* Ca devait être oppressant.

B

Se sont-ils enfui, et si oui, où ? Vous souvenez-vous d'un endroit particulier, comment dirais-je, de quelque chose qui vous viendrait à l'esprit, un lieu, qui resurgirait --- vers lequel ils pourraient se diriger ?

Inconnu

Angoulême--- ! *(Un temps)* Non !!!

B

Ce n'est pas un endroit très--- pourquoi la bas ?

Inconnu

Je ne sais plus--- *(Un temps)* Depuis combien de temps suis-je ici ?

A

De quelle couleur était cette lame ? *(Un temps)* Vous étiez dans la voiture, essayez de vous remémorer vos sensations--- ce que vous avez ressenti à ce moment là !

B

Pourquoi, Angoulême, le festival n'existait pas ?

A

Essayez de retrouver vos sensations !

Inconnu

Festival --- ???

B

Si on vous accuse, avez-vous un alibi, de les avoir fait disparaître---.*(Un temps)* Je parle de vos passagers !

Inconnu

Un alibi ??? Ce n'est pas, pas nécessaire, ce n'est pas nécessaire---. Si !?? *(Un temps)* Je ne me suis pas retourné et j'étais devant, je n'étais pas à côté d'eux, je ne comprends pas !

A

Se seraient-ils enfuis, à votre insu, en profitant de votre, de votre désarroi, vous étiez angoissé, en profitant de cet événement, cet accident, cette rupture, je ne sais pas comment l'appeler, et comment comptaient-ils repartir--- on finit par se séparer, chacun suit sa route, avez-vous soif, reprenez un peu de jambon, en voiture, par le train, comment comptaient-ils repartir ?

Inconnu

Le train, oui--- *(Un temps)* Non ! *(Un temps)* Je ne sais pas, je ne sais plus, vous avez pris ma déposition, je vous ai tout dit, je ne sais pas, comment suis-je arrivé ici ? En apparence je n'ai rien, mais je suis fatigué, et comme--- comme si on m'avait roué de coups, très fatigué --- *(Un temps)* je n'ai rien d'autre à vous dire !

B

Vous êtes robuste !

A

Reprenons ! *(Un temps)* Vous n'avez pas d'alibi !

B

D'où veniez-vous !!?

Scène 3

L'inconnu est couché par terre, attaché sur sa chaise ! A, le bourre de coups de pieds ! B les regarde ! La scène est d'une grande violence
La lumière, éventuellement noire, donne à la scène un aspect d'irréalité.

A

On finira par les retrouver, même sans ton aide ! Mais, je t'assure que tu en garderas la trace !!!

Inconnu

La lueur--- ???

B

Doucement. Reprenons !

A

Ils ont un cerveau à la fois brillant et dérangé, d'où viennent-ils, comparses ou organisateurs, on ne voit ici que des comparses, nourris de fiel, Dieu ou un fanion enfoncé dans la tête, comme prétexte pour asservir les crétins ! *(Un temps)* Es-tu un fou ou un crétin !!?

Inconnu

Blanc, bleu, je suis aveuglé !

B

(Dit en irlandais et projeté en français sur le mur) Les anglais ne sont pas chez eux, ce sont des occupants, le temps n'en altère pas la chose, toujours des occupants !
Explosion assourdissante, suivie de plusieurs échos.

Scène 4

L'inconnu est libre. A et B reviennent dans la pièce, revêtus de blouses blanches, maculées de peinture. L'un transporte une échelle, l'autre un pot. A et B font mine de ne pas reconnaître l'inconnu

A

Qu'est-ce que vous faites ici ??? On nous a dits qu'on pouvait commencer, y aller, qu'il n'y avait personne dans la salle !

Inconnu

J'attends ! *(Un temps)* Pour signer ma déposition, ma voiture a été coupée en deux, je n'ai rien, je ne sais pas où sont les autres, les deux autres, on prétend que je n'ai pas d'alibi.

B

Vous étiez trois, coupée en deux par quoi, nous sommes des ouvriers !

Inconnu

Une lame ! *(Un temps)* J'essaie d'oublier.

B

Une lame de quoi ?

Inconnu

Je n'en sais rien, c'était silencieux, métallique et mat, nous avons été séparés.

A

Séparés ? Qui c'était ?

Inconnu

C'était--- je ne les connaissais pas. *(Un temps)* Je vous reconnais !!!

A

Nous venons repeindre la pièce, je suis délégué, peintre et délégué syndical ! Séparés, pourquoi ? Il y a toujours une raison ! Pour quelle raison, me demandait mon père, je l'ai peu connu, vous entendiez-vous avec votre père, la pièce en a besoin, ça n'a pas été refait depuis vingt ans, --- votre père !??

Inconnu

Je ne l'ai pas connu, c'était mon oncle, mon oncle m'a élevé !

B

Il était pharmacien ? Chimiste ? Il avait un laboratoire, il y travaillait ?

Inconnu

Comment, oui --- *(Un temps)* pourquoi, pourquoi un laboratoire, pourquoi dites-vous ça ?

B

Mon oncle était horloger, j'en avais plusieurs, il réparait les réveils, il n'en vendait pas, j'ai démonté mon premier réveil à neuf ans !

Inconnu

Moi, beaucoup plus tard !

A

Quand ?

Inconnu

Vous pouvez peindre, ça ne me gêne pas, je ne crains pas l'odeur de la peinture. J'ai été habitué à pire !

A

Quand, --- quand vont-ils revenir ? *(Un temps)* On pensait qu'il n'y avait personne, j'espère qu'ils ne vous ont pas oublié, c'est arrivé, une fois, le type mourrait de soif, on l'avait perdu en prison.

B

Commencer à peindre, non ! Vous dites, une lame ? L'odeur serait trop forte, non, on va attendre leur retour, et votre départ. *(Un temps)* Vont-ils vous arrêter !?? *(Un temps)* J'ai amené du pain, du pain et du chorizo, avez-vous mangé ? Vous serez mal nourri en prison ! Si vous n'avez pas d'alibi --- Qui a disparu ?

Inconnu

Non, oui, un peu, du jambon. *(Un temps)* On ne me comprend pas ! Je ne me souviens pas de la suite, ils prétendent ne pas la connaître, je ne suis pas venu ici tout seul, je ne m'en souviens plus, qui m'a amené ici ? *(Un temps)* Les autres le savent. *(Un temps)* Demandez leur, au lieu de me faire attendre !

B

Prenez un peu de chorizo, vous êtes ouvrier, vous buvez du vin ? Non ! Bon, prenez du coca, c'est infect et je n'aime pas les américains, mais ça désaltère. Vous aimez les américains, et les bandes dessinées ?

Inconnu

Dessiné, les bandes dessinées ???

A

Je collectionne les pendules et les réveils, où s'est passé votre accident ? *(Montrant un pot de peinture)* As-tu amené le dissolvant ? *(Un temps)* Est-ce que c'était un mirage ? Votre aile. Dans le désert, ce pouvait être un mirage, quand on ne comprend pas---

Inconnu

Je ne sais pas, dans le désert, oui, dans le désert !

B

Dans le désert, mon père s'y trouvait, avant l'indépendance. *(Un temps)* Il y a eu beaucoup d'accidents, sur les routes, ils n'avaient jamais vu de lame, comme la vôtre, il ne m'en a jamais parlé, il était mécanicien, très adroit, il déminait, on venait le chercher pour déminer, il avouait que c'était terrible et angoissant, surtout après --- après !

Inconnu

Ca dépend !

B

Deux gars venaient de sauter sur une mine, il était arrivé trop tard, ils passaient par-là, le hasard, ils n'avaient rien à voir avec leur fourbi, il n'en restait que des morceaux, ils n'avaient pas souffert, une belle mort, c'est ce qu'on se dit, *(Un temps)* mon père n'avait pas dit ça ! *(Un temps)* Votre accident aurait pu se passer en ville, vous auriez des témoins, si vous n'avez pas d'alibi. En ville, il y a toujours des témoins, des passants, qui sont là par hasard. *(Un temps)* C'est une question de revanche ! *(Un temps)* Vous aimez les bandes dessinées, mais vous ne buvez pas de vin, c'est étonnant !

A

Vous avez soif, tenez, prenez un peu de coca ! *(Un temps)* Je suis délégué, on m'a formé très jeune, j'étais malléable ! *(Un temps)* Avant, au début, il y mettait réellement de la coca, mais on l'a supprimée, il n'y en a plus, *(Un temps)* vous aimez les américains, je ne les aime pas, par tradition, vous avez des traditions ?

B

Les américains, je n'en connais pas, dessinent des femmes, nues.

Inconnu

Il y en a d'autres ! D'autres. *(Scrutant la porte)* Que font-ils, c'est long, merci pour la saucisse !

B

Quand vont-ils vous libérer ? C'est l'administration, c'est comme à l'hôpital, même aux urgences, et c'est injuste, *(Un temps)* aux urgences, c'est injuste et on attend !

Inconnu

Oui, --- je suis nauséeux !

A

Vous parlez bien, nauséeux, c'est peu employé, et pas dans les cités, je suis un homme de combat, buvez, ça va passer, ici, on est un peu confiné ! *(Un temps)* Je ne suis jamais retourné à Angoulême, vous êtes irlandais ? *(Un temps)* Mais je sais me faire respecter !

B

Nous repeignions une façade, nous étions trois sur la nacelle, j'avais soif, j'ai enjambé le balcon, et à mon retour, ils n'étaient plus là, *(Un temps)* c'était deux tchétchènes, je suis allé les reconnaître, un câble avait pété, ils n'avaient pas été déclarés, *(Un temps)* après, on aurait pu nous accuser de, de, je ne sais quoi, tués sur le coup ! *(Un temps)* Nombreux sont tués sur le coup, toujours pour rien !

Inconnu

Non, jamais !!!

A

Peu de femmes sont déléguées ! *(Un temps)* Qu'est-ce que c'est ? *(Il ouvre l'album de photos resté sur la table)* C'est à vous !??

Inconnu

Non, je ne sais pas.

A

C'était peut-être dans la voiture, ce devait être dans la voiture. A l'arrière ! *(Un temps)* A l'arrière, si vous ne vous en souvenez pas, rien ne dit que ce n'était pas dans la voiture, ils seront contents de le récupérer, ne l'abîmons pas, si on les retrouve, c'est un souvenir !

Inconnu

Je ne sais pas, à l'arrière, ils étaient deux !

B

Vous n'avez pas d'accent, vous allez les reconnaître, sûrement les reconnaître, si c'était à eux, regardez, *(Un temps)* lui paraît sympa !

Inconnu

(Regardant la photo) Sympa ? Non !!! *(Un temps)* Non, je ne le reconnais pas, *(Un temps)* vous êtes peintres ?

A

Nous avons le C.A.P. ! *(Un temps)* On bavarde, il faudrait qu'on s'y mette, mais vous êtes là, pour bavarder, vous n'êtes pas très bavard, sans vous, nous aurions commencé. *(Un temps)* La fois où j'ai remonté mon premier réveil, je l'avais entièrement désossé, j'étais fou de joie, c'était inutile, le remonter était inutile, un geste inutile, mais ça m'a fait du bien ! Au même âge, mon père n'avait pas réussi à remonter le sien, je tenais ma revanche, l'acte n'était pas gratuit ! C'est sympa, vous aimez la mécanique ? Il faut savoir se venger, *(Un temps)* on le fait ou on ne le fait pas, c'est binaire ! Je m'étais vengé de mon père ou j'avais vengé mon père. L'un ou l'autre. Tout est binaire !

Inconnu

Non, pas moi, le réveil, ce n'est pas moi !

B

Vous avez soif ? *(Un temps)* Moi, c'est la peinture, je m'y suis mis très tard, j'aurais préféré être docteur, m'occuper de malades, psychiatre. *(Un temps)* Qu'est-ce que vous faites d'habitude, vous n'êtes pas d'ici, qui vous envoie, vous êtes ouvrier ?

Inconnu

J'ai oublié, j'ai trop de mal à retrouver, à rassembler mes ---

A

C'est toujours un choc, un accident, c'est toujours un choc ! Il faut remettre les femmes à leur place ! Est-ce que c'était un accident ?

Inconnu

Non !

B

Un attentat ?

Inconnu

Les femmes, --- pourquoi ?

A

Quelqu'un qui aurait voulu les enfermer, les femmes, se libérer, les libérer, ceux qui étaient à l'arrière, il y a tant de chose à changer, une affaire de justice, ou un sentiment d'injustice, oui, d'injustice ! *(Un temps)* Ca ne, non ! Ca ne --- ?

Inconnu

Je ne les ai pas tués !

A

Quand ? *(Un temps)* Quand est-ce que ça s'est passé, --- que c'était prévu ?

Inconnu

Dans l'après-midi--- ??? Non !!! Je veux dire que ---.

B

Si vous en êtes sûr, je n'y étais pas et je suis peintre ! *(Un temps)* Regardez ces photos, vous en connaissez d'autres, vous en connaissez un ? *(Désignant une photo)* Un ami de mon oncle ressemblait à cet homme, et c'était un dur, on pouvait compter sur lui, il faisait de la résistance, et un brave ! *(Un temps)* Pris, ils étaient fusillés, déportés ou pendus. *(Un temps)* Il a peut-être été coupé en deux---

Inconnu

Coupé en deux, non !

A

Par la lame, nous n'en savons rien, vous ne vous êtes pas retourné ---. En a-t-on retrouvé des morceaux ?

B

Ca risque de se reproduire ! Quand, vous dites l'après-midi, est-ce que ça se fera dans l'après-midi ?

Inconnu

Pourquoi ? *(Un temps)* J'ai soif !

B

Au début de la semaine, à la fin, si ça doit se faire, buvez !

Inconnu

Vous êtes peintre ?

B

(S'adressant à A) Aurons-nous assez de peinture ?

Inconnu

Ont-ils pris ma déposition ?

A

En ville, ça peut arriver en plusieurs endroits ! *(Un temps)* Alors, vous n'avez plus de voiture !

B

C'est l'endroit qui est important, je pense à cette lame, à Angoulême, mais à quel endroit ?

Inconnu

Ils devraient être revenus, depuis combien de temps je suis ici ?

A

Quel était votre mobile, un cri d'alarme, ça ne me regarde pas, c'est pour vous aider, je connais, avant qu'ils ne reviennent. *(Un temps)* Il serait idiot de payer pour d'autres ! *(Un temps)* Ca fait plaisir, sur le moment, on croit se sortir du merdier, d'une impasse, on tente de s'en sortir ! La frustration, on l'accumule, chacun a ses limites, une addition de petites causes ---, buvez !

Inconnu

Ils n'ont pas le droit de nous juger !!!

B

Le hasard est là ! *(Un temps)* Pour asservir les autres, on n'a jamais la liberté souhaitée !

A

Reprenons ! *(Un temps)* Deux de mes oncles ont été fusillés, ils avaient fait leur devoir ! Il y a toujours un occupant, c'est parfois dans la tête, vous avez du en souffrir ! *(Un temps)* Je suis peintre et délégué, délégué syndical, je simplifie, et nécessairement je fais des amalgames, pour être compris !

Inconnu

J'ai envie de vomir ! *(Un temps)* Fusillés ? Fusillés ---.

B

Il y aura des gosses, qui vous a délégué, délégué ou mandaté, que sais-je ?

Inconnu

Votre coca, *(Un temps)* le goût de votre coca est différent---

A

C'est du vrai, et vous en aviez oublié le goût. *(Un temps)* Des gosses pris dans une nasse ! Vous avez des enfants ?

Inconnu

Non !

B

Ca n'empêche pas qu'on s'y intéresse et s'attache à ceux de ses voisins, *(Un temps)* vous arrive-t-il de faire du mal aux enfants, de les faire souffrir, involontairement ? *(Un temps)* Un jour de la semaine vous revient-il en mémoire ?

A

Ce mur est sale, nous n'avons pas le temps de lessiver, vouloir faire du propre sur du sale, nous n'aimons pas ça, mais il est délégué. *(Un temps)* Les enfants des autres sont aussi des enfants !

B

Un jour de la semaine, la lame pourrait en couper plusieurs ! *(Un temps)* Qui, au nom de Dieu, joue le rôle du diable ?

Inconnu

--- du diable ? Mercredi, oui, mercredi---. J'ai soif, --- *(Un temps)* Non !!!

A

Pourquoi, mercredi ?

Inconnu

Je ne sais pas --- *(Un temps)* Ca ne veut rien dire, c'est un jour comme un autre, oui, tous les jours sont les mêmes !

B

Reprenons ! *(Un temps)* Vous étiez en voiture, la route était droite, et l'un des passagers disait ---

Inconnu

Il avait un accent, pas d'ici, pas un accent d'ici, c'est tout, je ne sais plus ! *(Un temps)* Vous êtes peintres ?

B

Nous allons repeindre en blanc, pour la lumière, c'est plus clair, c'était blanc, nous gardons la même couleur, nous sommes conservateurs ! *(Un temps)* Repeindre sans nettoyer est absurde, nous devrions prendre le temps, bien réfléchir, pourquoi est-ce sale, quand les rues sont sales, tout est confus dans les têtes. *(Regardant sa montre)* Que font-ils, nous allons les chercher, attendez-nous ici !

Scène 5

La lumière donne un aspect d'irréalité à la scène.
L'inconnu est attaché. A le gifle, B, les regarde. A et B n'ont plus de blouse.

A

Au lieu de creuser des égouts, vous exportez votre merde !!!

B

C'est plus compliqué !

Inconnu

Le bruit, trop près ---.

A

Il ne faudrait pas que tu prennes notre immense compassion et notre écoute pour une mauvaise graisse ! Je vais te pourrir la gueule !!! Vous n'avez pas compris que votre violence n'est pas un argument de vente ! Nous sommes en démocratie et tes donneurs d'ordre sont des vendeurs de dictature !!!

B

Non, ce n'est pas lui, ce n'est pas ça !

Inconnu

Les oreilles ----

A

Je suis sûr que c'est un putain d'irlandais !!!

B

Il ne ressemble pas à un irlandais !

A

Il ne ressemble à personne ! Ils l'ont choisi parce qu'il ne leur ressemble pas. *(Un temps)* Tu veux ton indépendance !!? Mais qui es-tu, et pourquoi faire !!? *(Un temps)* Recouvrir toutes les femmes de voiles ?

B

(Dit en arabe et projeté en français) Ils vous méprisent et tentent de corrompre vos filles et vos femmes ! Allah, Akbar !
Violent bruit de souffle pendant quelques secondes.

Scène 6

L'inconnu est seul, attablé et attend. A et B entrent vêtus de blouses et de bonnets blancs, immaculés. La salle semble ouatée. Les déplacements des protagonistes sont étrangement silencieux.

B

Vous êtes sorti d'affaire, mais, c'est quasiment un miracle, il faudra vous ménager !

Inconnu

Que m'est-il arrivé ???

B

Une hémorragie cérébrale ! Généralement, on en meurt en quelques minutes !

Inconnu

Mais, --- où ???

B

A-t-il pris ses médicaments ?

A

Pas encore, tenez, avalez ça et, buvez, c'est de l'eau !

Inconnu

Une hémorragie cérébrale, mais --- *(Un temps)* Où sommes-nous ?

A

Vous ne supportiez plus la lumière, vous ne supportez plus la lumière ! *(Un temps)* Vous vous êtes effondré, vos élèves ont très vite réagi, à quelques minutes près, maintenant, ça va !

Inconnu

Mes élèves--- lesquels--- je donnais, *(Un temps)* c'était un cours de, *(Un temps)* je donne des cours de quoi !??

A

C'est un peu d'amnésie, mais ça va revenir, ça devrait revenir !

B

Votre épouse et vos enfants vont arriver !

Inconnu

Mes enfants ??? *(Un temps)* Je ne m'en souviens pas, mes enfants, ni que --- *(Un temps)* dans ma classe, mon épouse ???

B

Nous avons interdit les visites, comment vous sentez-vous ?

A

Vous verrez les radios, le sang s'est résorbé, vous n'aurez pas de séquelles !

Inconnu

Docteur, vous êtes docteur !?? *(Un temps)* Je ne me souviens pas d'avoir enseigné, --- et en français, *(Un temps)* non, pas en français, mes enfants, je ne me rappelle pas, c'est le noir--- mon épouse ???

B

Vous allez la reconnaître, vous étiez dans le coma, regardez ces photos, *(Un temps)* vous la reconnaissez, *(Un temps)* c'est un exercice ! *(Il ouvre un classeur et fait défiler des photos devant l'inconnu)*

Inconnu

Je ne la reconnais pas ---

A

Nous avons mélangé les clichés, nous en avons ajouté d'autres, ceux d'inconnues, *(Un temps)* c'est un premier exercice, *(Un temps)* rien n'est lésé, soyez patient !

B

Si vous avez un doute, signalez-le !

Inconnu

Quand vont-ils arriver, ce visage--- peut-être--- oui --- *(Un temps)* Non !!!

A

Vous avez beaucoup parlé ! En vous réveillant.

B

Votre épouse a parlé d'un accident, vous auriez eu, il y a peu, un accident, *(Un temps)* vous souvenez-vous, l'aileron d'un avion serait ---

Inconnu

--- tombé sur ma voiture ! *(Un temps)* L'aileron d'un avion, oui, c'est ça, je m'en souviens ---- je m'en souviens, *(Un temps)* je ne savais pas que c'était--- j'étais ---

A

Vous étiez avec deux amis, saurez-vous les reconnaître, l'un de vos fils a retrouvé leur photo, regardez, *(il fait défiler les photos)* c'est un deuxième exercice, nous allons vous laisser, il faut dormir, a-t-il avalé ses cachets, avez-vous mal, vous vous êtes plaint ?

Inconnu

J'ai été roué de coups ! *(Un temps)* Je suis français ??? Non ! Ce n'est pas ça, où j'habitais !??

A

Celui-là, c'est l'un de vos amis ! Etait-il avec vous ?

Inconnu

Non, non, euh, euh, lui, je ne sais pas, peut-être--- *(Un temps)* je ne comprends pas !

B

Buvez, ça va aller mieux, c'est toujours le même homme, oui, c'est bien !

Inconnu

Non, je ne le connais pas !!! *(Un temps)* Où était ma classe !!?

A

A Angoulême !

Inconnu

(Un temps) Je, je mélange--- deux ---J'ai l'impression d'avoir deux, d'avoir deux, deux vies--- distinctes !

B

C'est normal après plusieurs semaines de coma durant lequel vous avez déliré ! *(Un temps)* Vous en gardez en mémoire des fragments et vous souffrez aussi d'amnésie, ils vont disparaître, nous allons vous aider, essayez de vous souvenir, vous mélangez le réel et l'imaginaire !

Inconnu

J'ai l'impression d'une seconde vie, de découvrir une seconde vie--- oui, je ne l'ai pas redécouverte, vous m'en parlez, c'est tout, je suis dans autre chose, je--- dont je n'arrive pas à me soustraire, désagréable --- je délire !??

A

L'inconscient est rempli d'horreurs, on les étouffe, mais quand elles surgissent, c'est affreux, *(Un temps)* votre tension est bonne, *(Un temps)* dites-nous très simplement si vous reconnaissez quelqu'un, même si ce n'est qu'une illusion, ce dont vous vous rappelez, *(Un temps)* vous souvenez-vous des infirmières ?

Inconnu

Non, mais, je vous ai déjà vu, vous étiez, vous faisiez --

B

Son pouls est normal, laissez-vous aller, oui, vous nous avez aperçu, et nos voix font ressurgir de vieilles images !

Inconnu

Vous étiez ---

B

Dites-nous ce dont vous vous souvenez, ça va vous aider à retrouver quelques points d'ancrage !

Inconnu

J'ai l'impression d'une vie différente, je ne sais pas où, par quoi commencer. *(Un temps)* Vous me dites que je suis français, mais ---dans mon délire, non ! *(Un temps)* Mon épouse va-t-elle, elle pourra mieux que moi vous répondre ---

A

Non ! Nous connaissons bien votre vie, elle ne nous intéresse pas, votre épouse ne peut plus nous aider, elle peut vous aider, nous voulons vous aider, *(Un temps)* vous avez bonne mine ! Le vrai est perdu dans un magma qui peut vous sembler réel. Ce magma est lourd ! Il faut le chasser !!! En parler pour le chasser. Vous saisissez ? Vous devez vous reposer, buvez ! Venez faire pipi, vos reins ont souffert, comme le reste !
A et B conduisent l'inconnu faire pipi bruyamment dans un seau.

B

Est-ce que vous souffrez ?

Inconnu

J'ai mal partout, surtout quand je respire !

B

Il faut lui donner de la morphine !

Inconnu

De la morphine ???

A

Autrefois, on laissait souffrir les gens, on en est revenu, cette drogue est prisée, *(Un temps)* il faut faire disparaître la douleur, un cerveau qui souffre ne se répare pas, *(Un temps)* est-ce d'ailleurs vraiment de la drogue, *(Un temps)* c'est bénéfique ---

Inconnu

Vous étiez peintres ! Où est mon lit ?

B

Vous souvenez-vous du jour de votre accident ?

Inconnu

Euh ! Non.

A

Un jour de la semaine vous semble-t-il plus important, plus important que les autres, même si vous ignorez pourquoi ?

Inconnu

Non, je ne vois pas --- pourquoi ?

B

Le mercredi !??

Inconnu

Le mercredi ? Oui, peut-être, oui, je délirais, c'était si réel, le mercredi, *(Un temps)* où suis-je né !??

B

Vous en vouliez aux enfants, vous en avez parlé à haute voix !

Inconnu

Oui--- *(Un temps)* Mais ça ne sert à rien d'en parler !

A

Quand on fait surgir des bribes d'inconscient, c'est insupportable, on se retrouve dans la peau d'un inconnu, envahi par des envies de mordre. Il faut en parler !

B

Quelquefois, j'ai envie de déféquer sur la table ! *(Un temps)* Plus vous attendrez pour le reconnaître, *(Un temps)* on veut toujours assassiner quelqu'un, c'est banal.

A

Vouloir chier sur une table, aussi !

Inconnu

Je ne sais pas, des gens--- Sur la table ???

B

En vouloir aux enfants, chez un prof, on peut le comprendre ! *(Un temps)* Un de mes patients voulait violer sa collaboratrice, elle lui pourrissait la vie, c'était un type très bien, son bureau était soigneusement rangé. *(Un temps)* C'était un fantasme !

Inconnu

Non, je n'arrive pas à --- *(Un temps)* à croire que ce n'était qu'une illusion ---.

B

Raison de plus, vous avez le temps, nous avons encore un peu de temps. Se venger d'enfants sur d'autres, c'est habituel, nous en avons souvent envie, mais vous ne le feriez pas !

Inconnu

--- le français, j'ai eu tant de mal à l'apprendre, dans, *(Un temps)* dans mon rêve.

A

Un de mes malades était camionneur, après son attaque, il s'en était sorti, mais convaincu d'avoir conduit des trains ! *(Un temps)* Il décrivait les lignes qu'il avait parcourues, c'était si précis que je suis allé vérifier. *(Un temps)* Il y a des cas ! *(Un temps)* Et bien, tout était faux, archi faux et, en apparence archi vrai, je n'en revenais pas, j'imaginais qu'il l'avait lu ou vu, pas du tout ! *(Un temps)* Le cerveau est étrange, le sien, comme le vôtre, avait tout inventé !

B

Est-ce lié, je parle de cet aileron tombé du ciel, je n'y vois pas pour ma part de lien, avez-vous vu des images de guerre, ou d'attentat avec des enfants, *(Un temps)* où ça se passait ?

Inconnu

Non ! Je ne veux pas raconter ça, surtout, si *(Un temps)* si c'est un fantasme.

A

Avez-vous soif, il doit avoir soif, donnez-lui ses comprimés, ça va aller, je sais que c'est difficile, se rappeler, trier, essayer de se souvenir, *(Un temps)* personne n'accepte de gaieté de cœur de parler des immondices qui l'habitent, *(Un temps)* et pour y parvenir certains mettent des années en tournant le dos à un psy. *(Un temps)* Nous aimerions accélérer le pas !!!

B

D'autres utilisent des bombes, dans leurs délires, ou des armes de poing, du pistolet au fusil mitrailleur, voire au fusil à lunette, *(Un temps)* c'est symbolique, le fusil à lunettes c'est quand on en veut à quelqu'un, *(Un temps)* le choix de l'arme donne des indications sur les pulsions qui nous habitent, essayez de vous souvenir ! *(Un temps)* C'était une bombe !!?

Inconnu

Oui ! *(Un temps)* Non !! Montrez-moi les radios, *(Un temps)* où est mon lit !

A

Votre épouse est là, elle attend, êtes-vous prêt ?

B

Ce serait bien pour ses enfants, mais ne pressons pas les choses, *(Un temps)* êtes-vous prêt, ça va ?

Inconnu

Oui, non, --- oui dans une vie, non, dans l'autre, --- j'ai deux vies, deux vies à défendre, c'est vous qui me le dites, je ne peux en abandonner aucune, vous me dites que celle dont je me souviens est la fausse, je ne suis sûr de rien, il faut que je me batte, j'aurais l'impression de trahir, de me trahir, la fausse part de ma vie a une énorme importance, encore trop, je le sens comme ça, c'est viscéral, je ne pourrai pas me reconstruire sur des ruines et il me faut du temps, peut être que la visite de ma femme, si je la reconnais, oui, si je la reconnais, m'aidera à surmonter cette, cette inhibition, mais, j'ai l'impression d'en avoir trop dit, déjà trop dit, alors que vous êtes médecins, que c'est pour ma santé, rien n'est clair, *(Un temps)* suis-je enfermé ou à l'être bientôt ?

B

Non, c'est bien, vous recommencez à vous battre, c'est essentiel, et avec discernement, c'est de bon augure, vous percevez les contradictions qui vous hantent, contradiction dit doute, et doute dit guérison ! *(Un temps)* Nous allons vous laisser dormir !

A

Laissons-le dormir, tenez, buvez, et, prenez ce cachet, il est minuscule !
Noir très bref

B

Avez-vous bien dormi ?

Inconnu

Mais, mais, je n'ai pas, je viens de boire et d'avaler ---- ?

A

C'est une absence !!! *(Un temps)* Il vient d'avoir une absence, d'oublier quelques heures, ne vous inquiétez pas, vous avez dormi environ deux heures, et bien supporté un traitement lourd.

Inconnu

Je ne, *(Un temps)* ce n'est pas vrai !!?

B

Un traitement très lourd, où aviez-vous acheté vos vêtements, ces vêtements ?

Inconnu

--- ces --- à l'étranger, *(Un temps)* dans mon rêve, *(Un temps)* dans mon cauchemar ----

A

Les portiez vous lors de l'accident ?

Inconnu

Euh ! Oui, je crois, *(Un temps)* je ne sais plus ---

B

Vos passagers se sont-ils habillés au même endroit ?

Inconnu

C'était con !!! *(Un temps)* Enfin, je m'en fous, la facilité, oui, au même endroit.

A

C'est bien, rentraient-ils le soir chez eux ?

Inconnu

Qui ?

A

Vos deux passagers, chez eux, enfin non, puisque vous étiez en voyage, mais à leur hôtel, ou dans leur maison que sais-je, s'ils en avaient louée une, ou un appartement, voire un squat --- *(Un temps)* dans un squat, on est plus tranquille---

Inconnu

Qu'est-ce que ça peut faire, ça va servir à quoi, c'était du délire, *(Un temps)* vous me dites que c'était du délire, *(Un temps)* mais, je ne peux pas vous répondre ---ce serait, comme un viol ! Insupportable ---

B

C'est trop tôt, c'est encore trop tôt, pour avouer vos fantasmes, *(Un temps)* Nous sommes tous bâtis sur le même modèle ! *(Un temps)* Un de mes patients refusait de dire où était la niche de son chien, d'en parler, le chien la retrouvait tout seul, et il voulait comprendre pourquoi, *(Un temps)* je l'ai guéri, mais sans savoir comment, un jour, il est arrivé avec un plan, celui de son jardin, la niche était derrière la maison ! *(Un temps)* Et depuis, il montre ce plan à ses visiteurs stupéfaits, je vais vous montrer où est la niche---

Inconnu

J'ai besoin de temps *(Un temps)* j'ai des bleus partout, je viens de voir que j'avais des bleus.

B

Ce sont les sangles, vous vous êtes débattu, vous étiez attaché, nos assistantes étaient terrorisées, vous hurliez, *(Un temps)* pour un prof, vous avez une grosse musculature !

Inconnu

Je ne suis pas--- mais c'est vous qui le dites, il n'y a pas de fenêtre, où est mon lit ?

A

Nous sommes dans la salle de réanimation, elles sont en sous-sol, *(Un temps)* nous allons vous faire marcher, vous prenez des anticoagulants, et vous êtes ankylosé, *(Un temps)* vous dormez dans la pièce d'à côté. *(Un temps)* Faites quelques rotations de la tête !

Inconnu

Quel est mon nom ?

B

Vous pourriez être corse ou basque, vous avez la peau mate, *(Un temps)* vous reveniez des Seychelles, nous avons pensé à une insolation, l'hémorragie cérébrale est fréquente à votre âge et en avion. *(Un temps)* Avez-vous faim ?

A

Ca sent bon, c'est le mouton qu'ils cuisinent le mieux ! *(Un temps)* Il y a eu un nouvel attentat, depuis votre accident, depuis que vous êtes ici. Organisé par des seconds couteaux, mais vous connaissez, *(Un temps)* vous avez fait une recherche sur ce sujet, c'est une coïncidence--- vous en souvenez-vous ?

Inconnu

Une recherche, sur, sur quels attentats ??? *(Un temps)* Je ne comprends pas, peut-être, oui, je comprends---

B

Vous venez de soutenir votre thèse !

Inconnu

Ma thèse ??? *(Un temps)* Vous ---, vous l'avez vue, lue ?

A

Non, par manque de temps, ça m'aurait intéressé, *(Un temps)* c'est l'un de vos fils qui nous en a parlé, vous y faisiez allusion, dans votre délire, ça nous avait intrigués. *(Un temps)* Avez-vous faim, le déjeuner ne va pas tarder !

Inconnu

C'est impossible, *(Un temps)* je ne vous, je n'arrive pas--- *(Un temps)* Quand mon épouse va-t-elle, *(Un temps)* je ne m'en souviens pas, à quoi ressemble-t-elle, *(Un temps)* j'ai soif !

B

Elle est très jolie, *(Un temps)* vous la trouverez maigrie, elle a eu peur, *(Un temps)* mais elle est courageuse, *(Un temps)* essayez de vous rappeler, d'elle et de vos enfants, ils ont lu votre thèse !

A

Vous prétendez que ces attentats sont organisés par des types qui ont des problèmes sexuels et qui voudraient ---, sans que leur mère ou leur sœur --- Vous dites ça autrement ! *(Un temps)* Ca vous rappelle quelque chose, c'est votre thèse.

Inconnu

Peut-être, *(Un temps)* mais ce n'est pas, ce n'est pas une thèse, je n'en sais rien, tout est très fort, ancré, là, ça se recoupe, ma vie, celle dont vous me parlez avec, avec l'impression que j'en ai, j'en avais, que j'avais en mémoire --- *(Un temps)* non, trop, je suis trop fatigué !

B

Nous allons faire entrer votre épouse, *(Un temps)* vous dormirez après le repas, vous ferez la sieste !

Inconnu

Après le repas ??? *(Un temps)* Je n'ai plus de repère, c'est épuisant, je m'agrippe à ma vie, et vous me dites, non, là, c'est pas la bonne, c'est fictif, en t'accrochant là, tu vas tomber, la pierre est ailleurs, tu ne reconnais plus la pierre, non, pas encore, ça reviendra, je suis aveuglé face à ma propre vie, j'en ai oublié l'essentiel, *(Un temps)* je n'en retiendrais que des phobies et des ressentiments, *(Un temps)* pourquoi avais-je de telles rancœurs--- ??? *(Un temps)* Est-ce toujours, aussi difficile, à, à admettre, *(Un temps)* est-il toujours aussi difficile de se souvenir après une attaque--- ???

A

Demain, vous referez de la gymnastique ! *(Un temps)* Vous devriez être mort !!!

Inconnu

Ce serait mieux, vous ignorez les dégâts, ceux qui sont dans mon crâne, vous n'en voyez que les traces, c'est insupportable, j'ai mal partout, *(Un temps)* pourquoi ne pas m'avoir laissé mourir ?

B

Votre épouse n'a pas voulu !

Inconnu

Je ne la connais pas, *(Un temps)* c'est une inconnue.

A

Vous l'avez reconnue sur les photos !

Inconnu

Ce n'était pas, ce n'était pas ma femme, *(Un temps)* je n'en sais rien, c'était autre chose, quelqu'un d'autre ! *(Un temps)* Ce n'est pas parce que j'ai reconnu quelqu'un que c'était, *(Un temps)* c'est stupide, vous raisonnez mal --- *(Un temps)* qui êtes-vous ?

B

Je suis neuropsychiatre !

A

Vous réagissez bien, étendez vos doigts bien à plat, étirez les, les deux mains !

Inconnu

Je réagis bien, tant mieux, si vous en êtes sûr, tant mieux, *(Un temps)* je suis las, *(Un temps)* ai-je reconnu mes enfants ?

B

Un des deux, pas l'autre, pourquoi, mystère, *(Un temps)* dans votre délire, vous l'associez à quelque chose que vous n'aimez pas, un acte manqué, *(Un temps)* mais à sa vue, vous le reconnaîtrez !

A

Vous êtes guéri !!!

Scène 7

La lumière éventuellement noire donne à la scène une impression d'irréalité. L'inconnu est attaché, couché sur le côté. A, le bourre de coups. B le regarde. A et B n'ont pas de blouse.

A

D'où viens-tu !!? Tu souffres pour rien ! *(Un temps)* Au Tibet, tu serais bouddhiste ! *(Un temps)* Tout est relatif ! Tu mesure mal la connerie de ton sacrifice !!!

B

Ne le tue pas !!! *(Un temps)* Pourquoi, nous avoir choisis pour cible !!?

Inconnu

Le souffle, *(Un temps)* soulève puis roule par terre !

A

Tuer des enfants au hasard !?? Mais, tu vis au moyen âge !!! *(Un temps)* Vous errez dans une impasse au fond de laquelle il n'y a rien, c'est sans issue ! *(Un temps)* Tu sévis dans une secte ! Au milieu d'interdits, de discriminations, de morts, de funérailles, de pleurs et de tombes. *(Un temps)* Le soleil a desséché vos têtes ! *(Un temps)* Es-tu crédule, fragile ou les deux !!?

B

Stop !!! C'est beaucoup plus compliqué et nous n'en sommes pas sûrs !
(Dit en basque et projeté sur le mur en français) Les espagnols sont des occupants ! Le temps n'en altère en rien la chose. Toujours des occupants !

Inconnu

--- étendu par terre ---
A et B se mettent à parler à l'inconnu avec véhémence, mais sans qu'aucun son ne sorte de leur bouche, donnant le sentiment au spectateur d'une soudaine surdité consécutive à un bruit violent.

Scène 8

L'inconnu est libre assis devant la table

Inconnu

J'ai des nausées, j'ai soif, *(Un temps)* que m'est-il arrivé ?

56

A

C'était un attentat !!! *(Un temps)* Nous avons tout essayé.

B

Buvez, c'est fort, mais ce n'est pas de l'alcool !

A

Comment vous sentez-vous ?

Inconnu

Aujourd'hui, nous sommes aujourd'hui, quel jour ?

B

Vous n'avez pas reconnu votre épouse !

Inconnu

Je n'ai, je n'ai vu personne.

A

Vous allez rester en observation !

Inconnu

Combien de temps, qui êtes-vous ?

B

Votre famille n'a pas les moyens de vous prendre en charge ! *(Un temps)* En êtes-vous conscient ?

Inconnu

Ma famille--- ? *(Un temps)* Qui êtes-vous, où suis-je, *(Un temps)* pendant combien de temps ?

A

Ca n'a pas d'importance, comment vous l'avouer, avec un homme, ce devrait être plus simple ! *(Un temps)* C'est une affaire de semaines, il ne vous reste que quelques semaines, votre état se dégrade !

Inconnu

Je pourrais m'en aller dans quelques semaines, *(Un temps)* où irais-je ?

B

Rejoindre vos amis, ceux qui étaient dans la voiture, derrière !

Inconnu

Quelle voiture ?

A

La route était droite, la lame est tombée, brune, métallique, mate, vous avez baissé la tête puis senti le courant d'air, vous aviez mangé du chevreau. La vieille était pieds nus. Comment étaient habillés ceux qui étaient au repas ?

Inconnu

Non ! Je ne peux pas, *(temps)* je ne parlerai plus.

B

Nous avons du vous trépaner, c'était délicat, l'aileron de l'avion vous avait touché, l'aileron ou un morceau du toit, celui de votre véhicule. *(Un temps)* Avez-vous des maux de tête, *(Un temps)* l'opération a duré huit heures !

Inconnu

Qui êtes-vous ?

A

Ma spécialité, c'est le crâne, je suis chirurgien, *(Un temps)* nous espérions vous sauver, si vous ne souffrez pas, c'est bien !

B

Pour vous empêcher de souffrir, nous ferons ce qu'il faut, nous en avons les moyens, *(Un temps)* c'est une affaire de semaines.

A

Vous n'avez pas de famille, nous n'en avons pas trouvé trace, qui doit-on prévenir ?

Inconnu

Prévenir ? Je ne sais plus, j'ai été trépané ??? *(Un temps)* Non, je ne vois personne, *(temps)* ils ne sont pas là, où sont les deux autres, ont-ils été tués ?

A

Un attentat, l'avion a été détruit, *(Un temps)* qu'y faisiez-vous, vous n'auriez pas dû vous trouver là !

Inconnu

Quel avion ? Il ne s'agissait pas de ça, pas de --- *(Un temps)* trépané, une aile d'avion ???

A

Un aileron, mais ça ne change rien, il a coupé la voiture en deux !

Inconnu

Mes passagers --- ?

B

Ils étaient méconnaissables, nous avons reconstitué leur tête, *(Un temps)* vous avez eu de la chance, enfin, de ne pas avoir été tué sur le coup, *(Un temps)* nous allons vous les montrer, vous êtes le seul à pouvoir les identifier !

Inconnu

J'ai envie de vomir, je vois trouble, je ne comprends pas, je ne sais plus --- *(Un temps)* je vous reconnais, vous étiez peintres, *(Un temps)* non policiers, je ne sais pas, j'ai sommeil, laissez moi dormir, *(Un temps)* que m'avez-vous fait, tout est mélangé---.

B

Il doit se reposer, *(Un temps)* vous allez regagner votre chambre !

Inconnu

Oui, ma chambre !
Noir très bref

A

Avez-vous bien dormi ?

Inconnu

Mais, j'allais ----

A

(Un temps) C'est un blanc ! Ils sont de plus en plus fréquents !

B

Ne vous inquiétez pas, ce n'est qu'une absence ! Buvez ! C'est fort, mais ce n'est pas de l'alcool, *(Un temps)* observez les en photos, nous les avons reconnus, ce n'est qu'une confirmation, *(Un temps)* c'est administratif, légal, il nous faut remplir les formulaires de décès, c'est compliqué, *(Un temps)* ils n'ont pas souffert, *(Un temps)* nous espérions vous sauver, *(Un temps)* vous ne souffrirez pas.

A

Nous retrouverons les coupables, nous les retrouvons toujours, vous serez vengé, ils seront punis, *(Un temps)* étiez-vous là par hasard ?

Inconnu

Non, je les accompagnais, je devais les accompagner, *(Un temps)* j'aurais du ---.

B

Quel jour était-ce ?

Inconnu

Euh ! Mercredi.

A

C'était une bombe, dans l'avion, l'aileron, était-ce une bombe, aviez-vous une bombe, prévu d'en avoir une ?

Inconnu

Une bombe, oui, peut être, sans doute, j'ai oublié, non, *(Un temps)* à propos de quoi ?

B

--- d'Angoulême, et des enfants, vous vous souvenez ? *(Un temps)* Vous deviez en venger d'autres, d'autres enfants, c'était normal, voulu, on l'avait exigé, faire des victimes, en sacrifier, *(Un temps)* pour transmettre un message, le faire comprendre, il finirait par l'être, *(Un temps)* à défaut ça continuerait, des années, pendant des années, *(Un temps)* c'est difficile, vivre et tuer, tuer pour que d'autres vivent, c'est la géographie, sinistre coup du sort, ce n'est que de la géographie, ça deviendra de l'histoire, le désert est aride, il faut tuer des innocents pour en sauver d'autres, plus nombreux ou plus proches, oui, plus proches, c'est une horreur, mais qui devrait être utile ! *(Un temps)* C'est ça ?

A

A quelle heure, à quelle heure vous êtes-vous trouvés la bas, tous les trois, deviez-vous vous trouver la bas, à quelle heure, devriez-vous, vous retrouver, *(Un temps)* le temps ne compte pas, seule l'heure !

Inconnu

A treize heures, oui, nous allions la bas à treize heures, nous irons, nous avons été la bas, *(Un temps)* je ne comprends pas, quel avion ???

B

La bombe est dans la voiture, c'est un quatre-quatre, un engin robuste, dans quelle rue, dans quelle rue étiez-vous, allez-vous, devez-vous passer ?

Inconnu

Non !!! Vous n'êtes pas ! *(Un temps)* Je voudrais un avocat, voir un avocat !

A

Votre épouse vient d'arriver, *(Un temps)* vous doutez du réel, vous le fuyez, *(Un temps)* faut-il la faire entrer, êtes-vous prêt, avez-vous réfléchi, saurez-vous la reconnaître ?

Inconnu

Réfléchi à quoi, *(Un temps)* mon épouse, qu'elle entre ! *(Un temps)* Non, attendez !!! *(Un temps)* Essayez d'être, de rester dans la même histoire, vous mélangez, ne mélangez pas, je n'arrive plus à --- je m'y perds, *(Un temps)* j'ai la tête vide, envie de vomir !

B

Buvez, c'est difficile, *(Un temps)* c'est votre tête, ne vous égarez pas, *(Un temps)* par quelle rue êtes-vous, devez-vous passer, *(Un temps)* vos enfants vont arriver, *(Un temps)* nous vous avons trépané, il faut sauver vos enfants, vous êtes sauvé !

A

Je suis peintre, on nous avait dits d'entrer, qu'il n'y avait personne, buvez, j'ai du jambon, votre épouse est courageuse, voulez-vous le goûter, vous allez mourir, ce n'est qu'une question de temps, de semaines, ça n'a plus importance, par quelle rue deviez-vous arriver !!?

B

Reprenons ! *(Un temps)* Vous avez vu comme un couteau, vous avez baissé la tête, qu'avez-vous ressenti, par quelle rue vont-ils arriver ?

Inconnu

Par derrière, la petite, j'ai soif, tout se mélange, *(Un temps)* c'était une étude, vous le dites, non, je la vis, non, peut-être, une thèse, non, c'est autre chose, *(Un temps)* que m'est-il arrivé, dites moi ce qui m'est arrivé !!!

B

Nous parlons d'un attentat !!!

Scène 9

*L'inconnu est attaché sur une chaise. **A**, le pique au bras.*

B

(Après quelques secondes s'adressant à l'inconnu) Démarre !!!
*L'inconnu, hagard, immobile, scrute la salle, puis il simule le démarrage d'un véhicule dont on entend le bruit. Ses mains serrent nerveusement un volant fictif. **A** et **B** sont derrière lui !*

A

*(S'adressant à **B**)* Tout est prêt !

B

*(S'adressant à **A**)* On y va !
A et B sortent.

A *en voix off*

La route est rectiligne !

B *en voix off*

De part et d'autre, le désert, quelques arbustes, vos deux passagers sont derrière !

Inconnu

Non ! --- Le choc ! La lumière, le bruit et le souffle, puis le choc !

A *en voix off*

Une route importante et secondaire, étroite !

Inconnu

Non ! Je ne veux pas, --- déchiqueté ---

B *en voix off*

Vous avez mangé du chevreau, la femme avait les pieds nus !
Une ombre brutale, traverse la salle de haut en bas accompagnée d'un bruit violent et d'un courant d'air. L'inconnu baisse la tête, hurle et frissonne.

Inconnu

Non !!! *(Un temps)* J'ai froid ! *(Un temps)* J'ai froid, j'ai soif, *(Un temps)* oui, j'ai soif !
Lumière orange puis rouge d'un incendie très proche.

Scène 10

Dans la pièce, l'inconnu est libre

A

Vous n'êtes qu'un rejet, un déchet, le vomi, de cette société, à jeter au plus vite dans l'égout le plus proche, *(Un temps)* ils vous ont sacrifié, vous n'êtes rien à leurs yeux, pour en détruire d'autres, né à la mauvaise époque et au mauvais endroit, hors de votre temps, un fossile, *(Un temps)* déterré par d'habiles manipulateurs vivant de la mort, comme d'autres de la drogue ou des armes, ou vivant, du tout !

B

Je vous trouve courageux, vous avez tenu votre rôle, tenté de faire votre devoir. *(Un temps)* Nous ne sommes pas du même camp, nous prévenons la violence, elle est rarement justifiée, on ne fuit pas ses propres contradictions en tuant les autres au hasard, fussent-ils imparfaits, c'est ce que nous pensons, *(Un temps)* mais je vous estime !

A

Nous sommes imparfaits, mais vous êtes fous !!!

B

Ce sont des enfants !

Inconnu

Tuez-moi, je suis épuisé, *(Un temps)* ou laissez moi dormir---

B

Vous ne faites pas de sermon, je vous en sais gré, manipulateur plus que manipulé, les manipulés font des sermons, essaient de se justifier, stupidement !

Inconnu

Ou vous me tuez ou vous me donnez un avocat !!!

A

C'est binaire, tout est binaire chez vous, le bien et le mal, d'un côté ceux qu'on défend et de l'autre, le reste !!! *(Un temps)* Le reste est important, au moins en volume ! Qui défendez-vous d'ailleurs, vous n'y avez pas réfléchi, *(Un temps)* ni compris que vous ne défendiez rien de défendable !!! Et, de quel droit venez-vous le faire ici !!?

B

Il ne peut s'agir de résistance, vous n'êtes pas occupé, *(Un temps)* vous allez me répondre que vous êtes envahis par nos idées, et que, n'étant pas démocrate, vous voulez trier pour vos compatriotes, et que vous êtes là pour leur rappeler, c'est nous qui trions ! *(Un temps)* Vous imprimez vos affiches avec le sang des innocents ! *(Un temps)* Est-ce le souffle irrépressible de votre défaite qui vous pousse à faire vos campagnes publicitaires aussi loin de vos chez-vous !!? Ou bien, parce que vous doutez de vos raisons ?

Inconnu

Je veux voir un avocat !!! *(Un temps)* Vous m'avez torturé, roué de coups et drogué !

A

Torturé ??? Qu'appelez-vous torture !?? Une action mesurée à l'aune du seul résultat ? *(Un temps)* Alors que l'explosion d'une bombe au hasard de votre démence, n'en ferait pas partie !!?

Inconnu

La torture est interdite.

B

C'est vrai ! *(Un temps)* D'où vient votre argent, il faut un minimum d'argent, se nourrir, se cacher ---

Inconnu

Je ne répondrai plus !

A

Nous avons le choix entre, vous tirer une balle dans la nuque, appeler un avocat, ou vous libérer ! *(Un temps)* Où voulez vous être enterré !?? *(Un temps)* C'est la première fois que j'ai autant de mal à identifier quelqu'un ! *(Un temps)* Vous ne quittez votre prison que pour bombarder des gens qui sont libres, terrorisés à l'idée que cette liberté pourrait vous atteindre ! *(Un temps)* Est-il si difficile d'être adulte !!? *(Un temps)* Vous préférez vous réfugier dans de vieux livres de contes, et prolonger une enfance qui vous permet de tuer sans remord d'autres enfants ! *(Un temps)* Vous me faites vomir !!!

Inconnu

J'ai soif, vous n'avez pas le droit de me frapper !

B

Tenez, buvez, c'est fort, mais ce n'est pas de l'alcool, reprenons, d'où vient votre argent !!? *(Un temps)* Nous marchons, tous, sur un fil, tels des funambules, on en tombe aisément, vous êtes courageux, il faut le reconnaître, bien que nous ne défendions pas la même cause, *(Un temps)* les causes défendues sont tellement relatives et éphémères, les ennemis d'un jour, devenant des amis le lendemain. *(Un temps)* Essayons d'avoir quelques minutes de sincérité, vous avez votre point de vue, j'ai le mien ! *(Un temps)* Votre position serait-elle la même si vous étiez né ici !!?

Inconnu

Chez vous, ceux qui ne savent pas se défendre dorment sur des plaques d'égouts !!! Sur des plaques d'égouts ! *(Un temps)* On choisit les campagnes publicitaires que l'on peut se payer !

A

Don Quichotte était pacifique !

B

Oui, mais, ces clochards, nous les ramassons par grand froid, puis les laissons s'enfuir quand ils le désirent, privilégiant une liberté que vous vous refusez, soumis à quelque doctrine du diable ! *(Un temps)* Souffrez-vous beaucoup ?

A

Ses semblables ont déjà fait cent millions de morts ! *(Un temps)* D'où vient votre argent ? *(Un temps)* Je vais vous montrer la lame !!!

Inconnu

Non !!! Pas ça ----

B

Pourquoi êtes-vous venu nous déclarer la guerre ? *(Un temps)* Buvez ! *(Un temps)* Reprenons, vous avez déjà parlé, beaucoup parlé, ça ne changera rien !

Inconnu

Qu'ai-je dit ?

B

Ca ne change rien, qu'avez-vous vu, c'était métallique et mat !!!

Inconnu

Je vous en prie, *(Un temps)* je ne sais pas, je ne sais plus, je n'ai jamais su, je crois que je n'ai jamais su, ce n'était pas mon rôle !

B

Qui s'occupait de ça, je vous montre leur photo, les deux photos !

Inconnu

Lui, oui, c'était lui, non, *(Un temps)* l'autre n'aurait pas pu.

B

L'autre s'occupait de l'horlogerie ! Vous, c'était les explosifs. Il doit sauter avec, il l'a décidé, convaincu de votre cause, de sa justesse, que c'est bien, nécessaire --- C'est ça !!?

Inconnu

Il faut pouvoir changer les rôles si---

B

Et, l'autre était d'accord, prêt à le remplacer, si nécessaire, *(Un temps)* vous, ce n'était pas votre job, vous étiez plus important, vous pouviez organiser les suivants ! *(Un temps)* Et vous ne sauriez pas d'où venait l'argent !!?

A

Nous allons recommencer, il se fout de ta gueule !!! C'était le chef et le trésorier ! *(Un temps)* Vous avez aperçu la lame et vous avez baissé la tête !!!

Inconnu

Je vous en prie ! Tuez-moi ! *(Un temps)* J'ai soif !

B

Voulez-vous un peu de jambon ?

Inconnu

Non ! Il est trop salé ! Vous m'avez drogué, qu'est-ce que j'ai bu, qu'est-ce que vous m'avez fait boire, vous n'êtes pas médecins, que m'est-il arrivé ?

B

Votre épouse est là !!!

Inconnu

Non, je ne sais pas, je ne sais plus, je ne suis pas prêt, nous n'étions pas mariés, *(Un temps)* elle s'occupait de l'argent, c'était elle qui décidait, qui décide, ne lui faites rien--- *(Un temps)* Ses deux enfants --- sont morts. *(Un temps)* Si vos deux enfants --- elle vit dans une forteresse de larmes et de glace, elle essaie d'en sortir, elle a du courage, *(Un temps)* elle n'est plus la même, *(Un temps)* c'était aussi mes enfants---

B

Je suis désolé !

A

Ce sont des salauds !!!

B

Où est-elle ? *(Un temps)* Je ne veux pas la tuer, être obligé de le faire, j'en serai malade, mais je le ferais, il faut que je la retrouve, que nous la retrouvions, *(Un temps)* elle se fourvoie, il me faut la rencontrer, *(Un temps)* nous avons besoin de la convaincre.

Inconnu

Vous allez la torturer !

B

Je ne pense pas, certainement pas, je suis désolé, mais il faut que je lui parle, *(Un temps)* puis nous pourrons la libérer, vous libérer, vous renvoyer où vous voudrez !

Inconnu

Je ne peux pas vous croire.

B

Nous proportionnons nos coups aux résultats, nous ne sommes pas des sauvages, *(Un temps)* c'est ce qui nous différencie, mais pour vous, c'est sans doute trop rationnel !

Inconnu

Vous m'avez torturé---

B

Je le regrette, nous aurions pu l'éviter, vous et nous, je vieillis, je connais les règles et je sais qu'il est difficile de sauter des cases, d'aller directement au résultat, c'est pour moi le plus désagréable, cette certitude de jouer pour rien, de connaître la fin, par avance ! *(Un temps)* Où est-elle, *(Un temps)* je vous assure que je ne veux pas la tuer, encore moins la faire souffrir, j'ai compris ses mobiles, ils sont intelligibles à défaut d'être acceptables. *(Un temps)* Comment vous prouver que je ne veux pas la tuer ? C'est notre dernier obstacle !

Inconnu

Vous ne la croirez pas, vous devrez la torturer pour vous en convaincre, et après, comment sera-t-elle ? *(Un temps)* Encore plus violente !

B

Vous disposez de quelques heures, *(Un temps)* vous devriez dormir, vraiment dormir !

A

Nous allons trouver une solution, où est-elle, *(Un temps)* avez-vous soif ?

Inconnu

C'est impossible.

B

Bien ! Je vous libère ! A vous de la convaincre !

Inconnu

Je ne peux pas la retrouver. *(Un temps)* J'ai disparu, elle a changé d'adresse.

A

Quelle était la précédente ?

Inconnu

Ca ne sert à rien, à rien, *(Un temps)* vous ne la prendrez jamais vivante !

B

Vous préférez lui laisser tuer des innocents, *(Un temps)* vous savez qu'ils sont innocents ! C'est difficile, je sais, il est très difficile d'échapper à sa famille, à son clan, sa rue, sa vengeance, *(Un temps)* à son désespoir --- Etait-ce vos enfants, vraiment vos enfants ou ceux de proches, d'amis, de voisins, *(Un temps)* était-ce vraiment les siens ou vous en a-t-on convaincus ? *(Un temps)* Pour vous convaincre d'en tuer d'autres !

Inconnu

Non ! Je ne veux pas, je ne peux pas, ne lui faites rien, pas de mal ! Je vais juste vous dire ---
Noir. Un temps.
Puis, on entend deux coups de feu successifs et feutrés, tirés avec un silencieux

A

(Dans l'obscurité) Deux ! Les deux passagers sont neutralisés ! Il ne reste plus qu'elle !
Un temps, puis un troisième coup de feu, feutré

B

(Dans l'obscurité) C'est absurde et méprisable !

Sous une faible lumière, l'inconnu apparaît, couché dans la rue, au milieu de débris.

Inconnu

Où suis-je, *(Un temps)* je ne vois plus, *(Un temps)* c'est brûlant, *(Un temps)* j'ai froid, mes jambes, des fourmis, je ne sens plus mes pieds, *(Un temps)* ailleurs, partout, j'ai mal !
Bruits de sirènes se rapprochant.

Fin

Rêve chinois

Jean Renault

A Oscar Renault, le mécanicien,

Préambule

Ce texte est entré au **Répertoire des Ecrivains Associés du Théâtre** en 2011
En 2012, il a fait l'objet de représentations publiques, en version pupitre, par Jean Luc Paliès, metteur en scène (Influenscènes) avec Frédéric Andrau, Marc Brunet, Jean-Pierre Hutinet, Dominique Paquet, Yilin Yang, accompagnés d'une musique de Jean Baptiste Paliès, au **Théâtre Gérard Philipe** de Fontenay sous Bois, dans le cadre de « Les Lundis Inédits » au **Théâtre du Rond Point** dans le cadre de « Les Mardis Midi ».

Préface

Il serait naïf de croire que les dirigeants politiques des pays occidentaux, qui sortent de moules voisins et partagent une culture commune, gauche et droite confondues, sont à l'abri d'une erreur aussi colossale que celle qu'ont faite récemment les leaders des grandes banques ! Nous pouvons craindre que la complexité du monde dans lequel nous vivons ne leur ait fait perdre le sens de l'essentiel, et, un peu de bon sens.

C'est au début des années quatre vingt que les périls qui nous assaillent et nous défont trouvent leur origine !
A l'époque, la Chine et l'Inde décidèrent de s'occidentaliser, c'est à dire d'ouvrir leurs frontières aux investissements et aux transferts de technologie en échange de la possibilité d'exporter pour rembourser leurs prêts et rémunérer les capitaux investis.
Les industries occidentales vieillissantes se sont rapidement retrouvées confrontées à une main d'œuvre à bas prix utilisant un know how et des équipements ultramodernes, avec comme conséquence, une désindustrialisation rapide (délocalisations), et un niveau élevé de chômage dans les couches sociales les plus modestes.

Le développement à marche forcée des grands pays asiatiques s'est fait au détriment des gens les plus pauvres des pays riches et au bénéfice des plus riches de ces mêmes pays et de quelques Chinois et Indiens !

Il y avait jadis une règle en usage dans les sociétés internationales, les ouvriers et employés des pays en voie de développement étaient payés en fonction de leur productivité, avec comme référentiel les revenus de leurs homologues occidentaux. Un ouvrier dont la productivité était moitié de celle de son homologues était, en gros, moitié moins payé.
Dès que les secrétaires chinoises de Singapour ont eu la productivité des occidentales, elles ont touché des salaires équivalents.
La compétition entre nations restait raisonnable. Les entreprises concurrentes de pays différents devaient d'abord leur succès à leur créativité. (Même si de tout temps, certains pays comme le Japon ont joué de leur monnaie, la poussant vers le haut dans des phases d'achat et de stockage de matière première, puis vers le bas, pour remporter des séries de gros contrats).

En acceptant que des Chinois, aujourd'hui aussi productifs que des occidentaux et disposant d'équipements ultramodernes soient rémunérés dans une monnaie locale sous-évaluée, nous avons rompu volontairement cet équilibre, pour permettre à ces pays de rattraper leur retard, et pour mettre à la diète chez nous des organismes publics ayant, au fil du temps pris de l'embonpoint, exercer une pression sur les salaires, limiter l'inflation, et ce, pour le plus grand bien de notre consommation et la rentabilité de nos investissements, en oubliant totalement nos rôles de producteurs et les emplois qui vont avec.

La Chine usine du monde, et les Indiens, prestataires de service, les pays occidentaux se réservant les tâches plus nobles, est une illusion dont nous ne mesurons pas encore le danger !

Si nous acceptons chez nos concurrents le maintien de monnaies sous évaluées, ce sont, demain, les taches de conception, dites les plus nobles qui disparaîtront de chez nous (TGV, nucléaire, avions, fusées).

Les Chinois et les Indiens, chez lesquels le sentiment résiduel de précarité, l'autoritarisme et l'immaturité ne peuvent nous laisser espérer de complaisance, nous excluront de leurs marchés intérieurs pour les produits les plus sophistiqués dès qu'ils en auront la maîtrise. Que nous restera-t-il alors, en dehors de nos produits agricoles, pour payer notre gaz, notre pétrole et ce que nous achèterons chez eux ? La recette des billets d'entrée dans le vieux musée et le grand parc que nous serons devenus ?

Nous sommes sur un immense toboggan, la désindustrialisation, dont nous ne maîtrisons pas la pente et ne voyons pas le bout !

Sauf à désormais refuser le dumping de nos concurrents, (Y compris européens) nous risquons, au seul bénéfice de quelques investisseurs aveugles, un appauvrissement généralisé, un endettement monstrueux et une instabilité sociale explosive dont nous constatons les prémisses ! Nous pouvons craindre que les efforts de formation, de recherche, de réduction des frais de fonctionnement de l'état, etc., qui ont été entrepris ne soient pas à l'échelle de l'impact de taux de changes inadéquats---

*****

Personnages

L'employée
L'industriel
Le Député/Maire
L'économiste
La Chinoise
L'inconnu
Deux rôles féminins. Quatre rôles masculins, pouvant être joués par trois comédiens.

Les décors

Un coin de cimetière
Un banc
Un coin d'église

L'interprétation

Dans les premières scènes, détachés et fatalistes, les personnages manifestent un minimum d'affect, conscients d'être au sein d'un mécanisme qui inexorablement les broie.

Le ciel est couvert, la lumière, pâle. Hors un parapluie rouge, dans les mains de l'employée, décors et vêtements sont dans les gris et noirs.

*****

Scène 1

Les deux personnages marchent dans un cimetière. Ils s'arrêtent, repartent---. Elle est vêtue de noir. Il a un costume sombre. Il la prendra par le coude en cours de route---

Employée

(Regardant autour d'elle en frissonnant) Il y fait toujours froid !

Industriel

Oui.

Employée

C'est le lieu ! *(Un temps)* J'avais un mauvais pressentiment.

Industriel

Madame, je suis désolé--- tout à fait désolé !

Employée

C'est la troisième fois que je suis licenciée---

Industriel

Je suis dans un étau ! *(Un temps)* N'y voyez aucun reproche. Dans un étau, tout simplement. *(Un temps)* Les Asiatiques sont dix fois moins onéreuses ! Dix fois !!!

Employée

--- et pour me l'apprendre, l'endroit est des plus inusités.

Industriel

Je voulais que nous soyons seuls ! *(Un temps)* Et je n'emploie plus mon bureau à cet effet. Je n'en suis plus capable ! Je le réserve à des taches plus opérantes. *(Un temps)* Et ça n'était pas trop loin de chez vous !

Employée

Merci d'y avoir songé !

Industriel

Je vous en prie !

Employée

Notre rencontre est-elle officielle ?

Industriel

Rien ne précise où cet entretien préalable doit avoir lieu !

Employée

Je ne retrouverai plus de travail---. Et, je réalise avec angoisse que je vis seule !

Industriel

La liberté et l'indépendance ont des effets pervers !

Employée

Je risque de devoir faire la pute---

Industriel

(Si ce n'était déjà fait, il la prend par le coude) Je ne suis pas optimiste !

Employée

Ah--- ! *(Un temps)* Et je ne me suis même pas maquillée.

Industriel

Je ne reconnais plus ce qui m'entoure ! *(Un temps)* Ce me semble absurde et disloqué. Chaotique ! *(Un temps)* Sur quoi va déboucher cette lutte sans merci, sans limites, ni frontières ? *(Un temps)* Je crains d'en arriver trop vite à partager votre sort !

Employée

(Frissonnant) Je ne me suis pas habillée en conséquence !

Industriel

(Balayant le cimetière) Désormais, rares sont les lieux à l'abri de toute concurrence---.

Employée

(Butant sur un pavé) J'aurais du mettre des chaussures plates !

Industriel

Les vieux pavés sont inégaux. *(Se penchant imperceptiblement)* J'aime votre parfum !

Employée

C'est « L'air du temps » ! De Nina Ricci. Je suis transie !

Scène 2

L'un des deux hommes est assis sur un banc, l'autre s'approche---. Ils sont en costume cravate. La conversation est aussi fataliste. Et le ciel tout aussi sombre.

Industriel

(Se relevant) Monsieur le Député/Maire !

Député/Maire

(Lui serrant la main) J'apprécie votre invitation ! Comment va votre épouse ?

Industriel

Je ne sais plus ! *(Lui faisant signe de s'asseoir)* Je vous en prie---

Député/Maire

(S'asseyant en relevant son col) Vous êtes courageux ou vous ne craignez pas le froid ! Où déjeunons-nous ?

Industriel

(Se rasseyant) Sur ce banc !

Député/Maire

Sur ce banc !?? Le ciel n'est pas des plus propices à une partie de campagne !

Industriel

(Sortant d'un sac deux canettes) C'est du thé ! Il faudra garder nos manteaux. *(Un temps)* Nous sommes à deux pas de l'Assemblée !

Député/Maire

Je vous en remercie ! Nous étions en commission, je préside la commission en charge de nos échanges, l'affaire est passionnante, et j'ai pu, en effet, venir à pieds. *(Un temps)* Vous m'intriguez !

Industriel

(Sortant d'un sac deux boîtes plastique) C'est du riz et des crevettes. Du riz chinois !

Député/Maire

Ah !?? *(On entend la Marseillaise, le maire se lève)* C'est la Marseillaise !

Industriel

(Assis) En effet.

Député/Maire

Quel que soit le domaine, j'adore les challenges !
Une joggeuse française avec dossard passe devant eux, le Député/Maire l'applaudit à tout rompre et se rassoit.

Député/Maire

C'est un marathon ! *(Un temps)* Et il y aurait une compétitrice chinoise. Parlant français ! *(Un temps)* Je me réjouis du brassage des hommes et des échanges de marchandises ! Il y a, là, une immense source de paix et de progrès ! *(Levant la tête)* Et nous devrions avoir du soleil !

Industriel

Cette semaine, il a neigé deux fois ---

Député/Maire

Alors qu'ils sont plus d'un milliard, cette jeune Chinoise vient courir ici !

Industriel

(Commençant à manger le riz et les crevettes avec ses doigts) Tout à fait ---

Député/Maire

Vous n'êtes jamais très enthousiaste !

Une joggeuse Chinoise passe devant eux, le Député/Maire applaudit plus raisonnablement

Député/Maire

(Essayant vainement d'ouvrir sa boîte repas) Comment vont vos affaires ?

Industrie

(Suçant ses doigts) Fort mal !!!

Député/Maire

Vous m'en voyez contrarié !

Industriel

Les frontières étant désormais des passoires---

Député/Maire

Des passoires ??? *(Désignant la direction de l'Assemblée Nationale)* Mon bureau est juste en face. Dans l'aile sud. *(Un temps)* Vous êtes un peu excessif !

Industriel

(Mangeant de plus en plus bruyamment) Je ne pense pas !

Député/Maire

Les échanges récents ont permis, entre autre, aux Chinois de sortir du moyen âge !

Industriel

(Eructant) Oui---

Député/Maire

Ils croissaient dans une grande pauvreté !

Les deux joggeuses repassent devant eux, la Chinoise s'est rapprochée de la Française.

Industriel

Je crains que, nombreux et très vite, nous n'ayons, nous-mêmes, besoin d'assistance !

Député/Maire

Vos députés ne vivent pas, non plus, dans un grand confort !

Industriel

Comment préserver mes derniers emplois !?? *(Ouvrant la boîte du député)* Je vous aide !

Député/Maire

Ne gardez que les activités les plus nobles et laissez les pays pauvres faire le reste ! *(Un temps)* Vous diminuerez nos fumées !!! *(Un temps)* Votre veste rebique !

Industriel

C'est mon arme ! *(Un temps)* J'ai déjà fermé deux ateliers. *(Un temps)* Les plus nobles !?? Tous nos compatriotes n'ont pas des crânes de chercheurs !

Député/Maire

C'est préférable !

Industriel

Certains n'ont que leurs mains pour vivre ! *(Suçant ses doigts)* J'ai oublié de prendre des baguettes ! *(Un temps)* De ces hommes, qu'en ferez-vous !!?

Député/Maire

On reproche aux députés leurs émoluments. Mais nos charges ont explosé ! *(Un temps)* Je suis étonné de vos difficultés. La croissance est ininterrompue !

Industriel

Le nombre de chômeurs enfle parallèlement. C'est tout aussi étonnant !

Député/Maire

La pression à la baisse sur les prix va finir par susciter une demande qui remettra tout le monde au travail ! *(Un temps)* C'est passionnant !!!

Industriel

(Du riz plein les doigts) J'en doute !

Les deux joggeuses traversent la scène, la Chinoise a rattrapé la Française

Industriel

Autrefois, la main-d'œuvre étrangère était dix fois moins payée quand, peu formée ou sous alimentée, elle était dix fois moins efficace. La lutte était envisageable ! *(Suçant ses doigts)* Et chacun pouvait employer chez lui ses propres manœuvres. Mais, vous acceptez que des étrangers, aussi productif que nos ouvriers, soient dix fois moins chers !

Député/Maire

N'entrons pas dans les détails ! Restons-en aux principes. *(Relevant son col)* Pour moi, voyez-vous, c'est la bonne saison, dans l'aile sud de l'Assemblée, l'été c'est un four !

Industriel

La compétition est truquée !!!

Député/Maire

(Laissant échapper et se répandre une boîte de riz auquel il n'a pas touché) J'entends que vous regrettez les frontières !

Industriel

(Regardant la boîte par terre) Nous allons partager la mienne !

Député/Maire

Non, non !!! J'en fais une question de principe ! Vous n'avez pas à payer pour mes erreurs !

Industriel

Votre libéralisme obsessionnel relève du suicide !!!

Député/Maire

Nos experts sont formels ! Cette joute planétaire est utile. Et avouez qu'elle vous aiguille !!? Je vais féliciter notre gagnante ! *(Un temps)* Vous avez éclairci mes idées et le riz était excellent !

On entend dans le lointain l'hymne chinois.

Député/Maire

(Enfilant son écharpe de maire) J'espère vous avoir rassuré !

Industriel

Pas du tout !

Député/Maire

La politique n'est qu'affect ! Et en face de gens comme vous, rationnels et froids, je suis désarmé.

Industriel

C'est effrayant !!!

Noir

Journaliste radio *(voix off)*

Les Chinois achèteraient massivement notre monnaie pour, en affaiblissant la leur, se procurer un avantage compétitif ! Ils en feraient autant avec le dollar et le yen ! Est-ce conforme aux règles du commerce international ? Pas vraiment ! *(Un temps)* Mais curieusement, nous ne protestons pas ! Machiavélisme ou naïveté !!? *(Un temps)* Certains, chez nous, doivent profiter de ce jeu de dupes ! Jusqu'où iront-ils avant de découvrir qu'ils en seront eux-mêmes victimes !!?

Scène 3

Les deux hommes, en costume/cravate sont agenouillés dans le coin d'une église.

Député/Maire

Je viens me recueillir le matin très tôt !

Economiste

Je m'endors très tard.

Député/Maire

Comptez-vous communier ?

Economiste

Euh ! Je n'avais pas--- mais si ---

Député/Maire

Je ne communierai pas, pour ne pas vous embarrasser !

Economiste

Mais non ! Vous ne ---. Je ne voudrais pas---

Député/Maire

Je vous en prie ! Où en sont vos études ?

Economiste

Euh !

Député/Maire

Nous faisons face à quelques faits troublants ! *(Un temps)* Vous arrive-t-il de douter de vos recherches ?

Economiste

Euh, non !

Député/Maire

Oublions donc ces bruissements et ces signes, pour certains, inquiétants, et *(Un temps)* bravaches, *(Un temps)* debout sur nos étriers, fonçons avec l'espoir de ne pas revivre Azincourt !!!

Economiste

Je ne saisis pas--- ?

Député/Maire

Ca ne fait rien !!! *(Un temps)* Pour les sciences sociales et économiques, nous n'avons plus de crédit ! *(Un temps)* Nous réservons désormais notre argent pour les énergies dites éternelles et ces procédés de stockage au lithium.

Economiste

Vous m'en voyez surpris---

Député/Maire

Je suis désolé ! *(Un temps)* Et Dieu sait que vos recommandations, très libérales, furent entendues. *(Un temps)* --- plus de crédit pour vos recherches.

Economiste

Vous connaissez mes diplômes !

Député/Maire

Assurément ! *(Un temps)* Tout ça est bien compliqué et rend ma tâche plus compliquée encore ! *(Un temps)* De fait, votre poste est supprimé !

Economiste

Mais, par qui me remplacez-vous !??

Député/Maire

Le poste est supprimé ! Nous chassons les frais accessoires. Vous l'aviez conseillé ! *(Un temps)* C'est d'ailleurs tout à votre honneur d'avoir fait des recommandations pouvant vous porter préjudice ! C'est une preuve de loyauté ! *(Un temps)* Vous n'étiez probablement pas syndiqué.

Economiste

Je suis fonctionnaire.

Député/Maire

Précisément !

Economiste

Comment vais-je pouvoir continuer à servir ?

Député/Maire

Je ne sais pas ! *(Un temps)* Mais tachez de vivre de ce que vous allez trouver ! *(Un temps)* Et à défaut de vous en satisfaire, d'en vivre décemment.

Economiste

C'est étonnant !

Député/Maire

Tout devient étonnant !

Economiste

Les sciences économiques et sociales sont nécessaires à l'entendement de l'état !

Député/Maire

Convient-il de faire preuve de plus de bon sens et de moins d'entendement ? *(Un temps)* Bien agir sans bien comprendre plutôt que de se tromper en connaissance de cause--- *(Un temps)* Je ne sais pas--- Je ne sais plus. --- Je ne sais rien !

Economiste

Que me proposez-vous ?

Député/Maire

Je ne voudrais pas vous blesser---. *(Un temps)* Ce serait pour vous dépanner, vous laisser le temps de--- *(Un temps)* Le fossoyeur vient de mourir--- Le fossoyeur ! *(Un temps)* Vous resteriez fonctionnaire !

Economiste

Je resterais fonctionnaire---

Député/Maire

Vous en garderiez le statut !

Economiste

(Se relevant et massant ses genoux) Comment faites-vous pour demeurer aussi longtemps à genoux ? *(Un temps)* Et autrement !??

Député/Maire

Autrement !?? Autrement, ce sera le privé ! Et vous savez ce qu'on en dit, *(Un temps)* d'être avant tout vénal. Comme on reproche aux fonctionnaires d'être souvent paresseux !

Economiste

Le privé, c'est inquiétant ! Mais, fossoyeur--- ? *(Un temps)* Quels sont les avantages de la fonction ?

Député/Maire

Elle est pérenne !!! *(Un temps)* Même si les gens repoussent la chose, je parle de leur mort, de deux à trois mois tous les ans --- *(Un temps)* pérenne et non, dé-localisable !

Economiste

Pérenne--- et non dé-localisable---

Député/Maire

Il y a quelque temps, favorisant des activités plus--- abstraites, j'aurais conseillé à un fossoyeur de reprendre des études--- Comme quoi ! *(Levant les yeux vers la croix)* L'endroit est vraiment très calme !

Economiste

(Levant les yeux) Dieu joue-t-il aux dés ???

Député/Maire

Il m'arrive de ne pas saisir vos propos !

Economiste

Cette inflexion de carrière est tellement inopinée !

Député/Maire

Et votre fils !!?

Economiste

Mon fils --- ! *(Un temps)* Il se rase les pariétaux et porte le solitaire de feu mon épouse à l'oreille !

Scène 4

A nouveau, nous sommes dans le cimetière. Le ciel est sombre et gris. Le chercheur est en train de creuser une tombe, l'employée s'approche, habillée de noir.

Employée

C'est très propre ! *(Un temps)* C'est droit, je veux dire carré--- rectangulaire.

Economiste

(Montrant le trou) C'est pour un proche ?

Employée

Non, je fais des pipes !!! *(Un temps)* J'étais dans l'industrie !

Economiste

Il n'y a plus beaucoup de fumeurs de pipe.

Employée

Et dans l'attente de la fin de mes droits, je fais la pute !

Economiste

La pute ??? Ah ! *(Un temps)* J'étais économiste ! *(Un temps)* Mais, occultant l'importance de mes recherches, on a coupé mes crédits.

Employée

Nous avions des manufactures.

Economiste

J'ai gardé mon statut ! *(Un temps)* C'est déroutant. *(Un temps)* Quant aux pipes ---.

Employée

Je vous en offre une !

Economiste

Vous n'en avez pas le look !

Employée

Ouvrez-moi la porte de cette petite chapelle---

Economiste

Laquelle ?

Employée

Là bas, sur ce caveau !

Economiste

Je n'en ai pas les clés !

Employée

Il y a bien longtemps que plus personne ---. Il suffit d'un coup de pioche !

Economiste

Il n'y a rien à voler !

Employée

C'est sur cette tombe que j'ai séduit mon premier client ! *(Un temps)* Il était inconsolable. Je lui ai souri. *(Un temps)* Nous étions très gênés !

Economiste

Votre démarche est originale !

Employée

Il s'est assis sur la dalle. Il a sorti un billet, puis deux. *(Un temps)* Dans l'amour, j'aime l'après ! *(Un temps)* Il revient déposer des fleurs---. *(Un temps)* Depuis, je felle sur les tombes ! La souffrance rend généreux. Et je ne bouge plus d'ici ! *(Un temps)* A l'intérieur de ce mausolée, il y a un banc. Ce sera plus discret !

Economiste

C'est Mao qui, le premier, a envoyé les chercheurs aux champs ! Ce siècle sera chinois ou ne sera pas ! *(Un temps)* Je suis veuf.

Employée

(Ouvrant un parapluie rouge) Il pleut ! Une pipe tous les mois en échange de votre aide !

Economiste

(Murmurant) Mais pour Einstein, je ne sais plus !

Employée

Pour Einstein ???
Noir

Journaliste radio : *(voix off)*

Les Chinois sont prêts à nous prêter, ils prêtent aux Américains, et à garantir nos dettes, ils le font avec les Grecs ! Ils ont trop de paysans à occuper---. Et pour leurs diplômés, par millions, il leur faut conquérir des parts de marché dans des activités plus nobles !

Scène 5

Les deux hommes s'assoient sur le banc.

Député/Maire

Je n'ai mis que cinq minutes à pied ! *(Un temps)* Aujourd'hui, c'est moi qui vous invite !

Industriel

Où déjeunons-nous ?

Député/Maire

Ici !!! *(Sortant des sandwichs venant de Mac do)* Nous aussi, nous n'avons plus les moyens ! La traque aux frais généraux--- ! Il faut s'y ployer ! Désormais, nous fonctionnons comme une entreprise. *(Un temps)* L'entreprise a envahi la machine d'état !

Industriel

Oui---

Député/Maire

Je voudrais vous soumettre une idée !

Industriel

Si les politiques demandent conseil, c'est que la situation est grave. *(Ouvrant avec une grimace un sandwich qu'il n'entamera pas)* La cuisine chinoise est moins fade !

Député/Maire

Vous connaissez mon entêtement à augmenter le pouvoir d'achat en réduisant les prix plutôt qu'en accroissant les salaires --- !

Industriel

A défaut d'être efficace, l'idée est vertueuse !

Député/Maire

--- et à maîtriser l'inflation !

Industriel

Maîtrise dont le mérite évolue comme l'extension de la misère !

Député/Maire

Bref ! Nous n'avons pas les mêmes idées ! *(Un temps)* Vous auriez aimé du vin ?

Industriel

Ce n'est pas essentiel !

Député/Maire

Mais, que boire avec ça !?? *(Un temps)* Nous délocalisons à des milliers de kilomètres ---. Pourquoi ne pas le faire à quelques mètres ? *(Un temps)* Vous me suivez !!?

Industriel

Je vous écoute !

Député/Maire

(Ouvrant son sac) J'ai pris, jambon/fromage et sans mayonnaise ! *(Un temps)* Quelles sont les dépenses auxquelles personne n'échappe !!? Les dépenses d'obsèques ! *(Un temps)* Dès lors, pourquoi creuser des tombes ? *(Mâchant)* Avec du fromage de Hollande ! C'est neutre !

Industriel

Je suis très attentif !

Député/Maire

Pourquoi ne pas les poser à même le sol ? *(Un temps)* Qu'en dites-vous !!?

Industriel

Rien.

Député/Maire

Les Chinois nous fabriqueraient des caveaux de plastique, amené par bateau, ouverts et empilés, comme des chaises, *(Un temps)* vous voyez, j'ai pensé aux détails. --- que vous pourriez importer !

Industriel

Importateur de tombes--- ???

Député/Maire

Nous en garderions la conception et les brevets ---. L'essentiel !

Industriel

--- de tombes, comme d'autres, jadis, d'électrophones japonais---

Député/Maire

Le Ministère de l'Industrie est séduit ! *(Un temps)* Qu'en pensez-vous !!?

Industriel

(Posant bien délicatement son sandwich sur le banc) Je suis fataliste !

Député/Maire

Une réduction de moitié des frais d'obsèques, c'est zéro deux pour cent de revenu complémentaire pour les plus modestes ! *(Un temps)* C'est considérable, passionnant !

Industriel

Nous vivons comme à Bergen !

Député/Maire

J'avoue ne pas vous suivre !

Industriel

Avec trois cent cinquante jours par an, sans soleil ! *(Un temps)* A longueur d'année, nous pataugeons sous les pensées officielles--- *(Un temps)* La seule novation utile serait de remplacer vos conseillers !

Député/Maire

Réduire le coût des obsèques n'est qu'un premier pas ! *(Un temps)* Soyez confiant !!! Comment va votre fille ?

Industriel

Elle refuse d'avoir à rembourser mes dettes !

Scène 6

L'industriel se promène dans le cimetière. L'employée le rejoint et l'interpelle.

Employée

Monsieur ! Monsieur !
L'industriel se retourne.

Employée

Oh ! *(Un temps)* Excusez-moi ! Je ne vous avais pas reconnu. *(Un temps)* Vous venez de perdre quelqu'un ?

Industriel

Non ! Je repère les lieux. Je m'en imprègne !

Employée

L'endroit est paisible.

Industriel

J'ai du licencier les restes du personnel.

Employée

Les restes du personnel---

Industriel

Et vous--- ?

Employée

Je fais la pute !!! *(Un temps)* C'est de l'auto entreprise ! Et mon lieu de travail est ici !

Industriel

Ici ??? Je n'y aurais pas songé ! *(Un temps)* Nous allons faire des caveaux hors sol ! *(Un temps)* Pour redonner du pouvoir d'achat !

Employée

Dans nos activités, dites de luxe, nous ressentons une dégradation des revenus, incessante, à en paraître irrésistible---. *(Ouvrant son parapluie)* Il pleut ! *(Un temps)* Avez-vous pensé au terrain ?

Industriel

Au terrain !??

Employée

Il se tasse, gonfle---. *(Un temps)* Les dépouilles reposeraient sur des assises, très vite de guingois, et dont les proches vous reprocheraient l'inconfort ! *(Un temps)* L'idée me semble idiote !!!

Industriel

Quelle idée ?

Employée

De mettre les caveaux hors sol !

Industriel

Elle est politique avant d'être idiote !!! Ce qui est fréquent !

Employée

(Un temps) Vous semblez désarçonné !

Industriel

Alors que nous courrons au désastre, la délocalisation des caveaux est le premier des remèdes officiels !

Employée

(Le couvrant avec le parapluie) Abritez-vous !

Scène 7

Dans le coin d'église, les deux hommes s'agenouillent sur les prie Dieu.

Député/Maire

Je ne viens plus ici très souvent ! *(Un temps)* Il m'arrive de douter ! J'y venais par tradition ! *(Un temps)* Les Chinois viennent de racheter nos créances !

Economiste

C'était à prévoir !

Député/Maire

Pas, si tôt !
On entend en bruit de fond les cloches.

Economiste

Ils vous tiennent par les couilles !

Député/Maire

Euh ! Nous sommes dans une église---

Economiste

C'est un fait !

Député/Maire

Nous avions emprunté dans une multitude d'établissements ! Dont, chez eux ! *(Un temps)* Et nous avions de plus en plus de mal à rembourser. Disons, en nous endettant chaque fois d'avantage. *(Un temps)* Mais vous le saviez ! *(Un temps)* Ils ont fait courir le bruit que nous serions en défaut de paiement. Pour racheter les créances que nous avions chez les autres avec une forte décote. *(Un temps)* Nous leur devions déjà énormément d'argent !

Economiste

A vouloir tout fabriquer chez eux !

Député/Maire

Ils étaient moins chers !

Economiste

C'était du dumping !!!

Député/Maire

Vous l'aviez recommandé !

Economiste

Je n'avais pas toutes les cartes !

Député/Maire

L'idée était très commune, alors à quoi bon se frapper la poitrine !!? Que veulent-ils !??

Economiste

Vous n'allez pas tarder à le savoir !

Député/Maire

Oui ! *(Un temps)* Que pourraient-ils vouloir !??

Economiste

Je suis en disponibilité ! Disons que je n'ai plus du tout d'emploi ! *(Crachant dans ses mains et les frottant l'une contre l'autre)* Mais, j'ai des besoins de logement, de chauffage *(baillant)* et de bouffe ! *(Un temps)* Combien m'offrez-vous ?

Député/Maire

Je vous ai toujours soutenu ! *(Un temps)* Mais avouez que, vous payer pour redresser la situation dans laquelle vous nous avez fourrés, serait saumâtre !

Economiste

Ils vous tiennent par les couilles, ils ont de gros besoins, de grandes ambitions, de l'assurance, et de gros doigts !

Député/Maire

Ce n'est pas une réponse !!!

Economiste

C'est déjà une réponse, attendez-vous au pire ! *(Levant les yeux)* Dieu joue au dé ! Et, impunément !

Député/Maire

Que voulez-vous que j'y fasse !!?

Economiste

Faites-moi un contrat d'étude ! *(Un temps)* Les Chinois ont un esprit tortueux, la souplesse du marbre, des goûts de revanche, et un immense plaisir à humilier ! *(Un temps)* Dans un mixte de géant autoritaire, inquiet, chicanier et d'adolescent susceptible et capricieux ! *(Un temps)* Chez eux, c'est la famille du condamné à mort qui paye la balle !!!

Député/Maire

Vous me faites peur !!! *(Un temps)* Euh ! Et --- et votre fils ?

Economiste

Il a serti un diamant artificiel sur sa paupière *(Un temps)* et il me déteste !

Scène 8

Les deux hommes sont assis sur le banc. L'industriel semble défraîchi. Au loin, un drapeau français est secoué par le vent.

Député/Maire

Mon propre fils m'ignore ! *(Un temps)* Il est des moments où on ne sait plus à quel saint se vouer. Et avec ce temps !

Industriel

Je vous recommande de prier Saint Antoine !

Député/Maire

Pourquoi ?

Industriel

Vous n'avez jamais tenu compte de mon avis !

Député/Maire

Il faut que je me détende !!! *(Un temps)* D'après nos experts, les Chinois nous tiendraient par les testicules.

Industriel

(Sortant une carotte de sa poche) Déclarez-vous insolvable ! En dépôt de bilan ! Que sais-je ? *(Un temps)* Ils ont racheté vos emprunts. Vous n'avez plus qu'un créancier ! C'est plus simple !

Député/Maire

Nous avons toujours honoré nos dettes !

Industriel

La réunion est terminée.

Député/Maire

Que conseillez-vous ?

Industriel

(Croquant la carotte) C'est mon déjeuner. Je ne vous en propose pas !

Député/Maire

Merci, et j'ai déjà trop de sucre !

Industriel

Dans tous les cas, nous perdrons la face ! Nous l'avons perdue !

Député/Maire

La tâche serait indélébile !

Industriel

(Crachant quelques fanes de carotte) Ils amassent, sans aucun sens de la mesure ! *(Mâchant)* Ils ont souffert de la faim et du froid, à en devenir boulimiques ! *(Un temps)* La leur et la nôtre, deux naïvetés face à face ! *(Un temps)* Vous en voyez le résultat !

Député/Maire

Et votre veste rebique !

Industriel

Les usiniers sont sur la paille, les manœuvres au chômage, les agents d'état non remplaçables, nous ne confectionnons plus rien, achetons tout, rêvant d'affermer notre culture et de vendre nos idées, oubliant que, hors de tout façonnage, les idées n'ont aucun sens ou se copient--- et que la culture, en dehors de quelques succès, ne rapporte rien ! *(Un temps)* Où pensiez-vous nous mener ? *(Ouvrant sa veste)* C'est mon arme !!!

Député/Maire

Ma vision s'est obscurcie !

Industriel

Trop tard !
Noir

Journaliste radio : *(voix off)*

Abandonnant une stratégie de simple défense, la Chine augmente ses dépenses militaires !

Scène 9

Le député/maire erre dans le cimetière.

Député/Maire

(Marmonnant) Suis-je redevable de cette situation !??

Employée

(Son parapluie fermé à la main) Monsieur, Monsieur !!! Puis-je, puis-je vous feller !!?

Député/Maire

Pardon ???

Employée

Feller vient de --- fellation !

Député/Maire

Euh ! Je suis député/maire ! *(Un temps)* Nous ne nous connaissons pas !

Employée

J'étais dans l'industrie---

Député/Maire

Dans l'industrie ???

Employée

Ma rétribution est laissée à l'appréciation des cessionnaires !

Député/Maire

Vous n'en donnez pas l'image ! *(Un temps)* Je vous voyais veuve !

Employée

Et j'ai perdu mon emploi.

Député/Maire

Je comprends !

Employée

Et je crains que ça ne se reproduise bien vite ici---. *(Un temps)* Les tombes sont fleuries par les classes moyennes. Et, elles disparaissent ! Les cadres supérieurs font livrer les fleurs.

Député/Maire

Euh--- oui ! *(Un temps)* L'endroit est inusité pour---.

Employée

Nous étions deux ! Il creusait les tombes, c'était un fonctionnaire et je consolais les veufs. *(Un temps)* Les hommes de votre génération sont très propres ! C'est une chance !

Député/Maire

Euh ?

Employée

Aujourd'hui, les caveaux sont chinois ! Il ne nous reste que les rats---

Député/Maire

Les rats ???

Employée

--- et l'ancien fossoyeur met des pièges.

Député/Maire

Et il parvient à vous en débarrasser !??

Employée

Pour se nourrir.

Député/Maire

Arr ! *(Un temps)* C'est absurde !

Employée

On s'habitue ! *(Un temps)* Vous le connaissiez ?

Député/Maire

Le fossoyeur ? *(Un temps)* Je ne sais pas ! Je ne sais plus. *(Un temps)* C'est devenu abominablement complexe. *(Un temps)* C'était simple ! Je pensais que c'était simple. *(Un temps)* J'en suis au questionnement ! A l'incrédulité et au questionnement.

81

Employée

Vous êtes en deuil ! *(Un temps)* Mais vous ne savez pas, de qui, ni de quoi. *(Un temps)* D'une idée peut-être---. Le deuil sera plus long ! *(Ouvrant son parapluie)* Sur notre gauche, il y a une petite chapelle ---

Scène 10

Les deux hommes son agenouillés dans le coin d'église. La tenue du chercheur est défraîchie. Il est venu avec un caddie rempli d'objets divers.

Economiste

(Se levant et se frottant les genoux) C'est tout à fait inconfortable !

Député/Maire

(Avec une moue) C'est discret !

Economiste

Où en est-on ?

Député/Maire

Vous avez changé de langage ! Récemment, vous m'auriez demandé, où en êtes-vous ? *(Un temps)* Je m'en réjouis !

Economiste

Vous avez prolongé mon contrat d'études !

Député/Maire

Je sais que vous n'avez pas réellement besoin d'argent, mais que vous vous plaisez à me voler. Et j'y consens par faiblesse ! *(Un temps)* Nous avons signé un accord avec les Chinois ! *(Un temps)* Vous m'aviez fait redouter le pire !

Economiste

(Manœuvrant inquiet son caddie) Je vous écoute !

Député/Maire

Ils ont effacé nos dettes en échange d'un assouplissement, à leur usage, de nos règles d'immigration---

Economiste

Non de Dieu !!!

Député/Maire

Euh ! Nous sommes dans une église.

Economiste

J'y devine le diable !

Député/Maire

Attendez d'en connaître les conditions !

Economiste

(Sortant une pomme du caddie) Qui décide du nombre de Chinois qui s'installeront chez nous !!?

Député/Maire

Ceux qui s'installeront, consommeront, paieront leurs impôts, nous prévenant de retomber dans l'endettement. *(Un temps)* Ils sont plus d'un milliard ! Nous sommes peu nombreux. Leurs déserts sont immenses. *(Un temps)* Et leurs arrivées seront étalées !

Economiste

(Crachant les pépins de sa pomme) Bullshit !!

Député/Maire

Nous sommes dans une église ! *(Un temps)* Ils boivent, cuisine, aiment le sexe, les histoires grivoises---. Ils vont très vite s'intégrer !

Economiste

Ils n'apprennent pas notre langue, se reproduisent entre eux, raisonnent tout autrement, mais vous leur avez donné les clés de la propriété !

Député/Maire

Elle était hypothéquée !!! *(Un temps)* Mais, nous veillerons à rester maîtres chez nous !

Economiste

Vous veillerez !!?

Député/Maire

Nous avons réduit la dette de nos enfants ! *(Un temps)* C'était essentiel !!!

Economiste

(Crachant par terre) Lesquels enfants vous diront, d'une façon bien trop coûteuse !

Député/Maire

Vous crachez comme les Chinois !??

Economiste

Pff !

Député/Maire

Cracher est un des rares reproches qu'on peut leur faire ! *(Un temps)* En complément, ils aimeraient, je répète, ils aimeraient--- nous n'avons pas encore donné notre accord, que nous leur cédions la place de la Bastille, les murs, je ne parle que des murs, je ne sais d'ailleurs pas ce que ça représente, ainsi que la salle du Jeu de Paume ! *(Un temps)* Bien entendu, nous en garderions gracieusement l'usage. *(Un temps)* La geste est symbolique !

Economiste

Leur céder la place de la Bastille et la salle du Jeu de Paume !!?

Député/Maire

Ils ont fait la révolution avec cent soixante ans de retard ! *(Un temps)* Est-ce leur façon de combler une blessure historique et intime ? *(Un temps)* Nous en sommes aux détails !

Economiste

Aux détails !?? *(S'allongeant sur le sol)* Il est des moments où l'on sait, tel un gisant, que l'on ne pourra plus rien vous ôter ! *(Un temps)* Nous avons tout perdu, crédule et de bonne foi, contre des tricheurs absolutistes, égocentriques, avides et insatiables---

Député/Maire

Euh ! Et votre fils ?

Economiste

Il est en garde à vue ! *(Un temps)* Il vient de casser la gueule à un arabe !

Scène 11

Une Chinoise avance parmi les tombes en tailleur pantalon, au milieu des cris d'oiseaux. L'employée se méprenant, l'interpelle.

Employée

Monsieur !!!

Chinoise

(Se retournant) Vous m'avez fait peur !

Employée

Pardon !

Chinoise

Je suis chinoise.

Employée

Vous n'en avez pas l'accent !

Chinoise

J'ai fait mes études à Pékin. *(Un temps)* Je suis bac plus six !

Employée

C'est surprenant---

Chinoise

J'enseigne le français aux Chinois ! *(Un temps)* J'admire ce jardin de sépultures disparates. *(Tendant la main)* Mais je déteste ces boîtes jaunâtres et similaires !

Employée

Ces caveaux sont fabriqués chez vous !

Chinoise

Oh ! Mais pourquoi ?

Employée

Pour réduire nos coûts en augmentant nos dettes !

Chinoise

Nos ouvriers chinois vont bientôt pouvoir les faire ici. Et je vais m'employer à en faciliter la chose !

Employée

Vous parlez comme un Français !

Chinoise

Mon cerveau est pourtant différent ! Raison et affect y sont intriqués. *(Un temps)* Notre écriture emmêle le concept et son dessin.

Employée

Ah !

Chinoise

Papa plantait du riz le long de la route, entre le goudron et le fossé. Dans une rizière d'un grand kilomètre--- et large d'un tiers de mètre. Très étroite ! *(Un temps)* Nous étions pauvres, mais courageux !

Employée

Ah !

Chinoise

Férus d'invariance et d'harmonie, nous ne connaissions pas le mot « progrès ».

Employée

Progrès va disparaître de notre langue ! *(Un temps)* Il n'est plus rien pour beaucoup et qu'un souvenir chez les autres---

Chinoise

Papa vendait du tabac ! En cachette ! *(Un temps)* Ils l'ont promené dans le village, un carcan autour du cou !

Employée

Ah !

Chinoise

Je suis ici depuis peu ! Et je n'ai pas aperçu de pilori--- ?

Employée

Ca ne saurait tarder---.

Chinoise

(Tendant un petit sac de papier) Ce sont des baguettes ! Je vous les offre !

Scène 12

Sur le banc. On entend plusieurs fois passer les pompiers. Le ciel est toujours aussi gris. L'industriel a garé un caddie à côté du banc.

Député/Maire

Je ne sais pas si l'idée était bonne---

Industriel

Vous m'en parlez trop tard !

Député/Maire

Vous ignorez tout de ce que je vais vous dire !!!

Industriel

Je suis incapable de vous rassurer ! *(Un temps)* Nous dépérissons depuis trop longtemps !

Député/Maire

C'était une idée de gauche, une vieille idée ! *(Un temps)* Elle resurgissait de temps à autre sans que nous sachions vraiment si la gauche y tenait, y tenait tant que ça---. *(Un temps)* Ne me demandez pas pourquoi, nous, de droite, nous l'avons adoptée, nous avons fini par l'adopter--- provocation, publicité, lassitude, effet de manche, curiosité, que sais-je, je l'ai oublié ! Mais, quelle idée !!! *(Un temps)* Je décompte les voix ! Avec de plus en plus d'inquiétude.

Industriel

A quelle absurdité nouvelle faites-vous allusion !??

Député/Maire

Au vote des immigrés ! *(Un temps)* Devenu légal. Dont celui des Chinois. *(Un temps)* Des Chinois dont j'entends dire qu'ils ne me seraient pas favorables. Alors que --- Dieu m'est témoin !

Industriel

(Jouant avec son caddie) Qu'imaginiez-vous !!?

Député/Maire

Les consignes viendraient de Pékin ! Directement.

Industriel

D'une dictature d'autant plus redoutable qu'elle est éclairée !

Député/Maire

Ils auraient décidé de favoriser les quelques candidats chinois d'origine et les rares Français qui les flattent ! *(Un temps)* J'étais naïf !!!

Industriel

Il est bien tard pour le découvrir.

Député/Maire

Bref ! Je vais perdre les élections ! *(Un temps)* C'est incongru ! Non ?

Industriel

C'est bien fait ! *(Un temps)* D'un côté, c'est bien fait. Et de l'autre, nous remplaçons la certitude de courir vers un gouffre par un avenir encore plus aléatoire. *(Un temps)* Mais pour vous, c'est bien fait !

Député/Maire

J'entends et c'est agréable !

Industriel

Lasse, *(Un temps)* ma fille vient d'émigrer au Canada !

Député/Maire

Mon fils vit en Australie où sa mère l'a rejoint depuis peu ! *(Un temps)* Ce sont des pays neufs !!!

Industriel

Nous sombrons ! *(Un temps)* Le Titanic a coulé avec son commandant. Je resterais à vos côtés ! D'autant qu'il n'y a plus de bouée !

Député/Maire

(Cambrant le buste) Je vous en remercie !

Industriel

Je vous savais fidèle à vos idées jusqu'à la bêtise, et là, nous y sommes !

Scène 13

Dans le cimetière, l'employée est rejointe par un inconnu en costume/cravate, essoufflé et rougissant.

Inconnu

Ah !!! *(Un temps)* Madame, je vous trouve enfin !

Employée

Le cimetière va fermer.

Inconnu

(Tendant la main) Enguerrand de Blaye, inspecteur des finances !

Employée

Inspecteur des finances ???

Inconnu

Vous venez de créer votre auto-entreprise !

Employée

J'ai rempli des papiers---.

Inconnu

Comme le concept est très récent, *(Un temps)* nous aidons les assujettis.

Employée

Ah !??

Inconnu

J'ai fait l'ENA ! *(Un temps)* L'Ecole Nationale d'Administration !

Employée

Je suis flattée !

Inconnu

Promotion Maginot ! *(Un temps)* J'avais un excellent classement ! J'ai choisi l'Inspection ! *(Un temps)* Nous serions mieux dans votre bureau---

Employée

Je n'en ai pas.

Inconnu

C'est l'adresse que vous aviez indiquée---.

Employée

Il en fallait une !

Inconnu

Euh ! Il nous manque quelques éléments---. *(Un temps)* Nous ignorons tout de vos activités. Enfin, non, mais c'est illisible.

Employée

Je felle !

Inconnu

Vous fellez ??? *(Un temps)* Ces lieux ne me sont pas familiers--- et, pardonnez-moi, mais de feller dans un cimetière, j'en ignore tout !

Employée

Les sociétés qui m'employaient ont été terrassées par leurs consœurs asiatiques !

Inconnu

Je comprends ! L'Asie est un merveilleux marché.

Employée

(Un temps) Je console les veufs en leur suçant le vit. Et l'endroit s'y prête !

Inconnu

Les veufs ? Euh ! Je ne comprends pas--- ?

Employée

Feller vient de fellation !

Inconnu

(Un temps) Euh ! Ah ! *(Un temps)* Péripatéticienne---

Employée

A demi !

Inconnu

A demi ??? Soit ! *(Un temps)* D'où, l'idée de créer une auto-entreprise--- Eh bien !?? Eh bien ! C'est le premier cas de ce type que je --- *(Un temps)* Et, si votre activité est imposable, elle n'en reste pas moins illégale ! *(Un temps)* Madame, vous n'en avez pas le look !

Employée

Je rêvais d'être à mon compte !

Inconnu

En créant une auto-entreprise pour ce commerce, vous franchissez une ligne blanche. *(Un temps)* Vous officialisez une activité illégale, administrativement, j'entends--- qui jusque là, n'était officielle que fiscalement. *(Un temps)* La France est un état de droit ! *(Un temps)* Et si l'administration innove, c'est à son rythme---. *(Un temps)* C'est un nœud gordien !!!

Employée

Si la formule n'est pas appropriée---

Inconnu

Eh bien, j'avoue que ---. *(Un temps)* Mais pour avancer, nous allons faire comme si ! *(S'asseyant sur une tombe et ouvrant son ordinateur portable)* Bien ! Vous pourrez amortir vos actifs !

Employée

Mes actifs ???

Inconnu

Vous n'avez pas de photocopieuse ? C'est un investissement lourd !

Employée

De photocopieuse !??

Inconnu

Oui---

Employée

Non.

Inconnu

Je comprends ! *(Un temps)* Votre cas est aussi embarrassant qu'incongru. Pas de marchandises ? Pas de stock ?

Employée

Est-ce nécessaire ?

Inconnu

Euh, non ! Pas de loyer--- ? *(Un temps)* Si nous vous assimilons à une masseuse, vous pourrez déduire de vos revenus deux blouses grises et une paire de chaussure de marche. *(Un temps)* Tous les ans ! Mais, c'est très nouveau pour moi.

Employée

C'est très précis ---

Inconnu

Avant l'ENA, j'ai fait Science Pô ! *(Un temps)* Ce sont des écoles de pensée.

Employée

--- précis et compliqué.

Inconnu

Nous fondons de gros espoirs sur l'auto-entreprise ! *(Un temps)* Je suis moi-même enthousiasmé par le concept. *(Un temps)* Très épris !

Employée

(Ouvrant son parapluie) Si vous avez un instant, je me ferais un plaisir de ---

Inconnu

(Fouillant fébrilement dans son sac et tendant une photo) C'est ma promotion ! *(Un temps)* Le deuxième, en partant de la gauche, est secrétaire d'état au commerce extérieur. *(Un temps)* Juste au-dessus, vous avez le plus jeune des conseillers au Ministère de l'économie ! Et là, et là, c'est un ami, *(Un temps)* mon ami ! *(Tendant précipitamment la main)* Ce fut un grand plaisir !

Scène 14

Ils sont assis sur le banc

Employée

J'ai eu la visite d'un inspecteur des finances. *(Un temps)* Un homme charmant ! Il m'a laissé sa photo.

Industriel

Vous êtes sauvée !

Employée

Et je vais avoir une apprentie chinoise !

Industriel

C'est plus inattendu !

Employée

Les Chinois restent entre eux et n'apprennent plus notre langue. Elle leur enseignait le français !

Industriel

C'est moins inattendu.

Employée

Elle préfère faire la pute ici que d'avouer son échec en retournant chez elle !

Industriel

Hiroshima mon amour !

Employée

Bac plus six !

Industriel

Qu'allons-nous faire de tous ces bacs plus six, chinois ???

Employée

J'ai besoin de conseils ! *(Un temps)* Je n'ai jamais eu d'élève. *(Un temps)* J'ai beaucoup d'estime et d'affection pour elle.

Industriel

(Jouant avec son caddie) J'ai un tel sentiment d'impuissance. *(Un temps)* C'est déconcertant !

Scène 15

Ils sont debout dans le cimetière

Député/Maire

(A voix basse) L'endroit est plus discret---

Industriel

Vous avez l'air sombre---

Député/Maire

Depuis que je ne suis plus député/maire, éprises de la fonction plus que de l'homme, une à une les femmes me quittent et *(Un temps)* et je suis recherché !!!

Industriel

Vous étiez corrompu ?

Député/Maire

On veut m'expulser--- ! *(Un temps)* Parlez plus bas. Vous avez votre arme ?

Industriel

J'ai ! *(Un temps)* Vous expulser !??

Député/Maire

Comme mes parents, de parents français, sont nés à l'étranger et que c'est aussi mon cas, on ne veut plus renouveler mes papiers. *(Un temps)* C'est un procédurier qui s'en occupe ! --- d'origine, d'origine étrangère.

Industriel

Vous avez été maire et député, plus de vingt ans !!?

Député/Maire

Ca ne prouve rien !!!

Industriel

Comment ça !??

Député/Maire

Ca ne prouve plus rien ! *(Un temps)* Il a été retenu par l'administration que j'étais possiblement dans la peau d'un usurpateur de nationalité ! *(Un temps)* Un étranger probable se faisant passer pour français ! *(Un temps)* J'ai perdu mes biens et mes droits, comme relevant d'une hypothétique escroquerie ! Confisqués !!! *(Un temps)* Avec, si on me retrouve, une reconduite à la frontière et l'impossibilité, financière, de me défendre. *(Un temps)* Je suis à découvert ! Au sens propre.

Industriel

Une reconduite où !??

Député/Maire

Je l'ignore !

Industriel

J'avais une vision simpliste de votre identité ! *(Un temps)* Au point de m'interroger désormais sur la mienne---.

Député/Maire

Les ordres viendraient de Pékin !

Industriel

Vous étiez un tel danger au pouvoir, comment peuvent-ils à ce point vous craindre dans l'opposition ?

Député/Maire

Ils me sont redevables !

Industriel

Ah ! C'est une bonne raison ! *(Un temps)* Je peux vous proposer--- mais vous allez trouver ça bien rustique--- de loger dans un caveau chinois. *(Un temps)* C'est là que je m'abrite---

Député/Maire

Dans une tombe !??

Industriel

Vide ! *(Un temps)* Si vous avez des affaires à transporter, je dispose d'un caddie !

Député/Maire

Une tombe---. Je n'avais jamais songé à devoir m'y rendre si tôt---.

Industriel

Quand l'imagination est trop longtemps bridée par des idées trop communes, on finit par être confronté à l'inimaginable---.

Scène 16

Le cimetière. Les cinq personnages, devenus des clochards, sont à côté de caissons ressemblant à des hôtels tiroirs japonais. C'est l'économiste qui a la tenue la plus déglinguée. Le Député/Maire porte une vieille écharpe de maire. Le ciel est toujours bas et sombre, et c'est la tombée du jour.

Député/Maire

Quel imprévisible cheminement ! *(Se tournant vers l'industriel et se passant la main devant les yeux, comme pour se réveiller)* Il m'arrive d'en oublier ce que vous faisiez---. Confection, mécanique, charbon--- acier ? Je ne sais plus !

Economiste

Monsieur le Député/Maire, ça n'a plus d'importance !

Député/Maire

Monsieur l'ex-député/maire ! Mais, ce titre a-t-il encore quelque objet ? Contrairement aux ministres dont l'appellation est à vie, ce n'est pas le cas des élus plus modestes--- et d'autant plus si ce sont, possiblement, des étrangers !

Chinoise

(Agité, ouvrant son sac pour en sortir une bouteille) C'est de l'alcool de riz !

Député/Maire

Je ne connais pas !

Chinoise

(Hésitante et émue) Je suis française !!! *(Un temps)* Et j'ai fait des nèmes ! *(Un temps)* Officiellement, depuis ce matin. Française ! Naturalisée. *(Un temps)* Des nèmes pour le fêter !

Député/Maire

Ah ! Vous n'imaginez pas, Madame, à quel point votre émotion me bouleverse ! *(On entend une Marseillaise lointaine, Il lui donne l'accolade, puis essuie une larme !)*

Industriel

Quel bel exemple de langue de bois !

Député/Maire

Ah !

Industriel

Ou d'immense naïveté.

Député/Maire

Qui, Monsieur, en délocalisant ses emplois --- !!?

Industriel

Comment avez-vous pu penser que nous vendrions éternellement du parfum, des armes, des fusées, des avions --- sans être copiés !?? *(Un temps)* A la Bastille, Monsieur--- !!!

Député/Maire

Qui a fermé ses usines ?

Industriel

Qui a ignoré le dumping pratiqué par nos concurrents !!? *(Un temps)* J'aurais du vous y faire enfermer !

Economiste

Le dumping, je ---

Industriel

Vous ! Taisez-vous !!!

Employée

A quoi bon reprendre votre sempiternelle dispute !!?

Industriel

J'aurais du couper vos têtes et les ficher au bout d'une pique !!!

Député/Maire

(A l'économiste) Nous devons partager ces récriminations !

Employée

(S'adressant à la Chinoise et montrant le sac de némes) Vous m'apprendrez à les faire !

Industriel

(Désignant les caveaux) Se croire à l'abri de la tragédie est le propre de l'élite !!!

Economiste

Je n'aurais jamais livré mes secrets de fabrication à des concurrents pour m'en faire des alliés !

Industriel

Vous ! Taisez-vous !!!

Employée

(A la Chinoise) Où trouvez-vous vos légumes ?

Chinoise

J'ai semé de l'ail, du persil et de la sauge dans les bacs à fleurs des sépultures qui en disposaient !

Industriel

La Chine, usine du monde ! Ah !!! *(Un temps)* Fabriquant des chaussettes, puis des pantalons, puis des slips, puis---puis ---. *(Un temps)* Et vous aviez imaginé que ce serait éternel et gratuit !!!

Economiste

(Prenant le député/maire par les épaules) Nous sommes innocents !

Industriel

Innocents !!?

Employée

(A la Chinoise) On vous ne les vole pas ?

Chinoise

Qui saurait encore reconnaître de l'ail ou de la sauge quand ils sont en terre ?

Economiste

Nous n'étions que des pions, Monsieur !!!

Industriel

Que des pions !??

Economiste

(Brandissant un vieux magazine scientifique) Tout est là ! *(Un temps)* Dieu joue aux dés !

Député/Maire

Ah !

Economiste

Et, sur un plateau truqué ! *(Secouant son journal)* Nous en avons la preuve ! Les longues études ne sont pas inutiles ! *(Un temps)* On sait que l'ADN---

Industriel

La preuve ! J'ai hâte de la connaître !

Economiste

Alors, ne m'interrompez pas ! --- on sait que l'ADN transmet ses messages en se dupliquant--- *(Au Député/Maire)* Vous me suivez ?

Député/Maire

L'ADN ? Je vais essayer.

Economiste

Et ça, c'est de l'horlogerie ! *(Un temps)* Jusque là, Dieu ne joue pas ! Il fait de la mécanique !

Député/Maire

C'est une science dont j'ignore tout !

Industriel

De la mécanique, il fallait ne rien en connaître pour croire que les échanges se passeraient de régulation ! *(Un temps)* Vous venez de griller le moteur !!!

Député/Maire

Je me tais !

Economiste

Einstein croyait que le vivant ne relevait que de relations de causes à effets---. Einstein, le physicien ! *(Agitant son journal)* Or, on vient de découvrir que les adresses des messages envoyés par l'ADN au sein d'une cellule sont incomplètes ! *(Un temps)* Imaginez des destinataires dont le facteur, à défaut du nom, ne connaîtrait que la rue et l'immeuble---

Employée

Eh bien--- ???

Economiste

Eh bien ! Que ferait un postier en pareil cas !?? Il se débarrasserait de la lettre dans l'une quelconque des boîtes du bâtiment !

Industriel

Ca, c'est Sud Rail !!!

Economiste

Quand au sein d'une cellule, le message arrive dans la bonne boîte, il se produit ce qui était programmé et nous restons dans l'horlogerie---. Mais quand il arrive dans une autre boîte, soit le réceptionniste s'en fout et le jette, ce qui est généralement le cas, soit, il l'utilise à d'autres fins que ce qui était prévu--.

Employée

(A la Chinoise) C'est compliqué.

Economiste

Et la cellule mute, meurt ou *(Un temps)* se reproduit de façon anarchique---

Industriel

Je ne vois pas où vous voulez en venir !

Economiste

Si !!! Que la machine que l'on disait rationnelle et programmée laisse place au hasard !

Employée

(A la Chinoise) C'est le genre de propos que je ne comprends pas et qui me stresse.

Economiste

Mais pour que ce hasard ne mette pas son dessein en péril, Dieu multiplie les coups de dés ! Il envoie le même message en un si grand nombre d'exemplaires qu'il parvient suffisamment souvent aux bons destinataires---. Vous me suivez !!?

Industriel

Je vous écoute !

Economiste

Dieu rattrape, la plupart du temps, les anomalies qu'il permet dans une cellule en jouant sur l'amas de cellules. *(Un temps)* Dieu a inventé l'inertie et le déraillement !!! *(Titubant soudain)* J'ai ---

Chinoise

Vous avez faim ! *(Lui tendant des nèmes)* Elles sont d'aujourd'hui ! *(Un temps)* Je les ai faites avec du rat.

Employée

Il n'y a plus de pigeons !

Economiste

(Mordant à pleines dents) Elles sont savoureuses ! *(Un temps)* C'est à une succession de méprises du vivant que l'homme doit d'être là ! Vous saisissez !!?

Industriel

Je ne vois toujours pas en quoi--- !?

Economiste

Notre société relève de lois similaires ! L'inertie et le déraillement !!! *(Un temps)* N'oubliez pas que j'étais sociologue !

Industriel

Malheureusement !

Economiste

Le sociologue use de deux approches ! *(Un temps)* Soit, il fait une cartographie générale, découvre que les fils d'employés ont moins de succès que ceux des cadres, que les femmes vivent sept ans de plus, etc. --- ! *(Un temps)* Soit, il se penche sur une série de destins singuliers ! *(Un temps)* Mais, sans jamais réussir à réconcilier les deux ! *(Un temps)* Plusieurs des monographies, qui lui échapperont, bouleverseront la carte ! *(Un temps)* Un inconnu inventera le portable, un autre, Internet--- un chanceux trouvera du pétrole, quelques fous fomenterons un génocide--- un dictateur prendra le pouvoir--- puis, le suicide par le feu de l'une de ses victimes le renversera---

Industriel

L'inertie et le déraillement !??

Employée

(A la Chinoise) Les chiens ont disparu ! Comme les pigeons !

Député/Maire

Mais, de quoi parlent-elles !??

Economiste

C'est à la suite d'aberrations que nos ancêtres se sont séparés des arachnides, et plus tard des grands singes ! Et d'une aberration comparable qu'ils ont plus récemment créé l'école nationale d'administration---

Député/Maire

(Se mettant au garde à vous) Promotion Paul Deschanel !

Economiste

--- à l'origine d'une, conformité, prévenant toute sortie des voies ! *(Un temps)* Messieurs, en privilégiant l'inertie, nous avons perdu le sens du déraillement ! Et d'une sortie des voies pouvant se révéler salvatrice ! *(Un temps)* J'ai appris à expliquer mes échecs ! C'est une immense qualité ! *(Au Député/Maire)* Monsieur le Député/Maire, faut-il détruire le moule qui nous a forgés !?? *(Un temps)* Je m'interroge !!!

Député/Maire

Je vous fais confiance !

Industriel

--- une sortie des voies pouvant se révéler salvatrice ???

Député/Maire

Ramener quelques ateliers chez nous pour occuper nos petites mains serait-il un premier pas ?

Chinoise

Je vais planter du riz entre les tombes ! *(Un temps)* Mais, il faudra fumer le sol ! *(A la cantonade)* Et pour ce, nous réapproprier les coutumes de nos ancêtres !

Député/Maire

Mais de quoi parlent-elles ???

Economiste

De nos excréments, Monsieur le Député/Maire ! De nos excréments ! Dont il conviendra de !

Député/Maire

Je vous fais confiance !

Industriel

Nous venons de perdre un combat mortel !!! *(Désignant le maire et l'économiste)* Des aveugles à la solde de quelques mafieux cupides, *(Faisant un vague signe en direction de la Chinoise)* face à d'autres malvoyants, susceptibles, entiers, avides, angoissés et vingt fois plus nombreux --- et qui pour s'extraire de la fange, nous y plongent ! *(Un temps)* Nous finirons traités comme des Tibétains !!!

La nuit est tombée. Un projecteur éclaire violemment la scène ! Un mégaphone les interpelle bruyamment en Chinois !

Employée

Qui est-ce ???

Chinoise

La police !

Economiste

Non ! Ce sont des chinois !

Chinoise

C'est la police !!!

Député/Maire

Non ! Ce sont des Chinois !
Nouvelle sommation en Chinois

Chinoise

Ils exigent que nous quittions les lieux ! *(Un temps)* Ils prétendent que ce n'est pas un endroit où vivre !

Député/Maire

(Hurlant) Messieurs ! *(Un temps)* Je vous dis merde !!!

Industriel

C'est trop tard !!!

Chinoise

Il faut obéir !
L'industriel sort son arme et fait feu en direction du projecteur qui s'éteint.

Chinoise

Non !!!
L'industriel disparaît dans un caveau, suivi par les trois autres. Seule la Chinoise---.
La lumière se rallume.

Chinoise

Non --- !
Suivent des rafales de mitraillette. On entend les balles ricocher, puis s'enfoncer dans les parois de plastique.
Hébétée, sa flasque d'alcool et son paquet de nèmes à la main, la Chinoise rit nerveusement --- hésite, s'éloigne, bute sur un pavé et chancelle---

Chinoise

Oh !??
On entend la Marseillaise dans le lointain---
Noir

Fin

On riait de l'idiot du village

Jean Renault

Aux victimes de l'archaïsme de pensée et du terrorisme aveugle,

Préface

Face au terrorisme aveugle qui nous assaille, tue, et nous blesse, ce texte est voulu comme un état des lieux, un constat, --- un constat des réflexes, des pensées, des avis, des opinions, des uns, des autres, des victimes, des femmes et hommes politiques, des experts, des journalistes, des philosophes.

Mais en deçà de ces actes mortifères, l'auteur est convaincu que toute atteinte, légale, sociale, et vestimentaire, à l'égalité la plus stricte entre les femmes et les hommes, constitue une ligne à ne pas franchir, sauf à s'exclure du monde civilisé.

*****

Distribution

Joséphine Denis : Octogénaire
Fiacre Denis : *(Son époux)* Octogénaire.
Julie : Une jeune femme.
Edouard : *(Son époux)*.
Léa : Une quadragénaire.
Gabriel : *(Son époux)* Un Suisse, quinquagénaire.
Elvire : Leur fille.
Clémence : Une sexagénaire.
Béranger : *(Son époux)* Un sexagénaire.
Richard : Un scientifique, quinquagénaire.
Louise : *(Son épouse)*. Du même âge. Médecin.
Pierre : Un sexagénaire, rapatrié d'Algérie.
Agate : *(Son épouse)*. Du même âge, une rapatriée d'Algérie, malade.
Deux agresseurs. De type arabe.

Décor

Un salon, partiellement surélevé. Deux baies vitrées.
Des sofas, fauteuils et chaises.

*****

Scène 1

*Un profond silence. Sur un sofa, **Joséphine Denis** lit.*
*A ses côtés, **Fiacre** en costume cravate, somnole. Il est vingt deux heures trente.*
Une rafale, assourdissante ! Le bruit d'un chambranle qui vole en éclats !
Deux hommes en cagoule et vêtements noirs font irruption, kalachnikov en avant, un poignard à la ceeinture, avec une même inscription en arabe, sur le front et la poitrine.
Fiacre se réveille en sursaut !
Sous la menace de leurs armes, les deux hommes les menottent ensemble, aux chevilles.

Fiacre

(Lent) Euh ! C'est déroutant---

Joséphine

(Un temps) C'est Chicago ! Pour moi qui aime l'inattendu, je suis servie !
(Elle sourit aux deux assaillants, surpris). Mieux vaut les déconcerter !
C'est avec les boutons qui surprennent le chaland que nous avons les meilleurs résultats.
(S'adressant aux assaillants) Nous fabriquons des boutons ! Il n'y a plus beaucoup de fabricants de boutons !

Assaillant 1

(Pointant son arme vers Fiacre) Reste assis !

Fiacre

Ca me convient !

Joséphine

En général, ces affaires sont interminables ! Je me félicite d'être allé aux toilettes.
Les assaillants sortent.

Fiacre

(Parlant bas, à son épouse) Mon fusil est dans le garage.

Joséphine

(Parlant bas) Il n'a pas servi depuis trente ans !

Fiacre

(Bas) Que veulent-ils ?

Joséphine

Nous le saurons bien assez tôt !
A l'extérieur, de nouveaux tirs, très proches.

Joséphine

(Parlant bas) Ils se battent avec nos voisins !

Fiacre

(Parlant bas) J'ignore tout de l'inscription arborée sur leur front et leur poitrine !
*Les deux assaillants reviennent, poussant devant eux **Edouard** et **Julie,** incrédules.
Hébétée, Julie avance à petits pas. Les assaillants les assoient devant l'une des deux baies, puis les menottent, liant une jambe de Julie à une jambe d'Edouard.
Edouard a conservé la bouteille de whisky qu'il avait à la main lors de l'irruption de leurs agresseurs.*

Julie

(Essoufflée) Mes jambes ne me portaient plus. *(Incrédule)* Que--- ??? Je ne sais pas---.

Edouard

(Contemplant, stupéfait, sa bouteille) J'allais --- ! Ils ne m'empêcheront pas de la boire !!!

Julie

(Affolée, montrant la bouteille) Ils vont tirer !

Edouard

Ils auraient déjà tiré !

Julie

(A mi-voix) Je n'ai qu'un vieux chandail, je suis en chaussettes, et, et je viens de faire pipi sur le siège---. *(Regardant Joséphine)* Je suis confuse !

Joséphine

(Aux assaillants, péremptoire) Je préside la compagnie ! *(Un temps)* Je suis Madame Denis !
Monsieur Denis est sous mes ordres ! *(Un temps)* C'est à moi que vous devez vous adresser !!!
Les deux assaillants sortent sans un mot.

Joséphine

(Parlant bas) Ils sont misogynes !

Fiacre

(Parlant bas) Ils pourraient nous abattre ! Mais, ce n'est pas le genre de chose qui vous soucie ! *(Haussant les épaules)* Vous avez toujours aimé les épreuves de force !
Nouveaux tirs extérieurs, suivis d'une explosion.

Julie

Que font-ils ???

Edouard

Ils nous ont parqués devant la baie pour se protéger des tirs extérieurs ! *(Il boit à la bouteille)* Je n'avais jamais encore servi de bouclier !

Julie

La tarte va brûler !

Fiacre

(Soupirant) Enfant, j'avais toujours un sifflet sur moi ! *(Un temps)* J'aurais alerté les voisins---.
*Les assaillants réapparaissent, poussant devant eux, **Clémence** et **Béranger**. Clémence avance la tête penchée. Béranger écarte les bras en signe d'impuissance. Ils sont conduits, puis assis, sur la partie haute du salon, et menottés l'un à l'autre.*

Béranger

(A la cantonade, péremptoire) Euh ! Bonjour !

Clémence

(A voix basse) Béranger, réveillez-moi !

Béranger

(Péremptoire, à la cantonade) C'est la bande annonce d'un film d'horreur ! *(Se remémorant)* C'est le même choc ! Oui--- ! Le même choc que la fois où j'ai joué à Rolland Garros. *(Un temps)* C'était très violent !!! Le court était trop vaste ! *(Un temps)* Une décharge d'adrénaline, brutale, ressentie comme si j'étais spectateur !

Fiacre

(A l'un des assaillants, obséquieux) Notre fusil est dans le garage. N'ayez aucune crainte !

Joséphine

(Aux assaillants) Vous n'en sortirez pas vivant !!!
(L'un d'eux fait mine de lui trancher la gorge)

Fiacre

(Haussant les épaules) La déclaration est audacieuse ! Bien que dans un duel on use de mots ! *(Un temps)* Je suis certain qu'ils la tueront !

Assaillant 1

(S'avançant menaçant) Tu as quel âge !!?

Joséphine

Quatre vingt onze ans !

Assaillant 1

Où sont tes enfants !!?

Assaillant 2

Avec la charia, tes enfants s'occuperont de toi !

Joséphine

(Virulente) Avec la charia, on ceinture une fillette d'explosifs pour l'avenir des siens !!!
Indifférents, les assaillants sortent.

Joséphine

(Les yeux au ciel) Qu'ils puissent croire que c'est normal !!? Disons que ça les arrange ! *(Un temps)* Je me suis réjouie des printemps arabes ! Puis, très vite, que l'armée ait repris le pouvoir au Caire ! *(Un temps)* La charia !? Tant qu'ils n'auront pas pris leurs distances avec cet islam, moyenâgeux, ils serviront de terreau à la folie et l'horreur !!!

Fiacre

Ce sont des arabes !

Béranger

(Péremptoire) Je connais l'Egypte, le Maroc, la Tunisie, le Mali ! J'y ai toujours été bien accueilli. *(Un temps)* J'ai passé une nuit à Mopti sur un bateau à aubes !

Fiacre

Ces agressions sont d'importation ! *(Un temps)* Nous achetons du pétrole. A charge de supporter les parasites qui vont avec !

Joséphine

(Virulente) Il est inutile de vous adresser à eux, avec la déférence et l'obséquiosité que vous auriez avec des gendarmes !!! *(Un temps)* Jouer sur leur besoin de reconnaissance et leurs blessures narcissiques ne les rendra pas plus malins ! Ce sont des imbéciles !!! *(Un temps)* Et ils se fichent qu'on les flatte ! *(Un temps)* Et s'attendent à ce qu'on les supplie !

Clémence

(A Joséphine) Nous faisons irruption chez vous ! *(Un temps)* Je suis confuse !

Joséphine

(A Clémence) Ce sont des gens qui marchent à contre voie !!!

Clémence

(A Joséphine) Nous devons tailler la haie ! *(Un temps)* Béranger viendra vous débarrasser des branchages qui chuteraient chez vous ! *(Un temps)* Oui--- ???

Joséphine

(Soupirant) Mon père était chef de train !

Clémence

(Scrutant sa montre) C'est aujourd'hui l'anniversaire de mon neveu !

Joséphine

Je déteste les fêtes ! En particulier, les fêtes de Noël ! *(Un temps)* C'est tellement artificiel !

Clémence

Oui ! Souvent convenu ! *(Un temps)* Oui--- ???
Plusieurs tirs en rafale.

Joséphine

Apparemment, ils sont en nombre !

Julie

(Ive de peur) Les Lamarck viennent de rentrer de Toulon. Et il y en a sans doute chez eux ! *(Un temps)* A Toulon, la météo était détestable ! Et Fabienne n'a pas voulu y rester. *(Soucieuse)* Fabienne a des difficultés croissantes de compréhension, plus toute sa tête.

Clémence

Nous ne les connaissons pas !

Julie

Ils sont de retour plus tôt que prévu pour de piètres raisons !

Edouard

L'islam ne sert que de substrat ---. *(Il boit)*

Julie

(Méditant) Jusque là, la menace était lointaine, abstraite---. *(A la cantonade)* Nous venons de rénover notre maison du midi ! *(Un temps)* Et, de perdre des proches. Dans un accident !
*Apparaissent **Pierre** et **Agate**, poussés en avant. Agate traîne les pieds. Pierre marmonne et refuse un instant de s'asseoir. Ils sont assis et menottés l'un à l'autre !*

Agate

(Aux assaillants) Mon mari doit prendre ses cachets ! Et vous devez éteindre le gaz !!!
Les assaillants repartent sans un mot.

Fiacre

(Tourné vers Agate, inquiet) Comment allez-vous ?

Agate

(Interloquée) Euh !?? Mieux ! Mais --- !

Pierre

(Amer) Des fantômes --- ! Décidés, à nouveau, à nous nuire---.

Agate

(Virulente) Ils avancent, tapis ! *(Amère)* Ils vont exiger qu'on se plie à leurs coutumes et leurs superstitions ! *(Un temps)* Après l'isolement des femmes en piscine, ce sera dans le métro et les trains !!! *(Un temps)* Puis, ils voudront des cuvettes à la turque, et détruire les toilettes orientées vers La Mecque !

Pierre

(Virulent) Je ne veux plus de ces prières dans la rue, de ces ramadans interminables, émollients, de ces tenues de déprime ! *(Un temps)* Trop de concessions ont été faites aux communautarismes ! *(Un temps)* Cinquante ans de laxisme, de prévarication, de prébendes, d'élection à vie, d'énarchie, de bons sentiments, de fausse justice, d'emplâtres et de béquilles, de faiblesse d'Etat, de politiques de gauche ! *(Un temps)* Nous étions sous narcose !!!

Béranger

(Péremptoire) Le peuple est trop sensible à la narration politique sous sa forme magique !

Pierre

Je ne suis pas étonné par l'irruption de ces guignols ! *(Un temps)* Mais le réveil est brutal !

Fiacre

(Parlant bas) Ce ne sont que des combats d'arrière-garde ! *(Un temps)* Chez eux, la pratique religieuse décroit !

Pierre

Euh ???

Edouard

(Il boit) *(Sentencieux et lent)* Clivage entre ville et banlieue. Apartheid ! Un chômage deux fois plus important ! *(Un temps)* Des politiques à court terme. *(Un temps)* Des tenants du droit à la différence et d'autres, du droit à l'indifférence. A condition que ce soit loin de chez eux ! Les deux se recoupent ! *(Il boit)* Avec, pour ceux qui ne s'en sortent pas, la débrouille ou la déglingue, le trafic de drogue, un repli identitaire, religieux, le terrorisme, *(Un temps)* démarches violentes, poreuses---. *(Haussant les épaules)* Ajoutons notre implication dans des conflits extérieurs compliqués qui prête à fantasmes et interprétations !

Julie

(Fataliste) Le moyen orient est en guerre depuis la fin de l'empire ottoman ! *(Un temps)* C'est le rendez-vous de tous les colonialismes. Nous nous rallions tantôt à un belligérant, tantôt à un autre. Sans le pétrole---! *(Un temps)* J'enseigne l'histoire ! Mais, à quoi bon !
Nouveaux tirs, en rafale.

Agate

(Virulente) Nous les laissons endoctriner leurs enfants ! Ce sont les mères qui fabriquent ces grenades dégoupillées !!!

Julie

(Fataliste) Trop âgés, mes parents ne nous survivrons pas !

Agate

(Méprisante) Ces voyous ont un tel besoin de reconnaissance qu'ils se pavanent devant les caméras de surveillance urbaine, avant de les briser ! *(Un temps)* C'est effarant !!!

Pierre

Ils étaient rappeurs, ils vendent le coran ! *(Un temps)* Ils essaient de se réapproprier un monde dont ils, se, sont exclus, en se projetant sur scène, dans un scénario où un idéal factice et la haine se côtoient ! *(Un temps)* Cette rancœur est nourrie par l'argent du pétrole !

Clémence

(A mi-voix) Nous n'aurions jamais du accepter le regroupement familial !

Agate

Les socialistes !!!

Edouard

Non ! *(Il boit)* C'est un gouvernement de droite qui s'en est chargé ! *(Un temps)* J'ai milité chez les démocrates chrétiens ! *(Un temps)* Et ceux qui rentraient au pays, l'été, n'en revenaient qu'après plusieurs mois. Pour les entreprises, c'était insupportable !

Pierre

C'est un cheval de Troie !!! *(Un temps)* Qu'ils épousent des Arabes et que ce regroupement se fasse chez eux !

Une explosion proche.

Julie

Nous soutenons l'insoutenable ! *(Inquiète)* Alors, le faible, frustré, vient frapper le fort, avec la seule arme dont il dispose, le sacrifice ! *(Un temps)* L'islam n'est qu'un prétexte !

Béranger

(Péremptoire) Leurs frustrations sexuelles sont un des éléments clé ! *(Un temps)* Séparer garçons et filles conduit à une homosexualité chez l'ado qui suscite, plus tard, le remord et la haine !

Clémence

Ca, c'est votre théorie !

Béranger

Comment expliquer un tel rejet chez eux de l'homosexualité ?

Clémence

C'est sans doute plus compliqué !

Béranger

(Péremptoire) Détourner la testostérone de son cours a d'autres effets que de banales poussées d'acné ! *(Martelant)* La vingt troisième paire de chromosomes d'une anglaise, qui vient d'accoucher, est en XY. *(Un temps)* En XY !!! *(Un temps)* Une anglaise ! *(Péremptoire)* Génétiquement, cette femme est un homme ! *(Un ton plus bas)* Mais, un homme qu'un autre de ses gènes, défectueux, empêche, d'assimiler la testostérone ! *(Un temps)* Or, sans cette hormone, tout embryon devient, physiquement, un être de sexe féminin. Et dans le cas de cette anglaise, l'embryon est donc devenu un homme de sexe féminin ! *(Un temps)* La

nature est bizarre --- compliquée ! *(Un temps)* En plus d'une inavouable rancœur, leur chasse aux homosexuels relève de, l'inculture !!!

Agate

(Hargneuse) J'interdirais les écoles coraniques !!! Porter le voile dans les pays ensoleillés, pour protéger sa peau, n'en fait pas une exigence religieuse ! Et je suis révoltée qu'elles étouffent sous les chiffons, pendant, qu'ils, se pavanent en tee-shirt !

Julie

Le voile peut-être compris comme un gage de fidélité !

Agate

Je vous en prie !!!

*Les assaillants reviennent, poussant devant eux, **Richard** et **Louise**, décontenancés, qui finissent par saluer leurs voisins, lui, d'un signe de tête, elle de la main. Ils sont assis et liés l'un à l'autre.*

Louise

(Hagarde) Je doute---.

Richard

(Eberlué) La réalité peut-elle prendre un aspect aussi déroutant ???

Assaillant 1

(A Richard) Où sont tes enfants !!?

Richard

Nous vivons seuls !

Assaillant 1

Nous verrons !!!

Richard

(Aux assaillants, paisiblement) Je préparais un plat de lentilles, avec des crevettes et de petits raviolis. *(Un temps)* Si vous acceptiez de partager notre repas---.

Louise

(Aux assaillants) Je ne cuisine jamais quand nous invitons ! Richard a beaucoup d'idées.

Joséphine

(Aux assaillants) Vos exactions ne feront qu'accélérer le rejet de vos superstitions, moyenâgeuses !!!

Assaillant 2

(Brandissant le Coran) Tu n'es qu'une chienne !!!

Les assaillants sortent.

Joséphine

Je n'ai plus l'âge de céder aux intimidations !

Fiacre

Soit ! Mais, pour éviter de perdre la vie, vous devriez raison garder !

Béranger

(A Richard, péremptoire) Vous aussi, vous êtes là !??

Louise

(A voix basse, à Edouard et Julie) Bonjour !

Julie

(A voix basse) Enchanté ! Euh ! Oui---. *(Un temps)* Nous nous connaissions de vue.

Richard

(Eberlué) Louise écoutait Chostakovitch ! *(Un temps)* C'est une musique difficile, mais étonnamment appropriée ! *(Un temps)* Ce n'est pas mon premier choix ---.

Louise

(Ivre) Aujourd'hui, il a fait beau ! Et, après le printemps que nous avons eu ! *(Un temps)* Les roses ont commencé à s'ouvrir ! Et j'ai déjà du me battre contre les pucerons !

Fiacre

Les pucerons !?? Ce serait plutôt contre les melons !

Joséphine

Que voulez-vous dire !!?

Fiacre

Rien de bien intéressant ---.

Julie

(Effrayée, scrutant son époux qui boit au goulot) Il a peur !

Edouard

(Arrêtant de boire) Mais, je garde la foi !

Béranger

(Croisant une jambe et affichant, puis désignant sa semelle) Les Arabes détestent ça !!! *(Un temps)* Leur montrer ses semelles est le signe d'un immense mépris ! *(Désabusé)* Mais, comme ils n'ont plus rien d'arabe, à part leur prétendue référence au Coran, ils ne vont pas comprendre ! *(Haussant les épaules)* Oui ---. Mais, c'est futile ! Alors que je meurs d'envie de leur casser la tête !

Richard

(Désabusé) A voir les yeux morts de l'un, et le regard fuyant de l'autre, je subodore qu'ils n'aiment pas les lentilles.

Louise

(A la cantonade, en grimaçant). Cette invitation à partager notre repas est étrange ! *(Un temps)* Mais, Richard est déconcertant !

Richard

Nous devons gagner du temps !!!

Fiacre

(Désignant son épouse) En les agressant, Madame Denis penche plutôt pour en perdre ! *Bruit d'explosion*

Louise

(A mi-voix) Si nous en réchappons, derrière tout musulman, j'imaginerai un terroriste ! *(Un temps)* Pourquoi a-t-on invité leurs parents à s'installer chez nous ?

Richard

(A mi-voix) Nous avions besoin de leurs bras!

Fiacre

(Grisé) Reconnaissons qu'il y a de jolies Berbères !

Clémence

(Soudain lasse et désabusée) L'aîné voudra garder la maison ! Le second la vendre. Et, ils ne pourront rien décider sans leur sœur dont nous en sommes sans nouvelles ! *(Un temps)* Pourquoi nous ont-ils choisis ?

Béranger

(Péremptoire) Nous les avions colonisés !!!

Clémence

Ils sont probablement français !

Agate

En Algérie, catholiques et musulmans cohabitaient ! *(Un temps)* Le ressentiment des descendants de ceux que nous y avons côtoyés est factice, monté en épingle ! *(Un temps)* Les fils prétendent se venger d'un mépris que leurs pères n'ont pas ressenti !

Béranger

(Péremptoire) Quelques Espagnols nous reprochent encore les méfaits des armées napoléoniennes, et certains Français d'outre-mer, nous estiment responsable de l'esclavage ! *(Sarcastique)* Nous pourrions demander aux Romains de s'excuser pour avoir assassiné Vercingétorix ! *(Un temps)* Il va falloir admettre qu'il y a des dates de péremption !!!

Pierre

De Gaulle a donné son indépendance à l'Algérie, alors que nous avions gagné la guerre ! Pour que la France, submergée par leur natalité, ne devienne pas musulmane. *(Un temps)* Nous avons perdu l'Algérie, et, la France va devenir musulmane ! *(Un temps)* Et à défaut de nous convertir, à l'origine, les Berbères n'étaient pas musulmans, ils nous chasseront d'ici !

Agate

Ce sont des religieux qui, se référant aux prétendues pratiques du prophète, supervisent leurs massacres !!!

Richard

Peut-être ! Mais, l'un de ces hommes vient d'avouer : Le coran, je m'en tape !!! Ce qui m'intéresse, c'est le jihad ! *(Un temps)* Nous ne faisons pas face à la radicalisation de l'islam, il y a d'ailleurs des chrétiens d'origine parmi eux, mais à l'islamisation de la radicalité ! *(Un temps)* Si nous y aoutons la révolte et la violence, propres à la jeunesse, l'effet de groupe---.

Louise

 Ils tentent de nous faire peur !

Pierre

Ils ne font plus rien chez eux ! *(Un temps)* Et dans les pays où l'oisiveté règne en maître, à défaut d'ennemi, il faut en inventer un ! Là, c'est l'ex prétendu colonialiste ! *(Aigre)* Pourtant, nous leur avions laissé un pays équipé !

Edouard

(Il boit) Notre histoire n'est pas exemplaire !

Agate

Avec leur bas de visage étroit, ce sont des fainéants, avides de plaisirs de substitution !!! On les reconnait !

Pierre

Quatre vingt pour cent sont en prison !!! Et nous subventionnons leur reproduction---.

Agate

Aucun d'eux ne connaît le coran ! Quand ils en parlent, c'est une cacophonie ! Et, c'est le plus menaçant qui l'emporte !

Richard

(Fataliste) Hadiths et querelles ont stoppé l'évolution du monde arabe ! *(Haussant les épaules)* Mais, ils ne sont pas les seuls ! *(Un temps)* Le plus détesté de leurs ennemis voudrait interdire le vélo le jour du shabbat ! A l'idée d'avoir possiblement à réparer un pneu ! *(Un temps)* En limitant la transmission des pratiques religieuses, nous sauverions bien des vies !

Louise

Richard est un rêveur !
Tirs en rafale.

Agate

Ils sont soutenus par la gauche !

Julie

(Sursautant) Sur quoi tirent-ils ?

Béranger

(Péremptoire) Tous les carnassiers vont au Moyen Orient rafler le butin ! *(Un temps)* Et, une des parties nous prend pour cible ! *(Un ton plus bas)* Pourquoi ? Je plaide non coupable ! Je n'en suis qu'un témoin !

*Les assaillants deux réapparaissent en poussant devant eux **Gabriel**, **Léa** et leur fille, **Elvire**, une ado. Tous trois sont en pyjama. Léa avance, hagarde, les bras repliés devant elle. Puis elle étend la main vers un obstacle imaginaire, hoche la tête, soupire et frissonne. Leur fille les suit, interloquée. Ils sont assis et menottés, hors Elvire, laissée libre sur sa chaise.*

Léa

(Stupéfaite, murmurant, l'accent suisse) Je suis en sueur ! J'ai la bouche sèche. Mon cœur bas la breloque ! *(Un temps)* Je venais de m'endormir. Ils ont tout allumé. *(Un temps)* J'ai froid !

Elvire

(Murmurant en regardant autour d'elle) Tous ces gens réunis ??? Et je le parie, dont certains se détestent ! *(Esquissant un sourire)* C'est étonnant !

Fiacre

(Murmurant avec une moue) Nous n'aurions jamais eu l'idée d'une telle rencontre !

Clémence

(A voix basse, à Léa) Nous ne nous connaissons pas !

Léa

(A voix basse) Euh ! Nous habitons à l'entrée de la résidence. *(Un temps)* Je suis terrifiée !

Clémence

(A mi-voix) Nous sommes arrivés ici les premiers. *(Un temps)* C'était encore la campagne ! Les chevreuils nous rendaient visite. Assez tôt le matin ! Euh ! *(Défaite)* J'essaie de faire bonne figure---.

Gabriel

(Accent suisse. A mi-voix) Je suis déçu ! *(Un temps)* Nous aurions du rester à Neuchâtel ! Si mes activités n'étaient pas dirigées d'ici ! *(Un temps)* Dans la confédération, nous nous assurons que les nouveaux venus respectent la loi !

Elvire

(Fébrile) Nous regardions un Buster Keaton, *(Un temps)* Le mécano de la générale !

Léa

(Désignant sa fille, fébrile) Elle riait beaucoup ! *(Un temps)* Nous aimons les vieux films !

Louise

(Pensive) Ce ne sont que des esprits médiocres, de petits délinquants, des exclus, la lie, tombés entre les mains de manipulateurs, de salauds, *(Un temps)* formés par les pires dictateurs du moyen orient, eux-mêmes éduqués par d'anciens nazis, *(Un temps)* prêcheurs de haine !!! *(Regardant son pied menotté)* Je ne pourrais jamais plus regarder de thriller--- !

Gabriel

(A mi-voix, accent suisse) Je pensais être à l'abri de ce genre de mésaventure ! *(Un temps)* Hors, vos murs se révèlent ceux d'une maison japonaise. De papier !

Léa

(Ruminant) C'est un cauchemar ---. *(Un temps)* Otages d'une guerre dont je ne saisis pas le sens. *(Un temps)* J'espère que l'ordinateur de Marc est éteint--- et que son téléphone---qu'ils ne le trouveront pas---.

Elvire

(Pensive) Marc leur a échappé !

Gabriel

(Pensif) S'agit-il de rançon !!? *(Un temps)* Le franc suisse est au plus haut !

Léa

(Ruminant) Ce monde, de plus en plus performant au prix d'inégalités de moins en moins supportables, est-il meilleur ? *(Un temps)* Nous sommes de bonnes cibles ! *(Scrutant sa fille)* Mon Dieu ! *(Un temps)* Que vont-ils lui faire --- ? *(Un temps)* Ils envoient leurs enfants commettre des attentats suicide---.

L'un des assaillants écoute et parle un moment dans son oreillette en arabe.

Joséphine

(Scrutant cet assaillant) Cette voix, mécanique, sinistre, rappelle celle de tante Agate, dans ces moments de démence. *(Un temps)* Il a une voix de fou !!!

Léa

(Regardant ses voisins) Comment ne pas ajouter leurs angoisses à la mienne--- ?

Elvire

Ca me fout les jetons !!!

Louise

(Scrutant la jeune fille) Je me félicite que Marguerite ne soit pas rentrée de Nantes !

Richard

(Méditant) Mes souvenirs, mes idées, se bousculent dans un grand fatras ! *(Un temps)* Je songe au disque que j'ai fabriqué pour la NASA ! Une feuille d'or collée sur du verre ! J'y ai gravé le dessin d'un corps humain, des formules mathématiques simples, et un schéma situant la terre dans le système solaire. *(Un temps)* Avec comme ambition d'informer d'éventuels extraterrestres ---. *(Un temps)* Envoyé dans l'espace, ce disque vient de quitter le système solaire !

Agate

(Aux assaillants qui l'ignorent) Combien voulez-vous !!? *(Un temps)* Ils espèrent peut-être en tirer davantage de mon père ! *(Un temps)* Il donnera sa fortune pour me sortir de là !

Une porte claque ! Assaillants et otages s'immobilisent et un instant !

Assaillant 2

(A Clémence) Arrête de t'agiter !!!

Clémence

Evitons le tutoiement !!! *(Un temps)* Nous n'avons jamais vécu, de concert, à la ferme ! Ni gardé les cochons ! *(Furieux, l'assaillant la frappe avec son arme. Elle se débat, tente de parer les coups et crie.)*

Suit un temps de silence.

Joséphine

(Regardant le jardin) Les secours viendront du jardin !

Gabriel

(Pensif) Ces gens sont grégaires ! Pourquoi sont-ils sortis de leur ghetto ? *(Un temps)* Plus rien ne fonctionne dans ce bon royaume de France ! *(Un temps)* Que font ceux qui les gouvernent de leurs impôts, hors se faire saluer par des gardes républicains !??

Clémence

(Essayant de bouger son épaule, à mi voix, à Béranger) J'ai quelque chose de cassé !
(Méditant) Pourquoi avoir parlé des cochons---? *(Grimaçant)* Mon épaule---. C'est horrible !

Louise

(Méditant) Je suppose que pendant on s'interroge. Et qu'on a peur après ! *(Un temps)* Les bons musulmans prétendent qu'ils ont pris leur religion en otage. *(Un temps)* Mais, c'est parce qu'elle le permet, qu'ils se taisent, sont embarrassés, nous disent oui, en murmurant, mais--- ou non ! Parce qu'ils manquent de courage ou ne réagissent pas ! *(Un temps)* Et, vénèrent un texte dont la plupart d'entre eux ignore à peu près tout, *(Un temps)* qui dépend du traducteur, de l'imam, résulte de l'histoire, de la géographie---.

Agate

(A mi-voix, scrutant méchamment les assaillants) La peine de mort !!! *(Un temps)* Au Texas, nous avons vécu à Houston, les enquêtes étaient brèves, et si les procès et les recours étaient longs et fastidieux, ils les tuaient ! *(Un temps)* Ils étaient tous colorés !!! *(Un temps)* La couleur pousse au vice !

Les assaillants se délestent de deux grands sacs.

Edouard

(Aux assaillants, pâteux) Jésus est un de vos prophètes ! *(Un temps)* Ce qui comptait pour lui, c'était l'amour de l'autre ! *(Un temps)* Je n'ai pas saisi ce qui vous anime--- !??

Assaillant 1

(Affable et souriant) Soit patient !

Gabriel

(Aux assaillants) Nous sommes suisses ! Suisses et neutres. *(Un temps)* Vos mandants, ceux qui vous donnent les ordres, ceux auxquels vous obéissez, ont du acquérir leurs armes en utilisant de l'argent ayant transité chez nous. La neutralité, c'est aussi ça ! *(Un temps)* *(Pensif)* J'ai le sentiment qu'ils n'ont jamais entendu parler de la Confédération ! *(Un temps)* Nous n'acceptons, chez nous que les plus instruits *(Un temps)* et les plus fortunés !

Elvire

(Regardant son père, méprisante) Son monde n'est pas le mien !
Du premier sac, les assaillants extraient un trépied et une caméra. Ils l'installent en tâtonnant et en silence.

Louise

(Ruminant) De petits esprits jouissant de l'horreur, de la mort, et d'en faire partager les images !

Richard

(Pensif) Quand, face à des situations difficiles, chômage, pauvreté, crises d'identité, racisme, marginalisation, certains leaders politiques ou religieux, *(Un temps)* exacerbent, au lieu de dissimuler, *(Un temps)* et en usant d'un passé fantasmé, suscitent des besoins artificiels de revanche, la recherche de boucs émissaires, jouent sur les différences, les amplifient, poussent à la haine, on aboutit à ça ! *(Un temps)* Parce qu'il ne partage pas la même foi, ou la pratique différemment, l'autre est brandi comme responsable de ses frustrations et ses échecs. *(Un temps)* Et la haine de soi, inconsciente, et de l'autre, artificielle, finit dans un double sacrifice !

Léa

(Ruminant) Ce silence me fait peur ! *(Un temps)* Je voudrais de la musique, la foule, le brouhaha.

Fiacre

(Aux assaillants) Si c'est pour un film ou des photos, vous seriez mieux installés près de la baie ! Vous êtes à contre jour ! *(Un temps)* Tandis qu'avec votre trépied là bas !

Joséphine

(Haussant les épaules, à voix haute) Le conseil, c'est sa passion !

Assaillant 1

(Amusé) C'est monsieur Denis, je crois ! Fiacre Denis ! *(Un temps)* Eh bien ! Je vous remercie !

Clémence

(Pensive) Des caméras, nous en avons vendues, mais je ne connais pas ce modèle. *(Un temps)* Ils ne quittent pas Béranger des yeux ! *(Un temps)* Je refuse de penser. *(Essayant de bouger son bras)* Mon épaule, inerte, est de plus en plus douloureuse.

Edouard

(Il boit) Comment occulter ce que je vois poindre --- ??? *(Aux assaillants, sarcastique)* Des photos !? C'est flatteur ! *(Un temps)* A votre santé !!!

Assaillant 2

(Le visant à la tête) Allah Akbar !!! Tu n'es qu'un mécréant !

Edouard

(Pâteux) S'il tire, *(Un temps)* de ma tête, il n'en restera rien ! Mais je m'en fous ! L'alcool a fait son œuvre bienfaisante.

Julie

Mon Dieu !!! *(Méditant)* Les enfants devront se rendre à la morgue pour le reconnaître. Et de sa tête il n'en restera rien---.

Indifférent à la menace, Edouard boit longuement au goulot, les yeux fermés, avec des bruits de langue, de succion, d'avalement.

Gabriel

(Méditant) Nous sommes protégés par notre neutralité ! *(Un temps)* Mais, pour prévenir de tels incidents, encore aurait-il fallu que les gens du village surveillent leurs voisins, les gens que ces voisins accueillent chez eux, et qu'ils en rendent compte à la police ! *(Un temps)* Mais, les Français ignorent tout de l'utilité de la délation !

Léa

(Pensive) C'est l'année du dragon !

Clémence

(Se tordant sur sa chaise, à mi-voix) Aïe !

Joséphine

(Elle laisse échapper un vent sonore suivi par un long silence) Il faut que j'aille aux toilettes !!!

Richard.

(Méditant) Une fille vient de naître avec les gènes de deux femmes ! *(Un temps)* Nous allons trouver des traces de vie dans l'espace, *(Un temps)* et donner naissance à des machines dotées de conscience ! *(Scrutant les deux hommes peinant à installer leur caméra)* Les arabes ont inventé le zéro, un concept qui n'allait pas de soi, mais depuis ---, *(Un temps)* depuis des siècles, l'islam s'est figé !

Joséphine

(Hurlant à l'assaillant le plus proche) A moins que vous ne vouliez empuantir la pièce--- !!!

Assaillant 1

(Se retournant vers son acolyte) Tu l'accompagnes !!!

L'assaillant 2 détache Joséphine. Elle s'éloigne péniblement, en boitant. Il la suit, puis revient.

Pierre

(A mi-voix) Ils sont incapables d'installer une caméra !

Agate

(A mi-voix) C'est du travail d'arabe !

Assaillant 1

(Souriant en s'approchant de Pierre et Agate) Non ! *(Un temps)* D'origine, je ne suis pas arabe, et si ces connexions s'emboîtent mal, c'est parce qu'elles sont Chinoises !
(Sentencieux) Il n'y aura pas de réconciliation, entre nous, sans reconnaissance ! *(Sombre)* Et il n'y aura pas de reconnaissance sans --- épreuve ! *(Un temps)* Et d'ici là, qui que vous soyez et où que vous soyez, vous ne serez plus à l'abri !

Richard

Sans reconnaissance---. Celle de vous permettre d'asservir vos femmes !!!

Assaillant 1

Allah a conçu Eve en partant d'une côte d'Adam ! *(Un temps)* Eve, doit m'aider et m'obéir, au même titre que mes bras et mes pieds !

Assaillant 2

(A Fiacre) Donne ton code ! Ta box !

Fiacre

(Penaud) Je regrette ! *(Un temps)* Mais, nous sommes gens de tradition et n'en avons pas !

Assaillant 1

Ce n'est pas nécessaire, j'ai le réseau !
Il connecte l'ordinateur et la caméra.

Richard

(Pensif et tendu) Si Bouddha, Moïse, Jésus, Mohamed, avaient employé des métaphores, pertinentes à l'époque, depuis, d'autres s'en sont emparées, calculateurs, égoïstes, machiavéliques, ambitieux, *(Un temps)* à leur seul profit !
Le deuxième assaillant lutte pour ouvrir le second des sacs. Edouard éclate d'un rire de fou.

Julie

(Glacée, scrutant Edouard) C'est un rire que je ne lui connaissais pas !
Joséphine revient en boitant, avec d'apparentes difficultés. Un des assaillants la rattache à Fiacre. Les assaillants sortent des blouses du second sac.

Béranger

(Les yeux écarquillés, glacé) C'est tellement improbable qu'on peut en douter !

Assaillant 1

(Grave) François Mitterrand avait déclaré : Un homme va toujours au bout de son pouvoir ! Et plus avant, Machiavel, avait énoncé : Il est important que ceux qui dominent aient peur de quelque chose ! *(Souriant)* Mais je n'ai peur de rien !

Elvire

(Pensive) Et ce con a fait des études !!!

Léa

(A haute voix, d'une voix blanche) Dieu du ciel ! *(Un temps)* Ce sont les blouses qu'ils mettent à leurs otages avant de les décapiter. *(Un temps)* Elvire--- ???

Joséphine

(A mi-voix) Nous remontons le temps---.

Louise

Ils vont nous trancher la gorge ---.

Julie

Je suis transie ! *(Claquant des dents)* Je suis morte !

Léa

(A haute voix) La cruauté est au cœur de leurs croisades. Tortures, crimes barbares---.

Clémence

(Scrutant vainement le jardin) La nuit est noire !

Agate

(A mi-voix, soudainement brisée) Les murs de l'hôpital étaient blancs. Les rideaux, du même blanc. Un blanc bleuté, froid ! J'aurais du y mourir. *(Ruminant)* Cet entre-deux trépas est insupportable !

Louise

(Frissonnant) Pourquoi ai-je été conviée à cette cérémonie mortifère, *(Un temps)* et choisie comme offrande ?

Richard

L'ancien testament regorge d'horreurs similaires ! L'inquisition, la Saint Barthélemy, s'en sont inspirées !

Léa

(Criant, désespérée) Cent mille dollars pour exécuter un mécréant !!! *(D'une voix faible)* Et cinquante mille de plus, s'il est égorgé !

Pierre

(Aux assaillants) Vous nous aviez déjà chassés d'Algérie !!!

Léa

(A haute voix) Ils n'ont qu'un but, semer le chaos !!!

Edouard

(Pensif) Ils sont méthodiques ! *(Il boit)* Couteau de commando---. Avec l'assurance nécessaire pour réaliser leur programme.

Julie

(Julie scrute le visage de son époux et fond en larmes) Edouard est plutôt un homme à rire !

Gabriel

(Méditant) Une demande de rançon ??? *(Un temps)* Non ! Nous n'en sommes plus là !

Béranger

(Méditant) L'orifice des kalachnikovs me fascine ! --- qu'un trou si réduit soit aussi dévastateur---. *(Un temps)* Oui--- ! *(Il ferme les yeux)* Je me réfugie derrière leurs mitrailletes pour ne pas voir leurs couteaux ! *(Fataliste)* Notre propre mort nous est étrangère !

Louise

(Ivre) Je vois des boules blanchâtres, angoissantes, que je ne parviens pas à décrire ! Je les ai découvertes, enfant, lors d'une forte fièvre---. Elles flottent ---. Je suis en sueur !

Richard

(Accablé) Nous allons être abattus par des créatures, immatures, en échec, sans repères, fanatisés ---. *(Un temps)* Je suis immensément seul !

Agate

(Abattue) Ils sont venus nous égorger----.

Pierre

(A mi-voix) --- des coutumes gravées à jamais dans leurs têtes !

Agate

---et qu'ils enseignent à leurs enfants.

Louise

(Ivre) C'est à l'envers ! Tout est à l'envers ! *(Un temps)* Dyslexique, *(Un temps)* je suis dyslexique, je pars de la fin ! *(Un temps)* Et la fin, c'est ma mort ! *(Un temps)* Ils me coupent la tête, m'agenouillent, me lient les poignets---. *(Un temps)* Je remonte de ma mort à, à avant, à maintenant, à l'horreur !

Fiacre

(Sarcastique, à haute voix) J'avais un penchant pour Nietzche ! *(Un temps)* J'aimais la noirceur de cet homme ! *(Pour lui-même, s'étranglant)* C'est un moment difficile ! Un temps fort ! *(Ironique, interpelant à haute voix leurs assaillants)* J'ai conservé mes livres de philo !

Joséphine

(A mi-voix) A-t-on tué trop de moutons devant eux, enfants ? *(Un temps)* J'ai égorgé des lapins ! Adolescente ! A la campagne---. *(Un temps)* Et c'est à mon tour ! *(Un temps)* Pour le festin de quelques ogres. *(Un temps)* Nous sommes des ogres !

Fiacre

(Ivre, à haute voix) J'ai aussi mes tables de trigonométrie---. Leur couverture est verte ! *(A son épouse)* Ils adorent le vert !

Edouard

(Aux assaillants, en bafouillant, après avoir bu) Que vous trouviez peu d'attraits à la vie, euh, au point d'interrompre la vôtre, soit ! *(Un temps)* Mais, n'entraînez pas avec vous ceux, euh, pour qui le passage ici bas est important, euh, même s'il manque de lisibilité et d'apparente logique. --- et d'apparente logique---. *(Un temps)* Particulièrement aujourd'hui !!!
(Fataliste) Mais, à quoi bon les interpeller, ils sont dans leur trip ! *(Il boit et tousse)*

Julie

(Soliloquant) Il faut pardonner ! Il faudrait---.

Edouard

(Il boit) La mort n'est pas une cause honorable !!! *(Il tousse)*

Léa

(Frissonnant) Ils veulent nous assassiner parce que nous sommes différents ---. Qui suis-je ?
Sonnerie du téléphone, insistante.

Léa

Marc a-t-il prévenu les gendarmes ? *(Un temps)* Il est tellement laxiste !

Joséphine

(A mi-voix) Le revolver des toilettes est sous mon pull !

Fiacre

(Chuchotant) Le révolver ??? Vous allez nous faire descendre ! *(Haussant les épaules)* Vous êtes imprévisible !!!

Pierre

(Ruminant) J'ai horreur de la téléréalité ! Et, je vais jouer devant des millions d'internautes---
(Interpelant violemment les assaillants) Etes-vous en voie de disparition, comme, naïvement, certains le croit ou plutôt, des Huns à la solde d'Attila !!?
Les assaillants s'approchent et le frappent.

Assaillant 1

Enfile cette blouse !!! Et, donne-moi ta carte d'identité !

Pierre

Euh ! Mais, je suis français !
Ils fouillent dans sa veste et en sortent son portefeuille et photographient sa carte d'identité.

Edouard

(Buvant) C'est ubuesque !

Clémence

C'est terrifiant !

Pierre

(Commençant à baver) Notre départ d'Oran me revient en mémoire---.

Agate

(Hurlant) Il va s'évanouir !!!

Assaillant 2

(Enfilant une blouse à Agate) Tiens-toi droite !!! *(Un temps)* C'est la volonté d'Allah !

Julie

(Fébrile) Ils vont les tuer devant nous---.

Pierre

(A la cantonade) Maman est toujours en vie ! *(Un temps)* Je parle de ma mère---.

Agate

(Aux assaillants, d'une voix d'outre tombe) Vous viserez le cœur !!! J'en suis à ma troisième chimio !

L'assaillant 1 fait sauter la perruque d'Agate avec son canon.

Agate

(Les larmes aux yeux) Vous pourrez brandir un crâne nu de femme devant vos affidés !

L'assaillant lui tend la perruque. Elle la remet.

Agate

Le crabe qui me dévore peut-il effrayer les monstres ??? *(Un temps)* Comment échapper à cette horreur??? *(Ivre)* J'avance dans une petite crique, à l'est d'Alger. Le soleil réchauffe ma peau.

Gabriel

(Aux assaillants, péremptoire) En Suisse, nous avons une solide tradition de tolérance et d'hospitalité, les musulmans y sont accueillis depuis au moins septante ans, un homme peut valoir deux femmes à leurs yeux, ils ont toute latitude pour interpréter le coran, en faire un livre morbide ou de vie, c'est une question personnelle, l'égorgement et la décapitation peuvent se comprendre comme relevant d'une pratique séculaire, nous n'intervenons jamais par la force hors de chez nous, nous acceptons tous les signes de foi et nous avons permis la construction des lieux de prière nécessaires à toutes les confessions, et le califat ne nous pose aucun problème de principe ! De principe--- *(Perplexe)* M'ont-ils compris !??

Elvire

(Ruminant) Egoïste et mercanti, son âme est à vendre, mon père me fait honte ! *(Un temps)* Quant à ma mère, vénale, je lui en veux de ne pas l'avoir quitté !

Béranger

(Les assaillants s'approchent) Que faire quand on est menottés face à des frelons armés de kalachnikovs !?? *(L'un d'eux le menace avec sa mitraillette, l'autre lui enfile une blouse)* *(Fermant les yeux)* Je vais chier dans mon pantalon ! *(Un temps)* Devant mes voisins ! *(Ivre)* Je pense à Hitchcock ! Au rideau de douche et au sang qui disparaît par la bonde. *(Grave)* Je confesse avoir trompé mon épouse !

Léa

Eviter d'y penser, *(Un temps)* je n'y parviens pas !

Clémence

(Les assaillants lui enfilent une blouse) Je suis prise de torpeur---. *(Elle baille, ferme les yeux)* Je suis perdue au milieu de la foule et c'est mon cercueil que je suis. Mon cercueil --- ??? Comment est-ce possible !?? Ma fille est en larme ! *(Un temps)* Ca me fait chaud au cœur !

(Ouvrant les yeux) J'ai affreusement mal au bras.

Pierre

(Ruminant) Les satrapes qui les dirigent assoupissent le peuple en le plongeant dans la rente et le luxe, ou, la haine et les jeux !!! *(Un temps)* Aujourd'hui l'arène est ici ! Et nous faisons face aux gladiateurs ! A leur pulsion de mort !!! *(Accablé)* Je préfère être fusillé---.

Joséphine

(Les assaillants lui enfilent une blouse) *(Pensive)* J'ai lu l'histoire de la guillotine ! *(Un temps)* La tête d'un guillotiné vivrait encore quelques minutes, *(Un temps)* sans que l'on sache si elle est consciente d'avoir été tranchée---. *(Fermant les yeux, puis les rouvrant)* Je vais me réveiller en sursaut !

Julie

(Les assaillants lui enfilent une blouse) *(A mi-voix)* Non !!! Je vais hurler ! *(Un temps)* Je ne pourrais pas me---. Non ! Pitié !!! *(Un temps)* --- quelques minutes, encore---.

Edouard

(Tendant la bouteille à Julie) Tu devrais !!!

Julie

(Elle boit) *(A mi-voix, à Edouard)* Mon Dieu ! Et les Lamarck !!? Fabienne ??? *(Un temps)* S'ils essaient de lui passer cette chemise, elle va se débattre et crier : --Qui êtes-vous ? Je ne suis pas folle !!! Et je refuse qu'on m'enferme ! *(Un temps)* Il ne faut pas qu'elle voit Valentin en sang ! *(Un temps)* Il faut qu'ils l'assassinent la première ! *(Pensive)* Oui---. Il vaudrait mieux ! La première---. Ce serait préférable et, et abject ! *(Un temps)* Vont-ils y penser, s'en préoccuper ? *(Un temps)* Non ! Qu'espérer de marginaux, de fracassés, de nihilistes !?? *(Martelant, à mi voix)* Non ! Ils vont la frapper !!! *(Un temps)* Et j'en suis malade de honte ! Je devrais me jeter sur leurs armes ! *(Un temps)* Ils me tueraient---. Ils nous tueront ! *(Elle se met à prier)*.

Elvire

(Pensive et froide) Ces deux types sont graves !!!

Edouard

Je ne croyais pas à l'enfer ! *(Il boit)*

Pierre

(Hurlant aux assaillants) Nos enfants achèteront des kalachnikovs pour tirer, au hasard, sur vos gourbis !!! *(Méprisant)* Puisque le hasard est une de vos armes !

Agate

Mais, qu'il se taise !!! *(Un temps)* Nous attendons place de grève --- ! Place de grève. *(Elle a un haut le cœur)* *(Criant)* Et en criant, il nous désigne au bourreau --- *(Les assaillants s'avancent, font mine d'hésiter, puis lui enfilent une blouse)*. Il nous désigne au bourreau---. *(Perdue)* Il faudra que je change les pneus de la voiture---. Elle ne passera jamais le contrôle technique ! *(Un temps)* J'ai la chair de poule !

Joséphine

(Pensive) Ce sera ma première et--- dernière, apparition sur internet. J'en suis pantoise ! *(Un temps)* Que ressent-on --- ? *(Aux assaillants)* Vous êtes des psychopathes !!!

Assaillant 2

(Hilare, à son comparse) Mon père avait décapité un coq ! Puis l'animal s'était enfui ! *(Désignant Joséphine)* Pourra-t-elle courir sans sa tête ? *(Un temps)* C'était un jeune coq !

Assaillant 1

(Plein de commisération envers son acolyte) Si Allah le veut, mon frère !

Assaillant 2

(Réjoui) Mon frère, j'ai confiance en Allah !

Joséphine

(Glacée) C'est fantasmagorique !

Fiacre

(Les assaillants lui enfilent une blouse. Il hausse les épaules et s'adresse à Joséphine à voix haute) Si nous en réchappons, nous le fêterons dignement ! *(Un temps)* On a peu l'occasion de ressusciter !

Joséphine

(A Fiacre, à voix haute) Une Porsche, des maîtresses, vous aurez bien vécu !

Fiacre

(A son épouse) Et pourtant, vous avez eu grand plaisir à étouffer votre entourage !
Sonnerie du téléphone, insistante. Les assaillants s'immobilisent.

Joséphine

(A haute voix) Qui peut nous appeler à pareille heure et avec une semblable insistance, si ce n'est la gendarmerie !!?

Léa

(Les assaillants lui enfilent une blouse). Dieu se réjouissant de la mort des innocents et récompensant ceux qui les tuent --- ? *(D'une voix blanche)* Ma fille est de l'âge des vôtres !!! Vous en aurez un jour, une, de cet âge là ---.

Gabriel

(Aux assaillants) Messieurs, j'insiste sur nos traditions d'hospitalité !

Assaillant 1

(Passant devant Gabriel, et s'adressant à lui, tout en enfilant une blouse à sa fille, Elvire) Que sommes-nous venus faire, ici ? *(Un temps)* Vous adresser un message ! *(Grave)* A l'encre rouge !!! *(Pusillanime)* Se faire un sang d'encre ! *(Un temps)* L'expression vient peut-être de là ! *(A Gabriel)* Vous jouerez au témoin ! *(Un temps)* Il faudra garder les yeux bien ouverts ! Pour raconter !

Léa

(Scrutant le deuxième assaillant, elle laisse échapper un cri) Non !!! Ce n'est qu'une enfant ! *(Un temps)* Cet homme a l'air que nous prenions, enfants, avant de couper la queue d'un lézard---.

Gabriel

Je me félicite du discours clair et ferme que je leur ai tenu !

Léa

(A Gabriel, criant) Mais, c'est votre fille !!

Gabriel

Nous n'en décidons pas !

Léa

Nous n'en décidons pas !?? *(Un temps)* C'est tout ce qu'il crie pour la défendre--- !!!

Elvire

A six ans, j'ai écrasé un escargot ! *(Un temps)* Puis, découvert que ça ne se réparait pas !

Léa

(Avec des hauts le cœur) Je me sens--- abominablement fautive. Même si je n'ai pas aimé ça, de couper la queue des lézards ! Et, si je ne l'ai fait que par mimétisme, je vais le payer ! *(Un temps)* J'ai des fourmis au bout des doigts !

Assaillant 2

(S'avançant, frottant les lèvres d'Elvire, puis scrutant son doigt). Une enfant ? Non ! Elle s'est maquillée ! *(A Léa)* Si tu veux que nous l'égorgions la première ?

Léa

(Très bas) Je suis glacée, *(Un temps)* mon cœur a du cesser de battre. *(Respirant avec difficulté)* Je vais lui arracher la peau avec les ongles et le cœur avec les dents !!!

Elvire

(Froide) Il faut que je me sorte de ce merdier ! *(Tandis que les agresseurs lui tournent brièvement le dos, elle ôte la blouse, défait son tee-shirt et son soutien gorge).*

Assaillant 2

(Se retournant, hors de lui) Tu seras lapidée !!!

Elvire

(A l'assaillant 1) Je suis vierge ! *(Un temps)* Je suis prête à vous épouser!

Assaillant 1

(Scrutant la poitrine d'Elvire, étonné, puis souriant) C'est un joker !!! Va dans une chambre !

Léa

(Un temps) Mon Dieu ! Je ne sais plus---. *(Pendant qu'Elvire s'éloigne, sans se retourner)* Si elle se retourne, je vais m'effondrer, *(Un temps)* et lui offrir une dernière et, misérable, image que je vais regretter pendant le peu de temps qui me reste. *(Un temps)* Sans mes enfants, j'aurais tenté quelque chose ! *(Un temps)* J'ai des nausées.

Julie

Je suis immergée dans un état de vide ---

Edouard

Je songe à Marat ! *(Il boit)* C'était déjà la terreur ! *(Un temps)* C'est toujours la terreur.

Léa

(Scrutant la chaise de sa fille, vide) Je suis incapable de détacher mes yeux de sa chaise !

Assaillant 1

(A son acolyte) Abdallah, va chercher d'autres blouses ! *(Abdallah obéit).*

Clémence

(A mi-voix) J'ai entendu du bruit !

Béranger

(A mi-voix, à son épouse, en se tassant sur son siège) Si les gendarmes interviennent, sur ce promontoire, nous serons trop exposés ! *(Haussant les épaules)* Ce promontoire--- ??? Pff ! C'est encore un truc d'architecte !

Julie

(Méditant) Les combats à la baïonnette et les bombardements de Hambourg, étaient-ils aussi barbares ? *(Scrutant les deux hommes)* Et le soldat inconnu, pareillement, un fou ? *(Un temps)* Je vais---, ils vont---. *(Un temps)* Ca ne me concerne plus---.
Bruit d'un train dans le voisinage. Les assaillants suspendent brièvement leurs gestes.

Assaillant 1

(Sentencieux, à haute voix) Vivre chaque jour comme si c'était le dernier et comme si on allait vivre mille ans ! *(Souriant)* Emmanuel Kant !

Louise

(Pensive) Il faut que je trouve un objet lourd dont je pourrais m'emparer !

Richard

(Songeur) Nous devons nous écarter de la baie. *(Il pousse Louise. Elle résiste)*

Louise

La caméra et son trépied pourraient me servir d'arme. Il ne faut pas m'en éloigner ! *(Un temps)* Pourquoi me pousse-t-il !?? *(Haussant les épaules)* Mais, c'est habituel ! Il est dans la fuite, je suis dans l'affrontement ! *(A mi voix, à son époux)* Richard ! Apprête-toi à bondir !

Assaillant 1

(S'approchant de Louise, désignant en souriant la caméra, puis en appuyant sa kalachnikov sur sa gorge) Tu n'y pense pas ! *(A son acolyte)* Enfile une blouse à son voisin !
Le deuxième assaillant enfile une blouse à Richard, pétrifié.

Richard

(Ivre, les yeux fermés) Hors un peu de matière, l'univers n'est constitué que de vide ! *(Un temps)* Que sait-on de ce vide ? Hors qu'il donne naissance à de la matière ! Spontanément ! *(Un temps)* Une nouvelle sonde tourne autour de Jupiter. J'attendais d'en voir les images ---.

Assaillant 1

(Posant sa mitraillette sur le buste de Richard et s'adressant à son comparse) Enfile une blouse à sa compagne ! *(A Richard)* Que dis-tu !!?

Richard

(A mi-voix) Que sait-on du vide ?

Assaillant 1

La question est pertinente ! *(Un temps)* Mais, science sans conscience n'est que ruine de l'âme ! Dixit !?? *(A la cantonade)* Dixit !!?

Fiacre

(Criant) Rabelais !!!

Assaillant 1

Vous êtes toujours très attentif ! Monsieur Denis ! *(Un temps)* C'est ça ? Fiacre Denis !
(Montrant le sac) Abdallah, donne-lui une image !
(Abdallah sort du sac un écriteau sur lequel figure l'inscription qu'il porte sur son bandeau.
Il le passe au cou de Fiacre)

Assaillant 1

(Faussement béat) C'est un verset du coran !

Léa

(Saoule) J'offre ma peau à des peaux inconnues et brûlantes que j'apaise. Si vous me désirez monsieur, même un instant ---. Je suis vivante, et morte ! Déjà---

Béranger

Il y a ce qu'on redoute, et ici, *(Sombre)* c'est l'horreur, et, *(Avec un pâle sourire)* et ce qu'on pressent --- *(Péremptoire)* Et c'est idiot, mais je pressens qu'on va nous sortir de là !!!

Assaillant 1

(S'approchant d'Edouard) Ca va être à vous ! *(Il tente mollement de lui prendre sa bouteille)* *(Grondeur)* Vous auriez fini d'une cirrhose !

Assaillant 2

(Pour qu'Edouard lâche sa bouteille, il lui donne un coup de crosse) Tu n'es qu'un ivrogne !!!

Julie

(Ailleurs) Pendant plusieurs des jours à venir, il va transpirer de l'eau de vie ! Quand il boit --.

Assaillant 1

(Enfilant la blouse à Edouard, lequel résiste, mollement, puis s'adressant à son comparse) C'est un acte religieux, mon frère ! Tel celui d'Abraham ! *(Un temps)* Ils méritent notre considération ! Ne les bouscule pas ! *(A la cantonade)* Abdallah est analphabète ! Dans sa famille, tous le sont ! *(Un temps)* Mais, il est très adroit ! *(Un temps)* Vous en jugerez !

Edouard

(Il boit) Peut-on, avant de mourir, se réconcilie-t-on avec soi ?
Un léger bruit extérieur.

Assaillant 1

Abdallah, éteint !!! *(Tournant la tête vers la baie)* Ne perdons pas de temps !
Abdallah éteint la seule lampe allumée. Une lampe sur pied, à côté de Fiacre. La pièce n'est plus éclairée que par la lune. Dans la pénombre, le premier assaillant se place derrière la caméra, l'allume et l'oriente en direction de Pierre.

Assaillant 1

Nous sommes en direct ! *(Un temps)* Pierre, ça va être à vous !
Abdallah sort son couteau et s'approche de Pierre. Louise se lève de son siège. Explosion d'une grenade aveuglante. Plusieurs tirs. Bruit de verre brisé. L'assaillant 1 s'écroule ! Edouard sort un sifflet à roulette de sa poche, puis siffle ! Abdallah, surpris, se retourne. Nouveau tir, il est abattu. Fiacre rallume la lampe sur pied. Joséphine sort son arme et vide posément son chargeur sur les deux hommes, à terre.

Joséphine

J'attendais le moment !
Suit un long moment de stupeur et de silence.

Clémence

Que s'est-il passé ???

Agate

C'est la guerre !

Pierre

(A Joséphine) C'est vous qui les avez abattus !??

Joséphine

Je ne sais pas !

Béranger

Qui a sifflé !??

Edouard

J'ai toujours un sifflet !

Fiacre

C'était très bref ! *(Un temps)* Trop ! Trop pour ---.

Agate

(Après un long moment de silence) Ce silence, long, inattendu, est monstrueux !

Julie

J'avais fermé les yeux. *(Un temps)* Je les rouvre ! C'est irréel ! *(Un temps)* Je raisonne lentement et mal ! *(Un temps)* Mon Dieu, Edouard, tu es couvert de débris et de sang--- !??

Edouard

(S'essuyant le visage, et scrutant ses mains en grimaçant) Je, je n'ai rien ! *(Un temps)* Ce sont des, des morceaux de, de l'un de ces hommes. Sans doute---.

Julie

Tu n'as rien ???

Edouard

(Il boit) Je le crains---.

Léa

(Pleurant nerveusement) Je doute !

Béranger

(Péremptoire) Quelqu'un vient de substituer un court métrage à leur film d'horreur, *(Un temps)* d'un scénario différent ! *(Pensif)* Je repense à « La rose pourpre du Caire » ! Etre acteur, contempteur de sa propre vie et simple figurant--- ! *(Un temps)* L'un de ces hommes est assis, la tête penchée, au milieu d'un amoncellement de verre.

Edouard
(Il boit) *(Scrutant les cadavres, fataliste)* Les images et les odeurs de la chair et de la poudre seront persistantes !

Richard
(Méditant) Un otage n'est jamais libéré---.

Edouard
(Pâteux) Je devrais, *(Un temps)* comme ces flics américains, à la mort d'un des leurs, boire et chanter autour du cadavre ! *(Il pose un instant sa bouteille)* Je ne peux pas !

Léa
Je, je --- c'est confus, *(Un temps)* j'erre entre sidération, effroi, déni, colère, rancune, abattement, excitation, oubli---.

Elvire
(Réapparaissant, nerveuse, sarcastique, à la cantonade) J'avais déjà baisé !!! *(Se plantant devant le cadavre)* Ca l'aurait déçu ! *(A son père, ironique)* Je baise comme maman ! Dès que ----. Souvent ! *(Les dents serrées)* J'ai trouvé un coupe-papier dans la chambre ! Je le lui aurais planté dans la nuque !!! *(Elle s'éloigne et va s'asseoir par terre)*

Léa
Mon Dieu ! Elle est sauve---.

Fiacre
(A la cantonade) Nous n'avions pas choisi l'ennemi !!! *(Un temps)* Méconnaissant nos défenses, c'est lui qui nous avait désignés ! *(A son épouse, avec un air de reproche)* Vous m'avez brisé les tympans !

Julie
Les gendarmes vont arriver !

Joséphine
(Son arme à la main) Nous devrons répondre à une multitude de questions, sans recevoir de réponse.

Louise
Je suis médecin ! Il faut que ---. *(Elle se lève, s'avance, titubant, tirant son époux, s'approche des corps, tâte les pouls)* *(A haute voix)* C'est inutile !

Agate
(Ré-haussant le ton) Ni fleurs, ni couronne !!!
Au dehors, un échange bref de tirs.

Julie
(Sursautant) Ces deux garçons, c'est affreux ! *(Un temps)* J'ai un trou rose au côté droit---.

Fiacre
(Ecarquillant les yeux) Leurs dépouilles sont écarlates !

Julie
(Ivre, à des proches imaginaires) Je vous prie d'accepter mes condoléances ! *Julie vomit.*

Joséphine
(Allongeant le bras, le révolver dans la main) Ils se sont fait tirer comme des lapins !!!

Pierre
(Méprisant) Et ils seront enterrés sans gloire !

Gabriel

(Péremptoire) Je vais exiger mon retour !!! L'idée d'être décapité m'a déplu ! *(Sentencieux)* Face aux buffles, il faut éviter d'agiter un chiffon rouge ! Le buffle est un animal très sot !

Elvire

(Méprisante) Son retour dans la, Confédération !!? L'endroit est étouffant !!! J'étais allé courir dans le pré d'un voisin, on m'avait dénoncée, et le propriétaire m'avait accusée de menacer la repousse ! J'avais quatre ans ! *(Un temps)* --- de menacer le regain ! Le gain !

Richard

(Reniflant) Ca sent la merde !!!

Louise

(Respirant bruyamment) Ils allaient nous jeter du sommet des remparts !

Julie

(Eclatant d'un rire nerveux) Vont-ils sauver Fabienne ? *(Un temps)* Même si, déjà à moitié folle, ce n'est que pour un sursis, douteux---.

Clémence

(Un temps) Ma haine vient de s'éteindre ---. Je suis toujours aussi oppressée.

Richard

(Reniflant, inquiet) L'odeur de la merde ? Oui ! *(Un temps)* Mais, je crois que c'est moi ! Oui ! C'est moi--- *(Un temps)* Je pue la merde !!!

Louise

Nous puons la merde !

Léa

(A mi-voix) La poule d'eau choisit un des trois nids qu'a construits le coq ! *(Un temps)* Dans notre jardin, c'est un de ceux qui est sur l'îlot. A l'abri du renard ! *(Un temps)* Les canards n'en construisent qu'un ! Une fois sur deux, sur la rive. Et leurs poussins sont dévorés !!! *(Un temps)* J'avais choisi la mauvaise maison. *(Accablée)* Je ne suis pas une bonne mère poule ! *(Un temps)* Mais plutôt une cane, insouciante, légère ! *(Un temps)* J'ai la sensation d'avoir bu, et d'avoir soif.

Julie

(A mi-voix, croisant les mains) Je remercie le seigneur de nous avoir épargnés !

Clémence

(A mi-voix, à son époux) Si mon épaule le permet, demain nous irons chez les, de Chausse ! C'était programmé de longue date ! *(Un temps)* Et ça nous éloignera de ce charnier ----.

Béranger

(A la cantonade, péremptoire) Les, de Chausse ont un château en Sologne ! *(Un temps)* Il y a quelques mois, leurs douves ont été remblayées ! *(Contemplant les cadavres)* Et c'était sans doute une erreur !

Clémence

Un château de famille !

Joséphine

J'ai visé la tête ! *(Un temps)* Les jambes auraient suffit.

Fiacre

Ils étaient déjà morts !

Joséphine

Nous n'en savons rien !

Pierre

Vous aviez un revolver dans vos toilettes !??

Joséphine

(Péremptoire) Je regrette qu'ils n'aient pas été pris vivants !

Fiacre

Qu'en aurait-on fait !!? *(Un temps)* Personne ne souhaite, voir revenir, ceux qui sont partis se battre chez eux. *(A mi-voix)* Et tout est fait pour les exterminer là bas !

Julie

(Soliloquant à voix haute, le regard lointain) Là bas ---. *(Un temps)* Même si le bonze qui se sacrifie et s'immole est dans une démarche voisine, je n'ai pas saisi le message de nos agresseurs, et, j'avoue être révoltée devant leur façon, barbare, de le transmettre ! *(Un temps)* Je suis terrorisée !!!

Pierre

(Haineux) Quel message !!?

Joséphine

(Un temps) Il faut être monstrueusement narcissique pour se réjouir de découper des têtes !

Richard

Ce sont des psychopathes !!!

Fiacre

(Avec une moue) Jadis, on riait de l'idiot du village ! *(Un temps)* Mais il n'était pas armé ! *(Un temps)* Paul Claudel avait jadis cloitré Camille----.

Léa

Entre les naïfs et les salauds, où nous situons-nous ???

Julie

(A Pierre) Peut-on ignorer les souffrances qui ont suscité leur geste !??

Agate

(Eberlué, à Julie) Vous êtes --- !!! Devenue folle !

Elvire

(Caustique) Il est plus simple de croire que les autres sont d'autant plus cons qu'ils sont nés loin de chez soi !

Au dehors, explosion d'une grenade assourdissante, moins proche, suivie d'un éclat de lumière, moins violent.

Richard

Je crains que ce ne soit pas terminé !

Joséphine

(Péremptoire) J'aurais du garder des munitions !!!

Julie

Devoir sa survie à la mort d'un autre---. *(A mi-voix)* J'ai peur que, dans ce monde clôt, ce ne soit d plus en plus souvent le cas. *(Un temps)* --- de ne devoir sa survie qu'à la mort d'un autre, inconnu et lointain ---. *(Fixant les cadavres)* Leur image s'irise et se floute---.

Au dehors, un nouvel échange bref de tirs.

Richard

Nous avons un sérieux problème avec ces gens là !!!

(Un long temps)

Clémence

(Virulente) Leurs femmes sont soumises ! Leurs voiles m'irritent ! Me menacent ! Et leurs habits de deuil transforment nos rues en allées de cimetière !!!

Béranger

(Désignant les cadavres) (Péremptoire) Leurs filles seraient paralysées devant la liberté que nous leur offrons, et surtout, les contreparties, qu'elles jugent effrayantes ! *(Un temps)* D'où, leur penchant à se courber et à se cacher sous des chiffons !

Elvire

Autrement dit, des gourdes !!!

Julie

Ne cédons pas aux amalgames !

Clémence

(Fataliste) Ignorer que ces terroristes se revendiquent du Coran serait naïf !

Elvire

(Un temps) J'avais acheté « Le coran pour les nuls ». Le titre m'avait plu ! *(Avec une moue)* J'ai trouvé ça barbant !

Richard

La notion de martyr est absente de l'ouvrage ! *(Un temps)* Le délit de blasphème n'existe pas ! Et l'apostasie n'y est pas condamnée !

Elvire

(Virulente) D'autant que, de leurs superstitions, je n'en ai rien à foutre !!!

Clémence

(A Elvire, pincée) Sauf quand ils s'invitent chez vous !

Béranger

(Péremptoire) Ces gens là ne sont pas musulmans ! *(Un temps)* Le coran, ils l'ignorent ! Et leurs mentors ne le pratiquent pas, ils s'en nourrissent !

Louise

(Un temps) Comment convaincre, et il en va de notre quiétude, ceux d'entre eux qui sont sincères, de défendre la liberté de penser, de croire, de ne pas croire, de changer d'opinion, *(Reprenant son souffle)* d'intervenir en faveur de ceux qui, chez eux, ne partagent pas leur foi, de protester contre les massacres des cooptes, des Azéris, *(Reprenant son souffle)* et de refuser toutes discriminations dans les pays où ils sont majoritaires ? *(Un temps)* A défaut, c'est leur propre liberté religieuse, perçue comme incompatible avec la démocratie, qui sera menacée chez nous !

Julie

Leurs corps sont, encore, chauds !!!
Au dehors, un échange de tirs, bref et plus lointain.

Pierre

Mais, leurs comparses se défendent, toujours !!!

Agate

Ces tirs me --- ! *(Un temps)* Je ne les supporte plus ! *(Désignant les cadavres)* Ils n'ont plus rien à faire ici !!! *(Accablée)* Je ne veux plus vivre au milieu des barbares !

Elvire

(S'esclaffant faussement) Ils avaient du se protéger le ventre, pour ne pas rejoindre les couilles en bouillie, les vierges qu'on leur avait promis !

Léa

Mais ma chérie, comment peux-tu diffuser de telles rumeurs !!?

Béranger

(Péremptoire) Avec ce genre d'affaire, tous les imbéciles vont avoir l'occasion de l'être davantage !!!

Agate

Qu'ils s'en retournent !!!

Fiacre

(Désabusé, et haussant les épaules) Les Incas qui étaient aussi barbares nous ont laissé des pyramides. *(Un temps)* Ceux là les détruisent !

Agate

---qu'ils s'en retournent, dans la péninsule arabique !

Julie

(A mi-voix) Brûler des livres, abattre des temples, au prétexte de rejeter l'idolâtrie n'est-il pas plus grave que de couper des têtes ?

Béranger

(A Julie) Ca, j'ai du mal à le comprendre !!!

Agate

Tant qu'ils n'effacent que des pans de leur histoire, je m'en délecte !!!

Clémence

(Désignant les cadavres) Ce sont des psychopathes mis en scène par des monstres ---

Elvire

(Perplexe) Je n'avais jamais entendus de semblables éloges funèbres !

Clémence

--- par des monstres qui en font des robots !

Edouard

(Il boit) (Mi figue, mi raisin) Le chef était un érudit !

Joséphine

Un pervers narcissique !

Julie

Ils ne représentent aucunement les musulmans ! Ils les trahissent !

Clémence

(Pincée) Et je suis certaine que nos biens pensants, de gauche, vont nous accuser d'avoir provoqué cette confrontation ! *(Un temps)* A cause de nos maisons, de notre façon de nous habiller, de notre isolement, des jardins, de nos ressources, que sais-je !?? *(Les mains tendues)* Et d'être responsable d'avoir failli être décapitée !

Elvire

(Avec une moue ironique) C'est paranoïaque, sans être tout à fait faux !
Au dehors, un échange bref de tirs.

Julie

(A mi-voix) Certains d'entre eux reviendront de croisades, désemparés, repentants. *(Un temps)* Les exactions auxquelles ils se livrent finiront par les troubler ! *(Un temps)* Comment ne pas imaginer leurs difficultés pour se reconstruire ?

Pierre

(A Julie, virulent) Quand la tolérance devient bêtise !!!

Edouard

Julie, je vous aime ! *(Il boit)*

Elvire

Repentant ou non !?? Qu'ils crèvent !

Edouard

(Grondeur, désignant les cadavres) Mademoiselle !!! *(Il boit)*

Elvire

(A demi hystérique) Madame !!! Mais, si vous voulez vérifier---

Edouard

Respectueux de mes engagements, je ne pratique pas l'adultère !

Elvire

--- je le regrette !!!

Béranger

(Péremptoire) Je ne pourrai plus vivre aux côtés de meutes d'hyènes laissées en liberté !

Louise

(Méditant) Si ces attentats se multiplient, à la ségrégation qu'ils subissent, s'ajoutera une ségrégation de peur qui augmentera leur chômage, leur misère, démultipliera leur violence !

Pierre

La chienlit !!!

Edouard

Vous voudriez réellement les mettre en cage !?? *(Il boit) (Pâteux)* C'est précisément ce qu'attendent ceux qui nous les ont envoyés--- pour susciter la dissension civile !

Agate

Leurs mentors se nourrissent du pétrole et se servent du coran pour ne pas le partager !!!

Edouard

Agate, c'est une lapalissade ! *(Il boit)*

Elvire

Pourquoi ne pas soudoyer ceux d'entre eux qui sont prêts à trahir !??

Edouard

Ca, c'est une idée ! *(Il boit) (Sarcastique)* Rémunérer les traitres ! *(Un temps)* Je suis saoul ! Vous êtes ivres, de peur !
Un bref éclat de lumière, plus lointain.

Fiacre

(Sarcastique) Et, nous continuons à en accueillir !

Edouard

(Sentencieux) Ce ne sont pas les mêmes ! *(Il boit)*

Pierre

Mêmes superstitions, mêmes menaces !!! *(Un temps)* Ces attentats sont menés au nom de l'islam ! *(Un temps)* Pas au nom des protestants ou des bouddhistes ! Et s'ils se réfèrent à leur livre, c'est qu'il le permet !

Julie

Ceux là fuient la guerre---

Agate

(Virulente, désignant les cadavres) Nous sommes chez barbe bleue ! Sœur Anne, ne vois-tu rien venir !!?

Clémence

Si nous nous apitoyons, nous sommes perdus !!!

Julie

On ne choisit pas son lieu de naissance ! *(Un temps)* Et nous sommes autrement responsables de nos actes que ceux qui vivent dans les dictatures que nous armons !

Edouard

Ca, c'est vrai ! Et, c'est sans doute ce qui--- *(Il boit)*

Elvire

(Sarcastique) Les réfugiés sont-ils responsables de ce qui nous est arrivé !??

Pierre

Ils déferlent !!! *(Un temps)* C'est une régression culturelle, cultuelle, sociale ! Une pollution rampante--- !

Agate

En les accueillant, nous cédons à la dictature de l'émotion !!!

Pierre

Et qu'on ne nous prenne plus pour des imbéciles !!!

Edouard

(Il sort son sifflet et siffle) (Bafouillant) Mesdames, Mademoiselle, Messieurs, vous êtes en état de choc !!!

Béranger

(Péremptoire) J'accepte de recevoir les païens, les mécréants, les apostats !!! Mais, je ne veux plus de ceux qui frayent avec un pareil obscurantisme !

Fiacre

(A Julie) Pollueurs, payeurs ! Il faut assumer ses choix ! *(Un temps)* Que ceux qui souhaitent en accueillir les prennent en charge !

Edouard

J'adore ce déballage ! *(Il boit) (Avec un geste large en direction des cadavres)* L'endroit et le moment s'y prêtent !
Echange de tirs, plus lointain

Léa

(Sursautant) Je ne cesse de trembler---.

Pierre

(Regardant en direction des tirs) Américains, Israéliens, Saoudiens, qui l'ont compris, construisent un mur !!!

Edouard

Si--- *(Il boit, puis éclate de rire)* S'il était décidé de construire un mur, ô quel paradoxe, ce seraient aux ouvriers musulmans de le bâtir ! *(Un temps)* A défaut d'être au chômage, les chrétiens et les juifs sont informaticiens ou banquiers !

Agate

En mille neuf cent quarante trois, les Américains ont compris qu'il fallait emprisonner les Japonais qui résidaient chez eux !

Louise

(Scrutant Agate) Ne répondons pas à la folie, par l'intolérance et la haine ! *(Un temps)* Ni, à la barbarie, en devenant barbare !

Richard

Nous sommes dans un état de droit !

Louise

Il est illégal d'enfermer quelqu'un sur sa seule présomption de nuire !

Agate

Dans un état de droit !!? Pff ! D'où notre impuissance !

Julie

(Virulente) Condamner tous les musulmans serait simpliste ! Injuste ! Excessif !

Elvire

Et con !!!

Agate

(Montrant les cadavres) Je n'ai que faire de votre masochisme moralisateur !

Pierre

(Un temps) Nous devons retourner chez eux pour y remettre de l'ordre ! Les rééduquer !!
(Un temps) A défaut---.

Elvire

(Pensive) Ca me rappelle Bush, junior ! *(Caustique)* Un homme qui marquera l'histoire !!!

Julie

(A Agate) La laïcité, c'est la liberté de culte ! *(Un temps)* Mais, cet attentat va vous servir de prétexte pour la dénoncer !

Edouard

(Il boit) Le peuple est abreuvé de prétextes !!!

Agate

(A Julie) Je n'ai que faire de vos leçons et de votre naïveté !!!

Richard

(Un temps) Cci dit, il serait bon qu'ils critiquent ce qu'on leur enseigne et se réconcilient d'abord entre eux !

Elvire

(Pensive) Comment croire en Dieu, dans ce merdier !!?

Louise

(Pensive) Donnons-leur le temps de s'émanciper ! A défaut, nous provoquerons crispation et rejet.

Clémence

(Contemplant les cadavres) Paroles, paroles---. *(Un temps)* Peut-on user de mots comme onguent ?

Edouard

Je dis que ! *(Il siffle)* On ne convainc pas, on libère ! *(Il boit)*

Pierre

(A Julie) Vous devriez être à leur place, là, morte ! *(Un temps)* Ils vont venir s'entretuer ! Et se servir de nous comme d'armes de guerre ! D'une guerre prétexte, et qui ne nous concerne pas !!!

Agate

(Aigre) Ils noirciront la couleur de nos âmes !! Puis de nos peaux---.

Fiacre

(Sarcastique) Il faudra vingt mille ans pour que l'épiderme de ceux qui vivent chez nous blanchisse, naturellement. D'après les experts ! *(Un temps)* Mais si, d'ici là, la terre se réchauffe, c'est celle de nos descendants qui s'assombrira.

Elvire

(Eclatant de rire) J'aime bien ce que vous dites ! *(Un temps)* C'est toujours de travers !

Julie

(A Agate) Ne vous en prenez pas à des innocents sous le prétexte de leur ferveur !

Pierre

Allez forniquer avec eux !!!

Léa

(Un temps) *(Tremblante)* Je me souviendrai du froid, de cette odeur, cette humidité, de ces hommes couverts de sang.

Fiacre

(Sentencieux) Les blessures de l'âme sont les plus difficiles à soigner ! *(Un temps)* D'où le besoin de reprogrammer son cerveau en faisant des mouvements oculaires ! *(Un temps)*

C'est une technique officielle ! Des mouvements oculaires ---. *(Un temps)* Pour que, petit à petit, le souvenir de ce qu'on a subi, vu, entendu, senti, se fasse moins douloureux !

Elvire

(Eclatant à nouveau de rire) Il est vraiment de travers---.

Agate

(Un temps) A défaut de nous battre, nous serons convertis !!!

Edouard

Je dis que ! *(Il siffle)* Que vous êtes en état de choc ! Pas en état de penser ! *(Un temps)* Et je prétends que les réfugiés que nous accueillons sont jeunes, ambitieux, entreprenants, que la plupart a fait de longues études, et donc que, que c'est du blé en herbe ! *(Il boit)*

Agate

(Désignant les cadavres) Un blé bourré d'ivraie !!

Julie

Ils sont soixante dix millions ! *(Un temps)* Réfugiés, déplacés ! Des femmes, des enfants ! *(Un temps)* A nos portes ! *(Un temps)* ---qui souffrent--- !

Léa

J'ai peur ! *(Un temps)* J'ai peur de la foule ! *(Un temps)* J'ai peur d'eux ! De leurs pratiques, de leur regard, de leur façon d'être ! *(Un temps)* J'ai peur d'être violentée ! J'ai peur de mourir, *(Un temps)* d'être morte---.

Gabriel

(Accent suisse) Qu'attendent-ils pour nous ôter ces menottes !?

Léa

Je ne suis plus en état de me défendre---.

Richard

(Un temps) *(A Pierre et Agate)* Si les premiers immigrés étaient manœuvres et venaient du bled, les nouveaux sont plutôt cultivés, urbains---

Pierre

(Tendant le bras) Fous et armés !!!

Béranger

Fortement armés !!!

Clémence

(Pincée) A côté de la gare du Nord, il y a des endroits que je ne reconnais plus ! Et qu'on ne me dise pas que nous y sommes encore dans Paris ! *(Un temps)* Je suis devenue une étrangère dans mon propre pays ! *(Grimaçant)* Et toute cette promiscuité---.

Béranger

Comment voudriez-vous obtenir un peu de cohésion sociale avec une immigration trop forte !!?

Louise

Les réfugiés ne sont pas responsables de leur nombre !

Pierre

Si ce n'est en se reproduisant comme des lapins !!!

Louise

C'est une opportunité !

Agate

Une opportunité !?? Avec notre endettement et notre chômage !!?

Elvire

(Eclatant faussement de rire) Difficile à saisir dans un pays qui ressasse ses peurs---.

Edouard

Je dis que ! *(Il tente sans succès de siffler)* --- qu'une moitié des start-up américaines est créée par des migrants ! *(Il boit)*

Agate

Les mexicains sont chrétiens ! *(Se prenant la tête)* J'ai la tête qui tourne---.

Pierre

Ce sont des sectes !!! *(Un temps)* Et qu'elles se soient implantées chez eux ne les rend pas plus fréquentables ! *(Un temps)* Des sectes à combattre en tant que telles !

Louise

(Péremptoire) Des immigrants, nous en avons assimilé des millions !!! Et ce n'est pas quelques psychopathes qui---. *(Un temps)* Ils se couleront dans le moule, épouseront nos convictions, nos coutumes, au rythme où nous nous sommes éloignés de celles de nos parents ! *(Un temps)* Et la campagne publicitaire immonde, à laquelle nous venons de participer, *(La voix cassée)* comme tête d'affiche --- ne fera qu'accélérer le mouvement ! Ils se laïcisent ! *(Montrant les cadavres)* Ils sont d'autant plus violents entre eux que, d'ores et déjà, un tiers est agnostique, et un second ne pratique plus ! *(Un temps)* Voile et viande ne sont que des épiphénomènes ! *(Un temps)* Et parmi ceux qui pratiquent, ici, il n'y a que quelques milliers de fondamentalistes, au milieu desquels rodent quelques centaines de psychopathes---.

Elvire

C'est un peu optimiste !!!

Béranger

(A Louise, péremptoire) L'impossibilité de tout contrôle rend vos chiffres douteux !!!

Pierre

On nous ment !!! Ils sont cinq fois plus nombreux !

Elvire

(Montrant les cadavres) Moins deux !

Richard

(Pensif) Toute société se fonde sur une dissimulation collective ! *(Un temps)* Elle est nécessaire à sa cohésion et sa stabilité ! *(Un temps)* En 1945, nous avons occulté les fautes de nombreux Français, en ne poursuivant que quelques dirigeants. Après la réunification allemande, la collaboration de ceux de l'Est avec la Stasi a été oubliée. En Afrique du sud, à la fin de l'apartheid, les crimes des blancs ont été ignorés, et au Rwanda, ceux de Hutus qui avaient massacré leurs voisins. *(Un temps)* Combien sont-ils ? *(Un temps)* De qui parle-t-on ? *(Un temps)* Nous sommes incapables d'en donner une définition ! *(Un temps)* Lesquels pratiquent ? Par conviction, par habitude, par bienséance ? *(Un temps)* Ne cherchons pas !

Julie

(A Pierre) Je suis outrée par la propagande malhonnête que vous faites à propos de ces chiffres !!!

Clémence

Chère Madame, en laisser d'autres s'installer, *(Montrant les cadavres)* compliquant des difficultés que nous n'avons pas su résoudre, friserait le ridicule !!! *(Un temps)* Et ces nouveaux venus, déracinés, seraient nos futurs tourmenteurs ! *(Un temps)* Ce sont les derniers arrivants, plus vulnérables, qui posent problème ! *(Un temps)* Pourquoi sommes-nous encore menottés !!? *(Un temps)* Je suis transie !

Elvire

(Sarcastique) Les derniers arrivants font chier !!! *(Un temps)* Même si certains d'entre nous sont arrivés depuis peu ! *(Un temps)* Je me sens comme, ---comme si j'avais fumé un truc, un truc qui d'habitude me calme !

Léa

De quoi parlent-ils ?

Julie

Nous consentirions au meurtre en les renvoyant chez eux ! *(Un temps)* Il n'y a rien de plus terrible que, le laisser mourir ---. *(Un temps)* J'aiderai ceux qui demandent asile !!!

Pierre

(Virulent, à Julie et Edouard) Je regrette qu'ils ne vous aient pas égorgée !

Edouard

(Il rote) Vous avez du pisser dans votre pantalon ! Et quand on baigne dans son urine, on perd tout recul !

Louise

(A Julie) J'ai de la compréhension, et je l'avoue, tout autant, de la rancune, vis-à-vis de ceux qui, en notre nom, *(Un temps)* vont devoir décider de leur nombre !

Béranger

(Péremptoire) La relativité géographique des confessions est nécessairement suspecte ! *(Un temps)* Pour moi, un bon musulman est agnostique ! Ou en chemin ! J'en dirais tout autant à propos des chrétiens et des juifs ! *(Un temps)* La foi est le résultat d'une programmation neurolinguistique imposée aux enfants. Si l'empreinte est irrationnelle, elle est forte ! Et il est difficile de s'en détacher. Et par manque de bon sens ou de courage, on épouse la foi de ses proches !

Fiacre

(Scrutant ses menottes) C'est un peu long !

Joséphine

(A mi-voix) Ne vous plaignez pas ! Nous sommes ressuscités !

Fiacre

(A la cantonade) Doit-on dire, nous sommes ou nous avons ressuscité ?

Béranger

(Péremptoire) Fort heureusement, il existe un non dit, chez nous, selon lequel la croyance est l'inverse de la raison, un sentiment relevant de la superstition, de la crédulité, voire du fanatisme ! *(Un temps)* Et pour ceux qui en doutaient, *(Désignant les cadavres)* ils en ont apporté la preuve !

Gabriel

(Un temps) Aujourd'hui, qu'as-tu fait pour les autres, demandait mon père ! *(Sarcastique)* Chez les protestants, nous avons, d'abord, des devoirs !

Elvire

Quel faux cul !!!

Edouard

Je dis ! *(Il boit)* *(Montrant les cadavres)* Et je répète que ce sont des psychopathes et que, et que, quelles que soient, la souffrance, les frustrations subies, l'absence d'attachement, la rancune, et la haine qui en résultent, n'est pas psychopathe qui veut ! *(Un temps)* Et que seuls ceux qui sont timbrés d'origine ---

Elvire

(Désignant les cadavres) Ce serait génétique !??

Gabriel

(Un temps) (Sentencieux) Français, vous êtes plus soucieux de croisades que d'aboutissements ! Et chez vous, civisme, ressort du gros mot ! *(Un temps)* Quand on manque d'exigence pour soi, comment en réclamer aux autres !??

Elvire

(Imitant son père) Réfugiés, immigrés, qu'êtes-vous prêt à consentir pour la France !!? *(Sarcastique)* La question est helvète !

Léa

Je ne pense plus, ivre, plus vraiment. *(Un temps)* Je vis dans un brouhaha. Sans sens ! Je suis morte, je suis en vie ! Peut-être---. *(Un temps)* Je reconnais la voix de ma fille !

Clémence

(Montrant les cadavres) Si leurs potentats partageaient l'or sur lequel ils vivent ---.

Richard

(Montrant les cadavres) La peur, l'amalgame, et la rancune sont de mauvaises conseillères !

Léa

(Perdue) Oui--- ??

Richard

(Calmement) Si nous ne savons pas ce qu'est Daech, nous connaissons les hommes, une cinquantaine, qui le dirigent ! *(Un temps)* Des anciens du BAAS qui, sunnites d'origine, sont agnostiques et, hier encore, festoyaient et buvaient. *(Un temps)* J'en ai côtoyé certains ! *(Un temps)* Nourris dans un mélange de cultures arabe, anglo-saxonne et marxiste, ces hommes là sont, sans scrupules, méfiants, machiavéliques, cyniques, brutaux !

Léa

(Scrutant sa fille) Ils voulaient la violer ---.

Richard

Ils veulent se venger de ceux qui, en Irak, ont détruit leur régime ! *(Un temps)* Occidentaux, Wahhabites, Chiites ! *(Un temps)* Avec comme ambition réelle, usant de quelques religieux fanatiques et de jeunes gens fragiles, dévoyés, perdus, *(Un temps)* non pas de bâtir un état viable à long terme, *(Un temps)* mais de causer le plus de dommages, physiques, moraux, symboliques, aux ennemis qu'ils se sont choisis ! *(Un temps)* Leurs exactions sont l'expression de leur haine, envers nous, et plus encore, envers un islam qu'ils dénaturent et dévoient !

Julie

(A mi-voix) L'arbre malade ne doit pas cacher la forêt, ni la richesse du mélange des essences !

Elvire

(Pensive) J'aime la métaphore !

Julie

Le fils d'un sans papier a vu le jour ici---. Peut-on renvoyer son père !?? *(Un temps)* Nous avons un écheveau de laine entre les mains, de laine emmêlée--- et vous voudriez en faire une pelote bien lisse et ronde ! *(Un temps)* Si les demandeurs d'asile ont fui les combats, est-ce vraiment pour en susciter de nouveaux chez nous ?

Agate

(Scrutant méchamment Julie) Permettez-moi de hurler !!!
Edouard siffle et boit.

Louise

(A mi-voix) Je suis partagée entre ma générosité et, ma peur, *(Un temps)* mon empathie pour leurs souffrances et, mon souhait de ne rien changer à ma façon d'être---.

Pierre

(Féroce, désignant les cadavres) Puisque riches donateurs arabes et jeunes dans la dèche se permettent, la conscience bien tranquille, de tuer au nom du sacré, ça finira par un chapelet de bombes largués en aveugle sur leurs financiers, les pays qui les abritent et les aident ---! *(Un temps)* Lesquels seront renvoyés à l'âge de pierre !!! *(Un temps)* Et il ne subsistera d'eux que des ombres sur un sable vitrifié avant que le vent ne les efface !

Elvire

Putain !!! *(Scrutant Pierre)* Il est tout aussi grave !

Pierre

Et si leurs commanditaires veulent l'éviter, qu'ils fassent le ménage ! *(Un temps)* Dans leurs rangs et dans leurs têtes !!!

Elvire

(Regardant Pierre avec commisération) Tout aussi grave !

Richard

La paix nécessite les malheurs les plus extrêmes ! *(Un temps)* Nous avons essuyé deux grandes guerres. *(Montrant les cadavres)* Ceux d'entre eux qui les admirent ou les soutiennent finiront-ils par le comprendre avant d'emprunter un chemin aussi douloureux !??

Béranger

(Péremptoire) A moins que, le pétrole remplacé par le soleil et le vent, ils ne disparaissent tout simplement de nos vies, puis des leurs !

Clémence

Je manque de patience !!!

Joséphine

(Jouant nonchalamment avec son révolver) Nous sommes de vieux imbéciles ! *(Désignant Elvire)* C'est aux plus jeunes d'y faire face ! *(Un temps)* Ignorant tout de la guerre et de ses séquelles, et sans préjugés, ils seront plus aptes à décider !

Elvire

(Pensive) Après plus d'un siècle de racket, elle parait prête à nous laisser son fumier !

Léa

(Ivre, à voix haute) Où sont les malades, les débiles, les déments, les fous, les désaxés, les déséquilibrés, les fragiles, les détraqués, les furieux, les hystériques, les paranoïaques, les psychopathes, les schizophrènes, les pervers ??? *(Suppliante)* Il faut qu'on les trouve !!!

Elvire

(Pensive) Il n'y a plus qu'à--- ! *(Un temps)* Les dingues, les braques, les frappés, les schnocks, les toqués--- ! *(A voix haute)* Place aux jeunes ! Nous n'aurons plus qu'à, avant qu'ils ne nous tuent !!!

Fiacre

(Son portable sonne. Il le porte à l'oreille et répond à voix haute) Non ! En effet, nous avons été agressés ! Mais, Joséphine et moi, nous portons bien ! *(Un temps)* Et, comment dire ? Nous sommes en réunion ! *(Un temps)* Nous attendons les gendarmes ! *(Un temps)* Une réunion de débriefing !

Elvire

(Pensive) Une réunion de débriefing ??? J'adore ce mec !!! Il est trop !
Bruit lointain de sirène

Edouard

(Il boit) Ma sœur, ma sœur est psychiatre, va nous recommander de faire la fête ! *(Un temps)* C'était un vrai film d'horreur !!! *(Il boit)* --- de faire la fête pour oublier !

Julie

Des événements, Edouard, qui est positif, n'en retient que l'aspect ludique ! *(Accablée)* Mais, là, --- qu'en retiendra-t-il ???

Edouard

(Bafouillant) En tous cas, en tous cas, il y a une frontière, *(Un temps)* une frontière intérieure ! *(Il boit)* Une frontière morale !!! *(Un temps)* Que nul ne doit franchir ! *(Il boit)* Personne ne peut et ne doit contester l'égalité entre les citoyens, et moins encore, *(Il boit)* et moins encore, l'égalité entre les citoyennes et les citoyens ! Ca veut dire que !!! *(Il boit)* Ca veut dire que toute manifestation, ostentatoire, ou implicite, qu'elle soit vestimentaire, écrite, verbale, ou autre, *(Un temps)* ou autre, qui laisserait supposer qu'une citoyenne, qu'une femme, est d'un statut ou d'un rang inférieur à celui d'un citoyen, homme, est inacceptable !!! *(Il boit)* Et que toute personne qui la franchirait, quelles que soient ses origines, et ses raisons, fussent-elles religieuses, s'exclurait, de fait, de notre communauté nationale ! *(Il boit)* Liberté ! Egalité ! Fraternité ! *(Il s'assoupit un instant)*.

Elvire

In vino veritas ! *(Très droite)* Au moins, c'est clair, c'est simple et c'est dit !

Béranger

(Un temps) J'avais raison d'y croire ! Nous n'entendons plus, ni tirs, ni explosions !

Clémence

(Pensive) Je ne rentrerai plus jamais seule chez moi !

Richard

J'ai les fesses sales, *(Se tâtant longuement la gorge)* mais, mais je n'ai rien à la gorge !

Léa

J'étais allé voir un mage---.

Louise

(A Léa, perdue et souriante) Et il ne vous en avait rien dit ???

Léa

(Reprenant à voix haute les futures paroles d'un psy à l'accent suisse) Madame, il vous faudra du temps ! *(Un temps)* Du temps pour oublier ! *(Un temps)* Ah ---.

Richard

J'irai racheter des lentilles ---! *(Un temps)* Des lentilles de Salazie, et des crevettes.
Bruit de sirènes se rapprochant

Julie

(Les yeux tournés en direction des sirènes) Ils vont me faire une piqûre. *(Un temps)* Puis ils voudront me faire parler---. *(Un temps)* Je n'y parviendrai pas ! *(Un temps)* Me taire sera tout aussi difficile ! *(Un temps)* Je ne dormirai plus, *(Un temps)* je prendrai des cachets, *(Un temps)* je vendrai la maison---.
Edouard ouvre les yeux, sort son sifflet, siffle, puis boit.

Julie

Je claque des dents---.

Clémence

(Frottant son épaule, pincée, le regard tourné vers les sirènes) Ce n'est pas trop tôt !!!

Agate

(A voix basse, se levant) Je vais, entourée de dupes, attendre la mort, la peur au ventre !

Edouard

(S'essuyant le visage) Je suis tapissé du crâne de ces hommes ---. *(Perplexe et bafouillant)* Il me faudra songer à l'in-advenu ! Me dépendre de mon lieu et de mon temps. *(Un temps)* Faire l'inventaire de ce qui est devenu impossible---.

Pierre

(Fondant en larmes) Alger, la blanche---.

Joséphine

(Soudain rêveuse) J'irai revoir la mer, la mer, à Zuydcoote!

Fiacre

A Zuydcoote ??? Mais, c'était une défaite !??

Léa

(A mi-voix) Si vous souhaitez, Monsieur, un instant, vous allonger contre moi ---.

Elvire

(Scrutant les cadavres) Deux ninjas ! *(Un temps)* Décimés ! *(Un temps)* Putain ! Je n'y crois pas ! *(Un temps)* Il faut que je baise !!!

Eclats de gyrophares et bruits de sirène de plus en plus proches---. Edouard tente vainement de siffler, puis, ivre mort, s'effondre sur sa chaise.

Fin

L'enquête romaine

Jean Renault

A Alicia Renault, pour son regard de sociologue,

*****

Préambule

Ce texte est entré en 2014 au **Répertoire des Ecrivains Associés du Théâtre**.

*****

Décor et mise en scène

Une église en ruine.

Deux pans de mur sont encore debout. Sur l'un d'eux, une chaire, très haute et de guingois, pour y accéder les restes d'un escalier étroit.

En arrière fond, un ciel, variable. Soleil, nuages, pluies, et orages alternent et ralentissent ou s'accélèrent, avec quelquefois un lien entre la nature du ciel et le texte.

Sur le sol quelques vieilles chaises d'église avec prie Dieu.

Le père est assis sur l'une d'elle.

La religieuse sur une autre (agenouillée, peut-être) (à moins qu'elle ne soit debout dans une position voisine de celle du témoin ou passe d'une position à l'autre).

Le témoin est debout, les mains appuyées sur le dossier d'une chaise retournée (comme s'il était à la barre).

L'humeur du ciel, pluie, tonnerre, n'est donnée qu'à titre indicatif. Il appartient au metteur en scène d'accompagner le texte, sans alourdir le propos.

Les personnages

L'exorciste : Un vieux prêtre, quasiment aveugle, aux yeux rapprochés. Il est vêtu d'une soutane fatiguée, noire et sévère. Il entre avec une cane blanche. Il a une voix basse et rauque. C'est un personnage au visage torturé, égocentrique et violent.

Le Père : Un jeune abbé, rond, de race noire, en costume d'ecclésiastique moderne, d'apparence et de voix légèrement féminine.

Témoin : Un suisse francophone de vingt ans, dont on reconnaît l'accent.

Un garçon nature, pragmatique et attentionné. (Ou un homme âgé).

La Supérieure : Une religieuse d'une quarantaine d'années, en vêtements civils.

Rationnelle et concrète. Large mâchoire, yeux écartés. Compassion cérébrale et sans affect. Elle n'élèvera jamais la voix, elle en ralentira ou accélèrera le rythme. (Ou une femme âgée).

2 Pour accentuer la théâtralisation de la scène, lors des narrations, les propos des interlocutrices (1 à 14) du témoin pourraient être tenus par une ou plusieurs voix off.

*****

Préface

« Ils avaient la bible et nous la terre. Ils nous ont appris à prier les yeux fermés. Quand nous les avons ouverts, nous avions la bible et eux la terre ! »
 Jomo Kenyatta

*****

Scène 1

Le ciel est indécis

Exorciste

(Il s'avance sa canne devant lui et s'immobilise debout) Ego decidi ! *(Il escalade péniblement l'escalier)* C'est ici que j'ai été baptisé ! *(Il ne redescendra pas de la chaire)* J'ignore tout de cette affaire ! Mais, j'ai mandat !

Père

(Assis, regardant étonné autour de lui) Ce n'est pas l'endroit que j'aurais choisi.

Témoin

(Debout, appuyé au dossier d'une chaise d'église à l'envers) *(Avec l'accent de la Suisse Romande)* Dans quel but--- ???

Supérieure

(Dans la pénombre, s'adressant au seul témoin) Je vous remercie d'être venu ! *(Emue)* Et j'en suis heureuse ---.

Témoin

(Blessé, se tournant vers le père) C'était une trahison !

Père

Euh ! *(Un temps)* Mon oncle a été dévoré par un crocodile !

Témoin

J'étais candide---.

Père

---un crocodile---. *(Un temps)* Il travaillait à la construction du chemin de fer ! *(Un temps)* Les ouvriers faisaient leurs besoins près du fleuve, en surveillant les sauriens dans l'eau. Si ce n'est qu'un de ces prédateurs, plus observateur que ses congénères, s'était avancé dans les terres pour les prendre à rebours. Ses deux voisins de cabinet ont aperçu l'animal entraînant mon parent. *(Un temps)* Quel message Dieu nous a-t-il envoyé ce jour là ? *(Un temps)* L'homme étant un loup, pourquoi serait-il épargné ? *(Un temps)* Je ne sais pas---.

Exorciste

(S'adressant à un public illusoire) Je suis un homme de devoir !

Père

(Assis, il s'adresse au témoin) Je vous en prie !

Témoin

Oui---. *(Entamant une narration lente et sans affect)* Sœur Sabina était interne ! Son regard était avenant et inquisiteur. Elle venait de m'annoncer (1) : --Jeune femme. Un accident de voiture. Jambes paralysées ! Gros choc psychique ! *(Un temps)* Son ami l'a quittée. *(Un temps)* C'est une très jolie fille ! Tu ferais un essai ? *(Un temps)* --Euh ! Elle était dans une chaise roulante. Deux nattes, bien sages. Son visage s'était illuminé ! Elle m'avait tendu une main ferme. (2) --Je m'appelle Cléopâtre. *(Un temps)* Viens dans ma chambre ! Tu as déjà couché avec une fille de mon âge ? *(Un temps)* Tu n'es pas obligé de me répondre !
Elle portait un kimono. (2) --Je peux me déshabiller seule ! *(Un temps)* Son infirmité poussait à la simplicité. *(Un temps)* Les pointes de sa poitrine étaient cendrées. (2) --Tu peux me mater ! J'aime bien ! Et, j'ai de gros manques. *(Un temps)* En s'appuyant sur les bras, elle finit de se dévêtir ! *(Un temps)* Ses jambes avaient minci. Au centre, un triangle de charbon !
(2) --Je m'allonge sur le dos ! Je m'avançai pour l'aider. (2) --Non ! Je dois me débrouiller !
Elle fondit en larmes alors que je l'épousai ! J'accompagnai ses pleurs de gestes de rien. *(Un temps)* (2) -- J'avais peur de ne plus rien sentir ! *(Un temps)* Elle prit mon visage à deux mains, approcha ses lèvres, puis frissonna. (2) --Mon copain m'a plaqué. Je lui en veux ! Je le

comprends. *(Un temps)* L'accident, c'était un type saoul ! (2) Est-ce qu'on pourra se revoir ? *(Un temps)* J'ai du répondre, oui !

Exorciste

(Etonné) Mon fils, c'était pécher contre vous-même !

Père

Je ne cesse de m'interroger sur la volonté divine---.

Exorciste

(S'adressant à un public illusoire) Je suis un homme de devoir, *(Un temps)* de discipline, d'obéissance, d'attachement !

Témoin

(Reprenant une narration lente et sans affect) Et quelques jours plus tard, la même religieuse--- (1) --Céleste est mongolienne ! Euh ! *(Un temps)* Elle est beaucoup trop agitée ! *(Un temps)* J'éprouve une répulsion physique à l'égard des mongoliens ! *(Un temps)* Sans ignorer leurs attentes affectives---. *(Un temps)* La nonne me scrutait ! --Non ! Je n'en serai pas capable ! (1) –Essaie ! *(Un temps)* La pièce est sombre ! Elle est allongée sur le ventre. *(Un temps)* Œuvre d'un sculpteur qui veut heurter, sa silhouette est inharmonieuse. *(Un temps)* Brièvement, je songe à m'enfuir ! *(Un temps)* Je commence par lui masser le dos. Je venais d'apprendre ! *(Un temps)* J'ai les yeux fermés. Ouverts, je n'aurais pas pu ! *(Un temps)* Son cou est épais ! *(Un temps)* Je ne sais pas ce qui sépare ses formes, de formes qui me plairaient, ni en quoi elles me rebutent. Je plonge les mains dans le talc ! *(Un temps)* Je paye là, mes écarts ! Je glisse une main sous ses seins. Elle gémit ! *(Un temps)* La nonne a quitté la pièce ! Je l'attire sur mes genoux. Elle se fige ! Interdite, perdue---. *(Un temps)* De dos, elle me paraît découpée dans un parallélépipède. Une ébauche, non dégrossie. *(Un temps)* Le temps éveille ses sens ! Ses seins sont lourds. *(Un temps)* Pourquoi le ciel a-t-il conçu une œuvre aussi déroutante ? Elle avance vers moi une main boudinée. J'oublie son étrangeté ! *(Un temps)* Elle pousse un cri d'enfant---. *(Un temps)* Plus tard, elle balbutie quelques mots avenants, se retourne et m'embrasse sur la joue !

Exorciste

En putassant, vous vous êtes gravement offensé ! *(Un temps)* Où était-ce !??

Père

Si ce garçon s'est offert, par obéissance, ou pour plaire à celle qui l'y encourageait, il s'agit de putanat, *(Un temps)* s'il l'a fait par pure charité envers ces deux femmes, ce n'est plus le cas ! *(Un temps)* Augustin estimait la prostitution naturelle. Thomas d'Aquin la jugeait nécessaire ! Et, pour prévenir l'adultère et les viols, nos couvents ont géré nombre de bordels.

Exorciste

Aujourd'hui, l'Eglise rejette la putainerie !

Supérieure

(Dans la pénombre) Comment faire charité sans prendre sur soi ? *(Un temps)* Que faisait Mère Theresa en fouillant les poubelles ?

Exorciste

Hoc est intimus !!! Ca relève de l'intime !

Supérieure

Prendre sur soi touche à l'intime.

Exorciste

(Agitant sa cane) Cette intimité là est destinée à prolonger l'œuvre du créateur et non à de coupables plaisirs !

Témoin

(S'adressant à la seule Supérieure, et l'interpellant d'une voix blanche) En découvrant votre plaidoyer face aux média, j'en ai douté, stupéfait ---. *(Un temps)* Puis, j'ai eu un blanc ! Un vide, profond, immense --- !

Supérieure

(Au témoin) Je reconnais avoir agi à votre insu !
Le ciel est bleu et parsemé de nuages blancs.

Père

(Un temps) Parlez-nous de la première fois !

Témoin

(Reprenant une narration lente et sans affect) Euh ! Notre bonne était d'origine italienne !

Père

Quel âge aviez-vous ?

Témoin

Seize ans !

Père

Et, quel âge avait-elle ?

Témoin

Près de trente. *(Un temps)* Une après-midi, nous nous sommes retrouvés seuls. *(Un temps)* J'ai du lui toucher le bras ! C'était un geste de---

Père

Un geste de--- ???

Témoin

Elle m'attirait ! *(Un temps)* J'ai cru qu'elle allait s'enfuir, mais elle a saisit mon poignet.

Exorciste

Erat daemonium !!!

Témoin

Elle m'a pressé contre elle en me grondant. *(Un temps)* Elle fronçait les sourcils ! Ses yeux s'étaient assombris. Je sentais sa poitrine ! *(Un temps)* Elle m'a dit, non ! *(Un temps)* Son ventre était bombé.

Exorciste

(S'adressant à un public illusoire) Très tôt, j'ai su que je devrais me consacrer à Satan !

Père

Vous étiez en érection ?

Témoin

Euh ! Oui, je crois. *(Un temps)* Je frôlais sa joue. Je voyais son oreille.

Père

Où étaient vos bras ?

Témoin

Elle en tenait un ! Avec l'autre, je devais entourer sa taille. *(Un temps)* Nos joues se sont collées. Sa peau était fraîche ! J'ai senti son pubis. *(Un temps)* Son miaulement m'a surpris !

Exorciste

(La cane brandie) Ca commence, et il là s'agit du diable, par des attouchements !

Père

C'est elle qui vous a déshabillé ?

Témoin

Oui, je crois. *(Un temps)* Oui ! Après, j'ai du l'aider à descendre sa jupe.

Exorciste

C'est inquiétant !

Témoin

Sa fermeture s'était coincée. *(Un temps)* Nous étions debout ! *(Un temps)* J'ai joui ! Elle a crié en italien. Puis m'a serré très fort.

Exorciste

(S'adressant à un public illusoire) Erat libidine !!!

Père

Vous a-t-elle, alors, semblé repentante ?

Témoin

Elle a murmuré, nous n'aurions pas du, avec un grand sourire, *(Un temps)* avant d'attirer mes deux mains sur son ventre, nu. *(Un temps)* J'ai eu l'impression qu'elle priait !

Exorciste

Qu'elle priait !??

Témoin

(Un temps) Le lendemain après-midi, je l'ai rejointe dans sa chambre ! Elle s'y reposait.

Père

Vous y avait-elle invité ?

Témoin

Elle m'avait évité !!! *(Un temps)* Elle m'a paru heureuse, puis m'a dévêtu. *(Un temps)* A nouveau, j'ai joui trop vite ! Elle a ri, m'a pressé contre elle et m'a remercié.

Père

Remercié, pourquoi--- ?

Témoin

Je ne l'ai pas remerciée ! Je ne savais pas qu'il fallait le faire.

Exorciste

(Au témoin) C'est très grave ! *(S'adressant à un public illusoire)* Cardinalis peccatum !!!

Père

(A l'exorciste) Mon père, ce garçon n'avait que seize ans ! *(Un temps)* Et d'après Saint Augustin, l'homme tempérant ne fuit pas tous les plaisirs, mais ceux qui sont excessifs et ne conviennent pas à la raison. *(Un temps)* Que les enfants et les bêtes recherchent les délectations cela ne prouve pas qu'elles soient universellement mauvaises, car il y a chez eux un appétit naturel venant de Dieu qui les pousse vers ce qui leur convient !

Exorciste

Pour l'Eglise, la majorité est à douze ans !

Père

Certes ! Certes---. Et nous avons, dans nos amitiés, souvent lieu de nous en réjouir !

Exorciste

(S'adressant à un public illusoire) Et bien avant cet âge, je savais reconnaître le diable et dénoncer ceux de mes condisciples qui s'attouchaient !!!

Supérieure

(Au témoin qui tourne la tête et la scrute avec un air de reproche) Quand j'ai deviné que le nombre de naissances à Rome resterait désespérément bas, un trente huit enfant par femme, alors qu'il en faudrait deux, je me suis alarmée !

Père

(Au témoin) Avez-vous eu d'autres rapports avec votre servante ?

Témoin

Je n'avais jamais vraiment vu la poitrine d'une femme. La sienne était volumineuse. *(Un temps)* Elle a ramené mes doigts sur ses seins. Je les ai malaxés ! *(Un temps)* J'avais peur de lui faire mal ! Elle a regardé le mur et gémi.

Père

Combien de temps êtes-vous restés accouplés ?

Témoin

Mes parents ne rentreraient que le soir. Ils étaient notaires à Genève et nous habitions Lausanne. *(Un temps)* Jusqu'en fin d'après midi !

Exorciste

Erat fornicatione !!!

Témoin

Fornicatione ???

Père

(Au témoin) Le plaisir sexuel est un aspect de l'amour conjugal, un moyen de parfaire l'union, dans le cadre du sacrement du mariage. Hors, ce cadre, il s'agit de fornication ! *(Un temps)* Aviez-vous conscience des possibles effets de vos relations ?

Témoin

Quand je m'en suis inquiété, elle a ri ! (3) --Mais, non ! Je suis mariée ! J'étais soulagé.

Exorciste

Mariée !?? *(Mugissant)* Cette femme est-elle ici !!? Je devine le diable---.

Témoin

Je croyais qu'elle voulait me faire plaisir et qu'il ne lui déplaisait pas de m'éduquer, *(Un temps)* que c'était une façon de se valoriser à ses yeux et aux miens !

Père

Et vous n'avez pas imaginé qu'elle pouvait avoir un intérêt, autre ?

Témoin

Non ! Elle était généreuse.

Exorciste

(Agité) Fuit adulterii !!!

Père

Eprouvait-elle du plaisir ?

Témoin

Je suis soigneux, j'étais devenu plus attentif et patient !

Exorciste

(S'adressant à un public illusoire) Je crois à l'enfer et au châtiment !

Père

Mais, le plaisir n'était pas nécessairement son objectif premier---
Grondement de tonnerre lointain.

Exorciste

Cette créature devait respecter ses vœux de fidélité envers son époux ! Fide pecto !!! Le sixième des commandements !

Père

Quand vous a-t-elle avoué qu'elle était enceinte ?

Témoin

Je trouvais qu'elle avait grossi. (3) --J'attends un bébé ! *(Un temps)* Elle m'a embrassé ! Nous nous embrassions peu. Elle n'osait pas ! *(Un temps)* Elle n'était ni belle, ni laide. *(Un temps)*

Elle devait penser qu'il ne s'agissait pas d'amour, mais d'apprentissage, et que le baiser était réservé à l'amour.

Exorciste

Seuls les époux, doivent se découvrir, et s'apprendre !

Père

(A mi voix) Certes, certes---.

Témoin

(3) --C'est un enfant que nous avons fait ! *(Un temps)* J'ai cru qu'elle plaisantait ! *(Un temps)* Ses yeux s'étaient embués ---. Puis, j'ai eu peur !

Exorciste

(S'adressant à un public illusoire) Exsecutionem carnis ! Peccatum mortale !!!

Père

Avez-vous encore des rapports ?

Témoin

(Au père) Quelquefois !

Exorciste

(En proie à une grande agitation) La femme adultère était mise à mort !!! Lévitique 20.10 !

Témoin

(S'adressant à la Supérieure, d'une voix blanche) Votre aveu a été suivi d'un blanc, d'un vide, envahissant, glacial, irrépressible, et très vite insoutenable ! *(Un temps)* Insoutenable--.

Supérieure

(Au témoin) 1,38 ! *(Un temps)* Le berceau de l'Eglise allait se réduire comme peau de chagrin, par consomption, ou dilution avec de nouveaux venus ne partageant en rien nos valeurs et nos croyances. Qu'allait-il advenir !?? *(Un temps)* Comment alerter les acteurs d'un péril qui les laissait indifférents !?? *(Emue, au témoin)* Saurez-vous me pardonner ?

Père

(Au témoin) Parlez-nous de la seconde !

Témoin

(Reprenant son récit lentement et sans affect) Margherita avait fait allusion à une cousine dont le mari était stérile. *(Un temps)* Quand elle m'a annoncé l'avoir invité, j'ai été pris de vertige. *(Un temps)* Puis, j'ai accepté !

Père

Pourquoi ?

Témoin

Pour lui faire plaisir ! *(Un temps)* Le soir, Maman me demandait, qu'as-tu fait aujourd'hui pour les autres ? *(Un temps)* Mais, j'appréhendais !

Exorciste

(La canne dirigée vers le témoin) Qui est ce garçon !??

Témoin

(Pour lui-même) Je ne sais plus---.

Père

Euh ! C'est un témoin.

Témoin

Margherita nous a présentés, c'était un matin, *(Un temps)* elle était plus jolie qu'en photo. (3) --Tu boiras bien un café ? Je n'en buvais jamais ! Elle m'en a servi une tasse. *(Un temps)* Nous évitions de nous regarder ! Nous suivions la cafetière des yeux. Andréa m'a caressé la joue en tremblant. *(Un temps)* Dans la chambre, elle s'est immobilisée, pâle. Elle sentait la sueur ! C'était une odeur inconnue ! Et qui, entêtante, m'attirait et me repoussait. *(Un temps)* Elle a fermé les yeux ! Sa poitrine était minuscule. *(Un temps)* En ôtant sa jupe, j'avais peur ! Sa peau était brulante. *(Un temps)* Ce fut très bref, elle a crié, puis m'a pressé contre elle. *(Un temps)* Un an plus tôt, j'avais assisté à la saillie d'une génisse. Sa brièveté m'avait surpris ! Je m'en suis souvenu ! *(Un temps)* Elle a réchauffé le café et m'en a servi une tasse, que je n'ai pas bue.

Exorciste

Un témoin !??

Père

Quelle était la part du devoir, admettons le mot, et celle du contentement, dans ces actes ?

Exorciste

C'est un pêcheur qui doit implorer la miséricorde divine !!!

Témoin

J'imaginais que le résultat dépendrait de son plaisir !

Exorciste

De son plaisir !??

Père

Donc du vôtre ?

Exorciste

(S'adressant à un public illusoire) Le démon s'empare des corps par la vue, puis le toucher ! *(Un temps)* Cet attrait pour l'assouvissement des sens est hors de tout entendement !!! Et y céder, d'une faiblesse indigne ! *(Au témoin)* Je suis un confesseur très écouté !!!

Père

N'avez-vous jamais songé que vos échanges pourraient miner son couple ?

Exorciste

C'était un acte de violence envers son époux !!! *(S'adressant à un public illusoire)* Je n'ai jamais eu d'envies autres que de prévenir pareils excès !

Témoin

Je ne connaissais rien de cet homme !

Exorciste

Péché d'ignorance !

Témoin

Un an plus tard, j'ai reçu la photo d'un enfant. *(Un temps)* J'ai repensé au taureau. C'était curieux !

Exorciste

Péché d'orgueil !!!

Père

Etiez-vous flatté ?

Témoin

J'étais heureux pour elle.

Père

Cet enfant, vous ne le voyez pas. Vous n'avez aucun regret ?

Témoin

Parlons d'étonnement !

Exorciste

(S'adressant à un public illusoire) L'Eglise m'a accueilli sur un berceau de pierre ! *(Balayant l'espace devant lui)* Que Dieu pardonne à mes géniteurs de m'avoir abandonné sous le porche de cette abbatiale !

Témoin

(S'adressant à la seule Supérieure, d'une voix blanche) Ce vide intérieur était insoutenable ! Insoutenable---. *(Un temps)* Le train est arrivé en grondant. La locomotive était rouge sang ! Le mécanicien a pressenti mon geste ! Il a sifflé ! Un sifflement long et lugubre---. Et je me suis immobilisé, ivre, au bord du ballast.

Supérieure

(Emue, s'adressant au témoin) Vous manifestiez une telle confiance---. Je vous pensais à l'abri de l'abattement, de l'angoisse---.

Père

(Au témoin) Je vous en prie !

Témoin

(Reprenant une narration sans affect) L'année d'après, une autre Italienne, Belinda, est venue à Lausanne. *(Un temps)* Elle m'avait invité à déjeuner. Elle était inquiète ! *(Un temps)* En fait, ce fut un examen !

Père

Avez-vous compris que vous étiez instrumentalisé ?

Témoin

Je ne connaissais pas le concept ! *(Un temps)* Elle était mariée, sans enfants. Et le regrettait ! A postériori, j'ai ri de cet étrange repas ! Rattrapée par une rencontre, restée jusque là très abstraite, elle était décontenancée. *(Un temps)* En ôtant ses chaussures, pour la rassurer, je la bombardai de questions. Elle ne répondait à aucune !

Père

Nous apprécions votre exhaustivité et votre façon de dire !

Témoin

Elle avait deux seins en poire, aux pointes sombres et fortes. *(Un temps)* De l'amour, elle semblait avoir tout oublié ! *(Un temps)* Elle a émis un son rauque. Fatalisme, peur, espoir ou joie ? Je ne sais pas !

Exorciste

Daemon !!!

Témoin

Je découvrais la variété des seins avec étonnement !

Exorciste

(Brandissant sa canne en direction du témoin) Ce garçon doit être châtié !!! *(S'adressant à un public illusoire)* Adolescent, j'étais flagellé pour les péchés véniels. Et bien m'en a fait !

Témoin

Elle doutait du succès ! *(Un temps)* J'espérais la revoir. J'y avais mis plus de sentiments !

Exorciste

(S'adressant à un public illusoire) Levitas !!! *(Sombre)* Lubricité !

Témoin

Quand j'ai su qu'elle était enceinte, j'ai compris avoir été « instrumentalisé » ! Avec plus de surprise que de regret.

Père

(Au témoin) Dans une relation purement biologique, chacun ne voit en l'autre qu'objet ! Qu'il s'agisse de plaisir lubrique ou d'argent ! *(Un temps)* Qu'en penser--- quand il s'agit de procréer ???

Témoin

(Se retournant vers la Supérieure, d'une voix blanche) Les wagons ont défilé bruyamment devant moi. C'était interminable ! *(Souriant)* Puis, j'ai revu votre visage ! Et mon angoisse a disparu. *(Un temps)* Le vide qui me hantait s'est évanoui ! *(Grimaçant)* Quelque part, un arbitre avait sifflé la fin du temps mort !

Supérieure

(Emue, s'adressant au témoin) J'ai moi-même été prise au jeu ! *(Un temps)* N'avoir aucunement dévié de mon ambition ne m'a pas épargné ! J'en ai souffert pour vous ! Nous avons toutes été prises au jeu ! *(Très émue)* A votre égard, mon affection est des plus sincères !

Père

(Un temps) Reprenez ! Je vous en prie !

Témoin

Puis, j'ai été invité dans un hôpital italien qui pratiquait l'insémination artificielle !

Supérieure

(Se levant) Nous étions alarmées ! *(Un temps)* Si Rome perd l'Italie en laissant l'Italie s'éteindre---.

Exorciste

Qui est cette femme !??

Père

Euh !

Exorciste

L'insémination hétérologue est condamnée par L'Eglise !!!

Témoin

Hétérologue ???

Père

(Au témoin) La procréation par un seul des membres du couple, dite hétérologue, étant immorale, *(Un temps)* l'utilisation de sperme ou d'ovules provenant de tiers n'est pas permise !

Témoin

(Baissant brièvement le ton) Dans le regard de la responsable de l'hôpital, on devinait son écoute, sa compassion, son énergie, ses principes---.

Père

C'est ce que vous avez ressenti ?

Témoin

Elle m'a interrogé sans pudeur excessive ! La sexualité faisait partie de sa vie. *(Un temps)* Et pour le choix d'un père, les patientes, en mal d'enfant, s'en remettaient à elle !

Supérieure

(S'adressant au témoin) – On m'a parlé de vous ! Et nous recherchons des donneurs !

Témoin

Ma réponse l'a surprise ! *(Se retournant vers la Supérieure)* –Euh ! Je n'ai jamais encore ---. *(Un temps)* Pourquoi pas, mais, --- mais à condition que l'insémination soit naturelle ! *(Un temps)* J'avais répondu ça, sans y penser !

Supérieure

--Ce serait de la fornication ! Pourquoi !??

Témoin

Puis, se remémorant sans doute à mon âge, elle a souri !

Supérieure

--Je vous écoute !

Témoin

--Le résultat serait d'une meilleure facture !

Supérieure

--D'une meilleure facture ??? *(Elle a ri)* Pourquoi !??

Témoin

J'ai pris l'exemple des veaux ! *(Un temps)* Ca l'a décontenancée. *(Un temps)* —L'un de nos amis est naisseur ! Elle ignorait le mot. —Il produit des veaux. Du choix des géniteurs à la mise à bas. *(Un temps)* Les naisseurs ont abandonné l'insémination artificielle pour en revenir à l'accouplement !

Supérieure

—Pour quelles raisons !??

Témoin

—Une probabilité plus grande que la vache soit pleine, des veaux nés plus souvent à terme, en bonne santé, et plus robustes. *(Un temps)* Elle avait écarquillé les yeux !

Supérieure

Mon père était maçon ! Nous vivions dans les Pouilles. Je m'occupais des chèvres et, tous les ans, je les amenais au bouc. *(Un temps)* Soudainement, ce garçon m'avait renvoyée chez moi !

Témoin

(Baissant la voix) Je venais de réaliser l'étrangeté de mon exemple, *(Un temps)* et en apercevant sa croix, de découvrir, surpris, puis effaré, qu'elle était religieuse ! *(Un temps)* Elle avait éclaté de rire !

Supérieure

—Ce n'est pas sans pertinence ! *(Un temps)* Mais l'Eglise n'accepte l'insémination artificielle qu'entre époux. En faisant appel à des tiers, nous sommes déjà condamnables !

Témoin

—Les protestants sont plus souples !

Exorciste

(Au père) Une religieuse !??

Supérieure

—Nous allons y réfléchir !

Témoin

Je déteste faire pression, mais je tiens au travail bien fait !

Père

Le mot, fonctionnel, me vient en bouche !

Exorciste

Fonctionnel !??

Père

(Un temps) Une certaine attirance entre vous serait-elle née ce jour là ?

Témoin

(Au père) Je ne sais pas.

Exorciste

Une religieuse !!? *(Au témoin)* Diabolus est in vos !!!

Père

(Du bout des lèvres) Comment la--- trouviez-vous ?

Témoin

Fascinante---

Exorciste

(S'adressant à un public illusoire) Le diable est en lui !!!

Témoin

(S'adressant à la seule Supérieure, d'une voix blanche) Vous m'avez trompé ! *(Un temps)* Vous m'aviez caché vos desseins. Et je ne suis pas certain de les comprendre ! *(Un temps)* Qu'ai-je été pour vous ? Un outil, employé à un usage différent de l'usage annoncé ? *(Un temps)* Un pion supposé incassable et dont j'ignorais, moi-même, la fragilité ?

Supérieure

(Au témoin) Quand vous m'êtes apparu, avec cet étrange pouvoir de séduction, je n'ai pas réalisé que le ciel m'envoyait un allié ! *(Un temps)* Il est sans doute des hommes que les femmes rêvent d'aimer, d'autres avec lesquels elles choisiront de vivre et, quelques-uns dont elles aimeraient avoir des enfants. *(Un temps)* Dont vous êtes ! *(Un temps)* Je parle d'allié ! Je pourrais parler de médecine---.

Témoin

--- d'un mercenaire ignorant tout de votre guerre !

Père

(Au témoin) Euh ! Quand il vous plaira.

Témoin

(Reprenant une narration sans affect) Peu après, la Mère supérieure m'a annoncé que plusieurs candidates avaient accepté ma façon de voir, disons de faire---. Et que je logerai au monastère. *(Un temps)* J'avais l'impression qu'elle ne regrettait pas cet essai ! *(Un temps)* Quatre sur cinq des inséminations artificielles avec du sperme frais, sont des échecs, *(Un temps)* et le résultat est deux fois plus médiocre quand il a été congelé !

Exorciste

Après le faire violence à soi-même, l'ignoble dessein de le faire à d'autres !!!
(S'adressant à un public illusoire) On reconnaît là, la noirceur d'une âme !

Père

Il nous faut comprendre---.

Témoin

Claudia m'avait invité au musée ! *(Un temps)* Elle cachait son appréhension derrière un discours ininterrompu dont je ne saisissais que quelques bribes et en jetant des regards apeurés autour d'elle ! *(Un temps)* Je l'ai invitée au monastère. L'isolement l'a rassuré ! *(Un temps)* –Montrez-moi vos mains ! Elle m'a offert sa main droite. J'ai compté ses lunules, c'était indolore, en lui parlant français. Ma langue l'éloignait de son monde ! *(Un temps)* Ses ongles étaient soignés.

Exorciste

(Un peu pour lui-même) Hors le strict devoir de reproduction, l'accouplement me révulse !!!
L'habit m'en a protégé ! *(Un temps)* Et, le diable lui-même ne s'y est jamais trompé !

Témoin

Le monastère respirait la propreté et le rangement. (4) --Je me suis mariée à dix huit ans et c'est la première fois que---, dit-elle. *(Un temps)* Je ne lui ai pas laissé finir sa phrase !

Exorciste

(S'adressant à un public illusoire) Abominatio !!! Libido, adulterii, fornicatio !

Père

Pour quel résultat ?

Témoin

Une fille ! *(Un temps)* A laquelle je ne songe pas sans un frisson.

Exorciste

(Au témoin) Peccatum mortale !!! Une fois nouvelle !

Supérieure

(A la cantonade) Notre taux de natalité était même descendu à 1,19 !

Exorciste

Je connais ce chiffre ! *(Un temps)* Que vient-il faire ici !!?

Témoin

(Interpelant la seule Supérieure, d'une voix blanche) J'étais et suis abasourdi devant votre démarche !

Supérieure

(Au témoin) L'idée ne m'en ait venu que plus tard !

Exorciste

(Agacé) Je ne comprends rien à ces propos !!!

Père

(Au témoin) Je vous en prie !

Témoin

(Reprenant sa narration d'un ton monocorde) J'ai subodoré qu'avec Flavia, ce serait plus complexe ! Elle n'avait donné qu'un accord de principe. *(Un temps)* La difficulté m'a émoustillé !

Exorciste

Emoustillé ??? *(S'adressant à un public illusoire)* Peccatum superbiae !!!

Père

Péché d'orgueil !

Exorciste

(S'adressant à un public illusoire) Le prêtre qui m'a découvert, et c'était un exemple d'humilité, m'a servi de parrain. *(Un temps)* C'est dans les évangiles que j'ai appris à lire ! *(Un temps)* Cet homme nous a quittés. Que le Seigneur lui accorde sa miséricorde !

Témoin

Flavia était mince et sèche ! Sa poitrine en paraissait plantureuse ! Avec des pommettes, taillées à coup de serpe. *(Un temps)* J'aimais ses pieds, minces et longs. *(Un temps)* C'était une machine à penser ! *(Un temps)* Je devais la convaincre d'un rapport qu'elle appelait pourtant de ses vœux ! *(Un temps)* Elle sentait le lilas. *(Un temps)* Je lui ai parlé des taureaux. Elle a éclaté de rire ! *(Un temps)* (5) --Comment procède-ton ? *(Un temps)* J'ai caressé ses chevilles ! Elle a oublié qu'elle était clerc de notaire. *(Un temps)* Quelques semaines plus tard, elle vomissait son petit déjeuner ! *(Un temps)* Et au bord d'un abîme étrange et insondable, je m'interrogeais !

Exorciste

(S'adressant à un public illusoire) Corpus delectationis !!!

Père

(Au témoin) Ne pouvant atteindre aux délectations de l'esprit, qui sont le propre des hommes vertueux, la plupart des autres hommes recherchent les plaisirs du corps comme remèdes à quantité de souffrances et de tristesse !

Exorciste

(Au témoin) Ils s'humilient !!!

Père

Cet art de la séduction relevait-il du jeu, d'un jeu qu'on vous aurait permis ?

Témoin

L'objectif assigné restait essentiel !

Supérieure

Cette séduction était nécessaire au respect de partenaires, traitées comme des personnes et non, comme des objets !

Exorciste

(S'adressant à un public illusoire) L'insémination hétérologue conduit à des impasses morales qui éloignent de Dieu !!!

Supérieure

(A l'exorciste) Bien que la faiblesse de la natalité nous annonce des lendemains dirimants, nul au sein du clergé ne semble s'en soucier !

Exorciste

C'est par la prière qu'il faut y remédier !

Témoin

(Se tournant vers le Père et reprenant sa narration) Ornella était architecte ! *(Un temps)* (6) -- J'ai deux fois votre âge ! C'est troublant ! *(Un temps)* Elle était très belle ! 6) —J'aurais pu faire des enfants avec mes amants ! Mais, ils étaient bourrés de défauts ! *(Un temps)* La Mère supérieure a une brillante réputation ! Pourquoi vous a-t-elle choisi ? *(Un temps)* Elle a éclaté de rire. *(Un temps)* —Je vais devoir vous aimer sur référence ! *(Un temps)* La plage où elle m'a conduite était déserte ! L'arrivée d'autres baigneurs ne l'a pas inquiétée.

Exorciste

Un verrat et des truies !!!

Père

(Au témoin) L'égalité entre la femme et l'homme découle de l'égalité entre les hommes ! Une égalité que la polygamie et la polyandrie mettent à mal ! *(Un temps)* Or, l'insémination hétérologue ouvre la voie à la polygamie du donneur et à la polyandrie d'une réceptrice qui en aurait plusieurs !

Exorciste

Prohibentur !!!

Supérieure

Les combats que nous menons à l'hôpital ne pouvaient modifier les chiffres que j'évoque ! *(Au témoin)* Ces chiffres, nous devions les brandir !!!

Témoin

(Froid, interpelant la Supérieure) J'ignorais que vous feriez de moi un accessoire publicitaire, et que je servirais de glu dans vos affiches !!!

Supérieure

(Au témoin) Votre nom n'a jamais été livré en pâture !

Exorciste

Je ne comprends pas !??

Père

J'ai eu, moi-même, un certain mal à l'appréhender---.

Il se met à pleuvoir. Le père ouvre un parapluie. La Supérieure se coiffe d'un foulard et le témoin, d'un bonnet de laine de couleur.

Témoin

(Interpelant la Supérieure, d'une voix blanche) Alors, j'ai douté ! *(Un temps)* Avais-je agi, jusque là, pour des raisons qui m'étaient inconnues ? Et dès lors, qu'elles étaient elles ? *(Un temps. Reprenant sa narration sans affect)* Nives était un petit bout de femme, avenante, aux formes épanouies ! *(Un temps)* Elle m'offrit des fleurs ! Elle était marchande de fleurs. *(Il observe le ciel avec étonnement)* C'était la première fois qu'on m'offrait des fleurs. *(Un temps)* Elle m'avoua : (7) —Je n'en ai rien dit à mon mari ! Pour l'insémination artificielle, il était d'accord ! Mais, comme ça, c'aurait été un peu--- compliqué. Il est voyageur de commerce. Cette profession n'est pas irréprochable, mais---. *(Un temps)* Je comprenais. (7) --Je suis très pratiquante et j'ai prié ! La Mère m'a conseillé d'agir avec cœur ! J'ai déjà demandé pardon ! Il est difficile de dissocier le cœur du plaisir. J'essaierai de faire bonne figure ! Je ne connais pas vos motivations. *(Un temps)* Je ne les connaissais pas non plus ! Elle souleva une robe ample. Ses hanches étaient larges. (7) --J'ai toujours été gourmande. J'ai un peu peur--- ! *(Un temps)* Une façon d'être naturelle, sans complications. *(Un temps)* Sa large croupe, trop vite, me perdit ! (7) --C'est déjà fait !?? *(Un temps)* Elle semblait le regretter. (7) --Je n'ai pas eu le temps d'y mettre tout mon cœur ! *(Un temps)* Pour notre seconde rencontre, elle avait dessiné deux fleurs sur ses seins et peint sur son ventre un bambou ! Une multitude de petites graines descendait vers son pubis. *(Un temps)* J'étais surpris par son trait de crayon ! (7) --Mon mari n'a pas vu ces dessins ! *(Un temps)* Elle avait apporté des gâteaux secs ! *(Un temps)* Chez nous, nous en offrons pour les fêtes.

Exorciste

(S'adressant à un public illusoire) L'adoption aurait préservée cette malheureuse du pêché !

Supérieure

Se priver d'un lien de chair entre mère et enfant, pour préserver l'égalité entre parents, est aussi surprenant, que très abstrait !

Père

(Fébrile) Si notre magistère appelle les hommes sur le chemin de la sainteté, il appartient à chacun d'y répondre en fonction de ses possibilités réelles !
La pluie s'arrête.

Témoin

(Interpelant la Supérieure) J'avais répondu aux désirs d'enfant que l'on me soumettait ! Et j'en mesurais soudain l'étrangeté---. Avais-je cédé à mon plaisir plutôt qu'à mon empathie ? *(Un temps)* Ou, était-ce viscéral et sans autre but que de répandre mes gènes ?

Supérieure

(Au témoin) Je nous ai compromis pour une noble cause, mais en regrettant profondément de l'avoir fait sans votre consentement !

Témoin

(S'adressant au Père en reprenant sa narration sans affect) Sélène faisait de la recherche ! Ses yeux, verts, étaient rapprochés. Sa blouse accentuait son air de madone ! Elle me tendit la main, et m'avoua : (8) --Sommes-nous capable de reconnaître un bon partenaire sur une photo ? En voyant la vôtre, j'ai dit oui ! Pourquoi ? Je l'ignore ! *(Un temps)* La sexualité est d'une chimie complexe.

Exorciste

Je ne perçois que stupre et débauche !!!

Supérieure

1,38 !?? Egoïsme, peur, chute abyssale de la fertilité ??? *(Un temps)* Pourquoi est-il de 2,00 chez nos voisins français !!?

Exorciste

Le Seigneur en a décidé !

Coup de tonnerre. Curieusement, le père ferme son parapluie.

Père

1,38 ---. 2,00---. *(A la Supérieure et désignant le témoin)* Vous auriez, alors, songé autrement à ce garçon !

Supérieure

Oui !

Témoin

La Mère supérieure m'invita à souper ! *(Un temps)* Elle avait un calepin devant elle.

Supérieure

(Au témoin, avenante) --Comment allez-vous ? *(Un temps)* Physiquement, je vois ! Mais, psychiquement ?

Témoin

–Euh, bien !

Supérieure

–Pas de regrets, de remords, d'angoisse, *(Un temps)* d'impression de vide ?

Témoin

–Un sentiment d'étrangeté !

Supérieure

–Je le partage !

Témoin

Elle avait croisé les doigts.

Supérieure

--En acceptant votre façon de faire, ai-je réellement compris les recommandations du Seigneur ?

Témoin

Nous mangions un plat de pâtes et de viande !

Supérieure

–Comment trouvez-vous ?

Témoin

Elle désignait les pâtes. –Elles sont excellentes !

Supérieure

–Je suis surprise par l'aisance avec laquelle vous avez convaincu vos, partenaires, quant à votre façon, très intime, de procéder !

Témoin

Elle toussa, puis se tut, embarrassée. *(Un temps)* Je lui souris !

Supérieure

–Comment êtes-vous parvenu à un tel succès ???

Témoin

Je lui confessai mes rencontres par le menu ! Elle prit des notes et loua ma franchise. *(Un temps)* Suivit une pomme verte en dessert. Je la trouvai délicieuse !

Supérieure

--De la sexualité et la procréation, je pensais beaucoup en connaître---. Mais, c'était une image à plat. Et, vous m'en faites percevoir le relief !

Témoin

Elle éclata de rire ! *(Un temps)* --Euh ! Je ne sais comment m'adresser à vous ? J'avais posé la question sans réfléchir ! Et elle était inutile ! *(Un temps)* Elle m'observa, rêveuse.

Supérieure

--Chiara---. *(Un temps)* Quand nous sommes seuls !

Père

Chiara ??? *(Un temps)* Avez-vous ressenti la dangerosité de la permission qu'elle vous octroyait ?

Témoin

(Un temps) Ce mélange entre procréation, monastère et sexualité était déroutant ! *(Un temps)* Pressentant mon envie soudaine de l'embrasser, et pour la prévenir, elle se leva de table et vint me baiser le front !

Supérieure

--Que Dieu vous bénisse !

Exorciste

Que se passe-t-il !!? Que s'est-il passé !??

Père

Comprendre---

Supérieure

Mon grand oncle était chef d'une petite gare---.

Exorciste

(Désignant le témoin) Satan sort de cet homme !!!

Supérieure

Mon grand oncle---. *(Un temps)* Pour empêcher les allemands d'acheminer des renforts, après le débarquement en Sicile, il a expédié deux trains de marchandises, l'un face à l'autre. Sur une voie unique ! Prévenus, les mécaniciens avaient sauté à temps. *(Un temps)* C'était un homme décidé ! *(Reprenant sa narration et s'adressant au témoin)* --J'ai, invité quelques consœurs, médecins, à partager notre repas !

Père

Deux trains, envoyés l'un face à l'autre---

Témoin

Ce repas, je n'en ai compris que plus tard l'importance ! *(Un temps)* Songeant à la luxure que les religieuses allaient me reprocher, je l'appréhendai ! *(Un temps)* Hors la croix sur leur poitrine, rien ne différenciait, les sœurs Eva, Francesca, Sabina et Tosca, de médecins ordinaires ! Si ce n'est leur regard---. *(Un temps)* Après le diner, la mère supérieure m'entraîna à part !

Supérieure

--En restant un peu plus parmi nous, vous découvririez l'hôpital !

Témoin

Elle avait une immédiateté de réaction stupéfiante !

Supérieure

--J'aimerai continuer ce que nous avons entrepris ! A votre façon ! *(Un temps)* En espérant toutefois que vous acceptiez l'anonymat de vos prochaines partenaires !

Témoin

--Euh, oui ! *(Un temps)* Je n'étais pas mécontent de poursuivre mon séjour ! *(Un temps)* A la maison, j'avais souvent l'impression d'étouffer ! *(Un temps)* L'exemplarité que l'on nous reconnaît, un pays tracé au cordeau, masque beaucoup d'égoïsme, d'hypocrisie, de suspicion et de délation, fort pesants ! Mon père dispose de quelques arpents sur les bords du lac de Thun. Et bien qu'il n'en ait pas réellement l'usage, il a horreur qu'un étranger les foule !

Supérieure

--Demain, la messe est à sept heures ! Venez nous rejoindre !
Le ciel est blanc.

Témoin

Dans la chapelle, nous étions seuls ! Les religieuses de la veille, la Mère supérieure et un prêtre. *(Un temps)* Une à une, les quatre jeunes nonnes vinrent s'agenouiller et me tendre la main, avec un regard bienveillant. Et le prêtre nous bénit ! *(Un temps)* Je ne connaissais rien des cérémonies catholiques italiennes et moins encore de celles d'une congrégation.

Exorciste

(Inquiet) Sur quel inavouable dessein cet officiant a-t-il invoqué la bienveillance divine !!?

Supérieure

(A mi-voix) Que le Dieu tout puissant les bénisse dans leurs enfants--- !

Père

(Les yeux au ciel et à mi voix) Mon Dieu, qu'avez-vous permis ---???

Exorciste

Je ne vous entends plus !!!

Témoin

J'étais troublé ! C'était mystérieux et fort. Il faisait froid ! *(Un temps)* Sœur Eva me fit découvrir l'hôpital. Elle en était l'intendante ! Et, moins sévère sans sa coiffe. *(Un temps)* En fin d'après midi, je devais rejoindre la Supérieure au couvent.
Le ciel s'assombrit, une lumière de tombée de la nuit.

Supérieure

(Elle s'est levée) --Soyez prévenant, prompt, et limitez vos gestes ! *(Un temps)* La jeune femme que vous allez rencontrer est anxieuse---. *(Un temps)* Je suis gynécologue ! Je resterai près de vous !

Témoin

Près de moi ??? *(Un temps)* L'annonce me glaça ! *(Un temps)* La chambre était sombre. Une forme blanche était accroupie. Elle me guida vers le lit !

Supérieure

--Laissez-moi faire !

Témoin

Elle découvrit la croupe de l'inconnue et me dévêtit, en partie. *(Un temps)* Il n'y avait plus aucun bruit. J'étais tétanisé ! *(Un temps)* Quand elle effleura mon sexe, je sursautai !

Supérieure

--Je suis médecin. *(A la cantonade)* La première fois que j'avais assisté à la saillie de nos chèvres, l'acte m'avait paru insolite. Dieu l'a voulu ainsi m'avait déclaré maman. *(Un temps)* Ce, Dieu l'a voulu ainsi, me revint en mémoire !

Exorciste

Vous avez touché ce garçon !??

Supérieure

(A mi-voix) Pour vider le gibier, il faut y mettre les mains !

Père

(Fébrile) Euh ! Euh ! Le dernier de nos bien aimés Papes, aujourd'hui disparu, a réhabilité le sens du toucher !

Témoin

Mon cœur battait à tout rompre ! *(Un temps)* La forme retint mal un cri. Sa peau me rappelait le pain blanc. Sa chair était brûlante ! Ses seins pendaient librement, leur pointe dure comme du bois. *(Un temps)* La Supérieure avait disparu dans l'obscurité. *(Un temps)* Au gémissement de l'inconnue succéda mon émoi !

Supérieure

--Rhabillez-vous !

Témoin

Elle me parut troublée, me prit par le bras et me guida hors de la pièce.
Le ciel s'éclaire

Supérieure

--Vous souperez avec nous ! Ce sera plus simple !

Père

Plus simple--- ??? *(Troublé, au témoin)* Et vous n'avez, en rien, approché l'identité de votre partenaire !??

Exorciste

(Agitant sa canne) Je ne vois pas---

Témoin

Non ! *(Un temps)* Autour de la table, les mêmes religieuses. La conversation se fixa sur l'Italie ! Je redoutais déjà moins leur curiosité ! *(Un temps)* En fait, j'étais l'unique objet de leur curiosité, leurs espoirs, leurs tourments ! *(Un temps)* Francesca restait plongée dans son assiette. *(Un temps)* Troublé par des images qui ressurgissaient inopinément, ça n'attira pas autrement mon attention !

Exorciste

Diabolus est hic !!!

Témoin

Francesca, sœur Francesca, était radiologue ! *(Un temps)* Alors que je visitai ses installations, elle avait un air d'étudiante, et parlait beaucoup avec les mains, elle me prit le bras, le serra et--- le relâcha à contre cœur, me sembla-t-il ! *(Un temps)* Dans contre cœur, il y a cœur.

Exorciste

(Grondant) Que de telles turpitudes aient pu naître sous de tels auspices-- !??

Témoin

Puis, j'eus droit à ma première leçon avec un kinésithérapeute, avant, en fin d'après midi, de rejoindre la Mère supérieure !
Le ciel à nouveau s'assombrit.

Supérieure

(Immobile dans l'obscurité) --Vous êtes prêt ?

Témoin

Non, je ne l'étais pas ! *(Un temps)* --Euh, oui ! *(Un temps)* Même pièce sombre. Même forme blanche, accroupie est tendue. *(Un temps)* Les gestes sont ordonnés et précis. Séants ! *(Un temps)* Cette horlogerie me rassure ! Je procède avec application. C'est dans mon caractère. *(Un temps)* La forme halète---. Un cri me stoppe trop tard ! Je me fige ! Des mains saisissent les miennes. Elle me pardonne ! Je crois reconnaître des doigts---. *(Un temps)* Les mains se ressemblent. *(Un temps)* La forme se meut ! Je suis étonnamment passif. A quelques pas, une autre respiration. *(Un temps)* Un curieux hoquet ! J'ai un coup au cœur ! *(Un temps)* L'obscurité cache les visages.

Exorciste

Il faut brûler l'ivraie avant qu'il n'empoisonne la terre !!!

Père

La vertu de l'intention atténue la faute !

Exorciste

Je récuse le propos !!!

Témoin

(Interpelant la Supérieure d'une voix blanche) En vous affichant, vous m'avez dévêtu ! *(Un temps)* Et je ne me reconnaissais plus ! *(Un temps)* Qu'avais-je décidé ? Avais-je réellement décidé ? Je doutais soudain de mon libre arbitre !

Père

(Au témoin) Je vous en prie !
Le ciel s'éclaircit.

Témoin

Sœur Eva dirigeait le service de gynécologie. (9) --Enfilez blouse, bonnet et suivez-moi ! D'abord, l'insémination artificielle ! *(Un temps)* Je redoutai le piège ! (9) --Vous êtes très beau en blanc ! *(Un temps)* Elle se reprit --Je veux dire, très sérieux ! Mettez ces gants ! *(Un temps)* Dans la salle, verdâtre et inhospitalière, une Italienne plantureuse, *(Un temps)* qui me fixa, inquiète ! (9) --C'est un stagiaire, suisse ! *(Un temps)* Elle se détendit ! Suisse devait être un sésame. (9) --Accroupissez-vous ! *(Un temps)* La religieuse me donna une leçon d'anatomie, en français, avant de me tendre une canule. (9) --Vous la guiderez avec l'index ! *(Un temps)* J'étais paralysé ! Elle masquait mal son ironie ! Mes pratiques ne devaient pas lui plaire. Je tâtonnai avec l'impression de jouer dans un film porno ! (9) --Bien ! Rhabillez-vous ! Nous prierons pour vous !

Exorciste

(Avec aigreur à un public illusoire) Seul l'époux peut pratiquer de tels attouchements !

Père

Les voies du Seigneur sont parfois très obscures.

Exorciste

C'est un commandement de l'Eglise !!!

Témoin

C'est en sortant de la pièce que la même religieuse m'annonce : (9) --Avec la patiente suivante, nous redoutons un nouvel et, dernier échec ! Est-ce que votre méthode, *(Un temps)* plus animale pourrait --- ? Je la scrute, interdit. (9) --Je vais la lui proposer ! *(Un temps)* Elle réapparaît en souriant ! *(Un temps)* Une forme nous tourne le dos. (10) --Vous seriez suisse et étudiant--- ? La voix, tendue, mais d'un joli timbre, me surprend. --Euh ! Oui ! (10) --Montrez-moi vos mains ! Elle n'a pas tourné la tête. J'avance les bras. (10) --Vous avez de belles mains ! J'en garde une !

Père

Lors de ces rapports, quelle était la place du plaisir ?

Témoin

Euh ! *(Avec un léger sourire)* Un retour à meilleure fortune, c'est un terme de droit, aurait justifié l'octroi d'un certain plaisir, mais ni le lieu, ni l'étrangeté, ni la tension, ni l'attente, ni les témoins, ne le permettaient vraiment !

Exorciste

Un retour à meilleure fortune !!?

Père

Il ne s'agissait donc pas de luxure ! *(Un temps)* La familiarité de Sœur Eva ne vous a pas surpris?

Témoin

Nous sommes au sud de l'Italie !

Père

Vous n'avez jamais songé ce qu'elle pouvait sous-entendre ?

Exorciste

Que sous-entendait-elle !!?

Témoin

La vérité était trop insolite !

Père

Bien !
Le ciel s'assombrit.

Témoin

(Interpelant la Supérieure) Vous avez mis fin à ma candeur !

Supérieure

(Au témoin, souriante et avec tendresse). Ce fut réciproque---.

Témoin

(Il reprend sa narration) Le soir même, même pièce sombre, même forme blanche. Même silence ! *(Un temps)* Devant ce rituel, une appréhension indéfinissable--. *(Un temps)* Je crois reconnaître l'odeur d'une peau. Et je songe à Eva ! *(Un temps)* Peut-on posséder une inconnue en songeant à une autre, nonne de surcroît--- ? Ce manque de sincérité me dérange ! *(Un temps)* Trahison, péché-- mes idées se bousculent !

Supérieure

--Gardez les mains le long du corps !

Témoin

J'obéis ! *(Un temps)* L'inconnue recule. Je me surprends à prier ! *(Un temps)* Elle a la poitrine d'Eva. Deux seins très proches ! *(Un temps)* Nos cœurs battent à contre temps ! J'ai perdu l'idée du temps. *(Un temps)* Elle tâtonne, me palpe, me broie la main. L'amour une fois ! Je heurte un étrange bracelet. Je l'égrène ! Je t'aime, un peu, beaucoup, passionnément, à la folie---

Supérieure

--Nous allons prier ! Accompagnez-moi !

Témoin

Sœur Eva nous rejoint dans la chapelle ! *(Un temps)* Elles y viennent toutes en fin d'après-midi ! *(Un temps)* Je me souviens être protestant ! Veulent-elles me convertir ? *(Un temps)* Son nez, pointu, présuppose de fréquentes colères ! Et c'est un péché capital ! --J'ai reconnu votre bracelet ! Elle me scrute, étonnée. (9) --On en vend partout ! *(Un temps)* J'ai presque un regret. Elle ne paraît pas fâchée !

Père

La vérité était-elle improbable ou, dérangeante ?

Exorciste

Quid vero !?? Quelle vérité !!?

Témoin

Elle n'entrait pas dans les possibles !

Supérieure

(Au seul témoin) Je me jugeais froide ! *(Un temps)* Avec vous, j'ai découvert l'affect.

Témoin

(A la Supérieure) Pouvais-je douter de votre sincérité ?

Supérieure

En vous cédant j'étais sincère !

Témoin

(Reprenant sa narration) Je visite une autre partie de l'hôpital ! Suivie, le soir même, d'une nouvelle rencontre. *(Un temps)* Il me faut un visage ! Ceux des nonnes défilent.

Supérieure

--Allons prier !

Exorciste

(Lugubre) Je n'ose imaginer ce que j'entrevois---.

Père

Cette croisade m'a moi-même surpris ! *(Un temps)* Reprenez !

Témoin

Sabina était neurologue ! *(Un temps)* L'avais-je --- ?

Exorciste

L'avais-je --- !?? *(S'adressant à un public illusoire)* Je n'ai jamais eu peur de me battre à mains nues ! Dieu m'a donné des poings et je m'en suis servi ! *(Un temps)* Et, si ce n'était mon grand âge---

Témoin

L'une de ses patientes souffrait d'un Parkinson ! Elle lui fit passer une série de tests. (1) --Nous avons ralenti la maladie ! Avant d'ajouter : (1) --Votre traitement accentue la libido. N'hésitez pas à nous en parler ! --- puis de s'éclipser, nous laissant seul. *(Un temps)* En parler ??? J'étais désemparé ! *(Un temps)* Cette septuagénaire, veuve et distinguée, m'observait avec curiosité ! *(Un temps)* Elle grimaça ! (11) --Je suis une droguée sans pourvoyeur ! Je lui pris la main. Un geste d'empathie, banal ! Elle serra mes doigts. (11) --Vous êtes Suisse--- ? -- puis plongea ses yeux dans les miens ! (11) --Baisez-moi !!!

Exorciste

Comment un tel dévoiement --- !!?

Témoin

Elle dégageait la même agréable langueur que ma grand-tante---. *(Un temps)* J'acceptais avec des coups violents dans la poitrine ! *(Interpellant la Supérieure)* Je vous obéissais !!! *(Reprenant un récit sans affect)* Je me laissais entraîner sur un océan imprévisible, mystérieux et attirant ! *(Un temps)* Sœur Sabina m'attendait dehors, avec un saphir au doigt ! (1) --Reboutonnez votre blouse !!!

Exorciste

(S'adressant à un public illusoire) Peccatum ignrantie, infirmitatem peccati !!!
Eclair et coup de chaleur.

Père

Peut-être --- ? *(Au témoin)* Saint Thomas a classé les péchés en, péchés d'ignorance, quand l'ignorance est volontaire et coupable, *(Un temps)* péchés d'infirmité quand le pêcheur est victime de sa passion *(Un temps)* et péchés de malice quand il choisit le mal sciemment et de façon prémédité ! *(Un temps)* Vous seriez-vous prêt à cette dernière demande par curiosité, la compassion n'étant qu'un prétexte ?

Exorciste

Au lieu d'offrir à cette malheureuse un apaisement factice, vous deviez la convaincre de contenir ses pulsions !!!

Supérieure

Quand la vie est difficile, nous nous inventons des histoires---. Cet échange aura permis à cette malade d'imaginer d'autres rencontres qui, plus tard, l'auront apaisée !

Exorciste
(S'adressant à un public illusoire) Seule l'ascèse permet d'espérer en la sainteté ! Asceticae !!!

Supérieure
Je doute que la sainteté soit la préoccupation première d'une malade traitée pour un Parkinson !

Père
(Fébrile) Dans les évangiles, la pureté n'est pas une question d'acte, mais de disposition intérieure !

Supérieure
(Tendue, se retournant vers le témoin) Bien avant le pardon de l'Eglise, c'est le vôtre que j'espère !
La lumière s'assombrit.

Témoin
(Tournant la tête vers le Père) J'approche d'une nouvelle forme mystérieuse, à l'affut de la reconnaître ! Mais, je n'ai pas une mémoire de sculpteur ! *(Un temps)* La mère supérieure a tremblé. Un saphir s'incruste dans ma paume ! *(Un temps)* L'éternité est une ogresse ! Allons-nous la servir ? Quand Sœur Sabina nous rejoint, son saphir a disparu. *(Un temps)* J'ai rêvé !

Exorciste
(S'adressant à un public illusoire) Dans le péché de fornication l'âme devient l'esclave du corps à ce point qu'elle n'est plus capable, sur le moment, de songer à rien d'autre !!!
Le ciel s'éclaire

Supérieure
(A mi-voix) Sur le moment, pourquoi devrait-elle y songer ?

Témoin
La patiente suivante a deux implants mammaires. (1) --Elle ne se reconnaît plus, fuit les regards, s'isole ! Nous devons la rassurer ! Essayez un massage ! *(Un temps)* Elle doit avoir une quarantaine d'année ! (1) --Otez votre soutien gorge ! *(Un temps)* L'inconnue hésite, puis s'exécute à regret. Une poupée de porcelaine. Ses seins sont magnifiques ! *(Un temps)* La religieuse me tend la boîte de talc. Je songe à Henri Dunant--- à la Croix rouge. *(Un temps)* Elle ferme les yeux et se tend. --Laissez-vous aller ! *(Un temps)* Sa peau est lisse. *(Un temps)* --Avez-vous des enfants ? (12) --Euh, non ! *(Un temps)* Elle sursaute, s'accroche à ma blouse, et pousse un cri cassé ! *(Un temps)* (12) --Vous reviendrez ?

Exorciste
(S'adressant à un public illusoire) Falsitas !!! Dieu la punissait pour son orgueil ! Pourquoi apaiser ses tourments !!?

Supérieure
Nous soulageons la souffrance quelle que soit sa nature et sa raison !

Exorciste
(S'adressant à un public illusoire) Réjouissons-nous qu'une hypocrite soit tourmentée par ses artifices !

Père
Le temps avance à grands pas !

Exorciste

Qu'importe le temps !!? *(S'adressant à un public illusoire)* Les paroles du Christ son inamissibles !

Père

(Etonné, au témoin) Comment expliquer votre curieuse capacité de séduction, sans amour ? A moins que---.

Témoin

Je ne sais pas.

Exorciste

Le diable !!!

Père

(Admiratif) Viendrait-elle de la confiance que vous exprimez et--- suscitez ? *(Un temps)* A une époque où, abandonnés à eux-mêmes, les hommes se traitent en objet, entraînés dans une course de plus en plus folle pour échapper à la poubelle--.

Témoin

Je ne sais pas.

Supérieure

(S'adressant au témoin en quêtant son regard) N'ajoutez pas votre froideur envers moi à votre éloignement !

Témoin

(Se retournant vers le père) Sœur Tosca était sage femme ! *(Un temps)* Elle me fit assister à un accouchement. (13) --Ne tombez pas dans les pommes ! *(Un temps)* Une infirmière surveillait mon teint. (13) --Un verre d'alcool ? *(Un temps)* J'aurais du accepter ! Il fût suivi d'une césarienne---. *(Un temps)* Le chemin de croix qu'on m'avait aménagé semblait lié à mes fonctions ! A mes fonctions ?? *(Un temps)* J'étais nauséeux ! (13) --Ca va ? *(Un temps)* J'eus du mal à déjeuner ! *(Un temps)* J'avais rendez-vous avec la même nonne, en fin d'après midi. Et j'appréhendais ! *(Un temps)* Mais, son air était différent. Elle ouvrit sa blouse ! Elle avait ôté sa croix. *(Un temps)* (13) --J'ai une anatomie de mère de famille ! On vous dit tendre et prévenant.

L'Exorciste

(En rugissant) Profanation !!!
Coup de chaleur. Un bruit violent.

Père

Deux trains, projetés l'un contre l'autre---.

Témoin

Un instant sans voix, et les larmes aux yeux, je l'attirai vers moi, de peur ! Elle était brûlante et me murmura, j'ai la trouille ! *(Un temps)* Plus tard, elle m'annonça d'une voix étrange : (13) --Augustin fait de la concupiscence le mode d'infection de l'humanité, la propagation du péché originel qu'elle transmet à la postérité d'Adam ! *(Un temps)* Elle était nue, à demi décoiffée, et pensait au péché originel. *(Un temps)* J'étais tétanisé ! *(Un temps)* Puis, elle eut un orgasme brutal et inattendu et, stupéfaite, s'effondra sur moi, en murmurant--- --Etait-ce Dieu, était-ce le diable ?

Exorciste

(Au père) Ces créatures doivent être cloîtrées !!!
Passages de nuages noirs.

Supérieure

Leurs vœux n'étaient que provisoires !

Exorciste

(S'adressant à un public illusoire) Abomination !!! *(Au témoin)* Infernus !!! *(Un temps)* Vous vivrez l'enfer, un état de souffrance extrême de l'esprit, dès lors qu'il sera séparé de votre corps !

Père

L'enfer, c'est la créature qui se ferme à l'amour de Dieu ! *(Un temps)* Est-ce réellement le cas ?

Supérieure

(Un temps) 1,38---. *(Un temps)* Nous avions décidé d'interpeler les média ! *(Un temps)* Et avec quatre nonnes grosses, à défaut d'être entendues, nous étions certaines d'être écoutées !

Témoin

(Accablé) 1,38---

Exorciste

Se noyer dans le stupre au prétexte d'un chiffre et l'afficher bruyamment hors de l'Eglise !!?

Supérieure

(A l'Exorciste) Je suppose que vous regrettez l'inquisition, la torture et le bucher !

Exorciste

C'était un temps de courage et de sincérité !!!

Témoin

Le même soir, je suis allé frapper à la porte de sa chambre !
La lumière baisse.

Supérieure

--Entrez ! *(Un temps)* Quatre nonnes grosses--- ? En fait, je n'en étais pas certaine ! Et ce garçon allait repartir---. *(Un temps)* Mais je ne m'attendais pas à sa visite !

Témoin

Elle s'était assise sur son lit, stupéfaite ! *(Un temps)* Il faisait chaud. Sa chemise était remontée sur ses cuisses et le haut, flottant, laissait deviner sa poitrine.

Supérieure

--Ah ! C'est vous.

Témoin

En essayant de comprendre pourquoi j'étais là, elle en oubliait sa tenue !

Supérieure

Toutes les rencontres que j'avais organisées me revinrent à l'esprit !

Témoin

Son embarras facilita ma déclaration ! --Chiara !

Supérieure

--Chiara--- ??? Je frissonnais !

Témoin

--Euh ! Si vous souhaitiez vous-même --- euh, *(Un temps)* en usant de votre façon de faire et, non de la mienne ---. *(Un temps)* Je doutai soudain que ce soit vraiment la raison de ma présence chez elle ! *(Un temps)* Son visage traduisait l'inquiétude et le doute. *(Un temps)* Je baissai les yeux sur ses cuisses !

Supérieure

Effarée, je suivis son regard !

Témoin

Sur ses cuisses, puis ses seins ! *(Un temps)* Je repensais à ses doigts sur ma peau. *(Un temps)* Nous nous taisions ! Sa bouche était entrouverte. J'étais à deux mètres du lit et j'allais faire demi-tour, quand j'ai compris que je l'aimais. *(Un temps)* Je devais faire demi-tour ! *(Un temps)* Elle ne baissait toujours pas sa chemise. *(Un temps)* C'était trop tard !

Supérieure

--Approchez !

Témoin

J'avançai en tremblant. Elle me prit la main ! *(Un temps)* Nos pouls étaient erratiques.

Supérieure

--Laissez-moi prier !

Témoin

Le temps s'était suspendu.

Supérieure

--Allongez-vous près de moi !

Témoin

Elle m'attira contre elle.

Supérieure

Je doutai de mes gestes.

Témoin

J'étais terrorisé à l'idée que, soudainement effrayée, elle m'éconduise !

Supérieure

--Déshabillez-vous !

Témoin

Je me suis dévêtu.

Supérieure

--Déshabillez-moi---

Témoin

Debout et nu devant elle, *(Un temps)* je fis passer sa chemise par-dessus ses épaules.

Supérieure

(Un temps) --Je suis vierge.

Témoin

Je tremblais.

Supérieure

Pourquoi cet aveu, naïf ??? *(Un temps)* J'ai compris que je l'aimais et que c'était une façon de le lui dire !

Témoin

Elle parut s'interroger.

Supérieure

---que je l'aimais. *(Un temps)* Mais, qu'en attendre ??? *(Un temps)* Il m'avait rendu visite dans le cadre du programme que j'avais conçu, *(Un temps)* pour m'y inclure---. *(Un temps)* J'étais tombée amoureuse d'un garçon consciencieux. *(Un temps)* C'était effrayant ! Et c'était trop tard.

Témoin

Nos fiançailles avaient été longues et étranges.

Supérieure

La fraîcheur de la nuit me réveilla. J'étais pleine de gratitude !

Exorciste

(Brandissant sa canne, à la religieuse) C'est au démon--- !!! Ma sœur, c'est au démon que vous avez cédé ! *(Un temps)* Au démon !!!

Grondements lointains.

Père

Cette relation, entrait-elle dans vos intentions ?

Supérieure

Je pensais ne plus avoir l'âge me permettant de la justifier ! *(Un temps)* Et je n'avais pas prévu de m'investir dans un tel rôle.

Exorciste

(Au témoin) Vous serez maudit !!!

Père

(A la Mère supérieure) Quelle fut la part du désir ?

Supérieure

Je m'y suis prêtée.

Exorciste

(A la Mère supérieure) Satanas habitat !!!
Grondements lointains. Passages de nuages noirs sur fond de ciel bleu.

Père

(A la Supérieure) Le regrettez-vous ?

Supérieure

(A voix basse) En m'unissant à ce garçon, j'ai retrouvé avec étonnement, tendresse et fièvre, une partie, très enfouie et très ancienne de mon être, *(Un temps)* dont j'étais séparée depuis l'apparition de la sexualité chez le vivant ! *(Un temps)* J'ai pu me découvrir et me reconnaître, libérée de toute servitude, de toute hypocrisie, de toute naïveté---.

Exorciste

(Au témoin) Putainerie et fornication ! On arrachera vos chairs à la tenaille !!!

Témoin

Euh ! Je suis ici comme témoin.

Père

(A la Supérieure) Au risque d'en oublier le Seigneur---.

Supérieure

(A voix basse) Soudé à cet être manquant, plus rien ne me séparait du Seigneur !

Père

(Fébrile) Tout au long de sa vie, Saint Augustin se sentit vulnérable ! Jamais plus après son ordination, il ne parla à une femme, sinon en présence d'un autre ecclésiastique. *(Un temps)* Sans doute aurait-il fallu que vous ayez la même prudence ! *(Un temps)* Sans doute---.

Exorciste

(Au témoin) Adultère et luxure ! On broiera vos os !!!

Témoin

(Etonné, à la supérieure, désignant l'exorciste) Qui est cet homme !??

Supérieure

(A voix basse) En milieu de vie, Augustin a du régler un différent entre une mère castratrice et sa compagne, en abandonnant la seconde, dont il avait un fils ! *(Un temps)* Comment la justification de ce comportement, condamnable, a-t-elle influencé ses écrits ? *(Un temps)* Aujourd'hui, on parlerait d'Œdipe !!!

Père

(Fébrile) Pour Saint Augustin, ce n'est pas la sexualité ou la plaisir sexuel, qui existait au paradis terrestre, qui est mauvais en soi, c'est leur emprise sur la volonté humaine !

Exorciste

(Au témoin) Péché d'ignorance et de malice ! On déchirera vos ligaments !!!

Témoin

(Décontenancé, à mi-voix) Je répondais simplement aux prières qui m'étaient adressées.

Supérieure

(Au Père) L'ascèse, la continence, l'abstinence, la chasteté, le célibat, et les dépossessions qu'ils génèrent ont plus d'emprise sur l'être qu'une sexualité raisonnablement assumée !

Exorciste

(A la supérieure) En détruisant l'endiguement que nous avons bâti, vous avez libéré la boue ! Satan vous habite !!!

Supérieure

Les barrages ont un évacuateur de crues. La vie est un torrent ! Pourquoi refuser de l'admettre !!?

Témoin

(Etonné, balbutiant pour lui-même) Me suis-je avancé dans un champ de mines, attiré par des fleurs ? Un champ de mines--- ???

Supérieure

(A l'exorciste, un tantinet ironique) Comment pouvez-vous parler de l'amour avec de telles certitudes et décréter à son propos autant d'interdits, alors que vous n'en avez aucune idée !!?

Exorciste

J'en ai tout appris en confession !

Supérieure

En confession, de l'amour, vous en avez appris ce qu'il n'était pas !!!

Père

(A mi-voix) Au gré de ma quête, j'imagine saisir le message du Christ, puis j'en doute.

Exorciste

(Au témoin) Œuvre de chair hors mariage et polygamie ! On vous éviscèrera !!!

Témoin

(Regardant la Supérieure) Dans contre cœur, il y a cœur !

Supérieure

(Au témoin, affectueuse) J'ai découvert une douceur que j'étais jusque là incapable de ressentir !

Exorciste

Je suis exorciste !!!

Témoin

Je gardais le souvenir de leur peau, comme autant de traits gravés dans un arbre.

Supérieure

(Au témoin, avec tendresse) Nous descendons de poussières d'étoile, au terme de milliards d'années d'errements, et de bouleversements ! *(Un temps)* Incertains, minuscules et perdus---.

Exorciste

(Au témoin) Péchés d'orgueil et profanation ! On vous brûlera vif, pour le vif de vos restes !!!

Supérieure

(Méditant) Le propre du masculin, féru d'abstraction, éloigne du réel ! *(Un temps)* Plus de féminin au sein de l'Eglise l'y ramènerait.

Père

L'Eglise a de multiples facettes !

Supérieure

Qu'elle fasse confiance aux expériences ordinaires et se prête à des suffrages plus étendus !

Père

(Fébrile) Euh ! *(Un temps)* Elle vient de reconnaître qu'elle est appelée à sortir d'elle-même pour aller vers les périphéries existentielles ---

Supérieure

(A l'exorciste) Misogyne et frustré, vous faites porter aux femmes la croix de l'histoire, plus que vous ne leur faites partager celle du Christ, *(Méprisante)* quitte à tolérer, voire, à faire le lit, de pratiques internes qu'officiellement vous réprouvez !

Père

Euh---.

Supérieure

A quel titre s'immiscer dans les lits !!? Etait-ce dans le message du Christ !?? *(A l'exorciste)* Il y aurait mieux à faire en changeant nos draps !!!

Exorciste

(A un public illusoire) Prétendre que les prêtres ne respectent pas les commandements de Dieu est un procès ignoble !

Père

Euh ! Il se peut que quelques-uns de nos ministres aient cédé au péché. *(Un temps)* Mais, ça reste rare ! Et j'imagine qu'il s'agissait, dans la plupart des cas, de relations platoniques, d'ignorance et de gestes amicaux---. *(Un temps)* Et, méfions-nous des dires d'enfants, ou d'affaires trop anciennes et propres à boucs émissaires !

Exorciste

(S'adressant fièrement à un public imaginaire en désignant le sol) La dureté du roc, découverte sur ce parvis à ma naissance, m'a accompagné comme une bénédiction !

Supérieure

(Plus bas, avec empathie, tournée vers le témoin) Quelles relations le Christ avait-il avec Marie-Madeleine !?? *(Un temps)* Sans doute, avaient-ils des enfants !
Eclair et grondement. Le père ouvre son parapluie.

Exorciste

Je suis exorciste et je chasse le diable !!! *(Tendant une croix en direction de La Supérieure)* « Je te conjure, Satan, ennemi du salut des hommes, reconnais la justice et la bonté de Dieu le père, qui, par son juste jugement a condamné ton orgueil et ton envie ; quitte cette servante de Dieu, Chiara ! Le seigneur l'a faite à son image, l'a parée de ses dons, et par miséricorde, l'a adoptée comme sa fille ».
On devine que le Père répète à voix basse et en latin les paroles de l'exorciste. On ne l'entend pas. Il referme son parapluie.

Témoin

Euh ! Quelques jours plus tard, Francesca m'entraîna dans la salle d'écographie ! (14) --Déshabille-toi ! *(Un temps)* C'était aux antipodes de notre première rencontre. (14) --Allonge-toi sur le dos ! *(Un temps)* Elle ouvrit sa blouse, m'enjamba et m'épousa comme une vieille maîtresse, avant de poser une souris sur son pubis et de cliquer sur un clavier. (14) --Ca y est ! *(Un temps)* Elle fixait l'écran, fascinée ! (14) --Regarde ! *(Un temps)* C'était une image en noir et blanc qu'elle surligna du doigt ! (14) --Mon vagin, avec à l'intérieur, ton pénis ! *(Un temps)* J'étais subjugué ! L'image respirait. *(Un temps)* Son sexe se mit à battre. Et, mon corps cessa de m'obéir ! Puis, l'image s'apaisa ---. *(Un temps)* Elle me tendit deux clichés sortis de l'imprimante. (14) --Nos photos de mariage ! *(Un temps)* Les mots me heurtèrent, plus violemment encore, que ces photos ! *(Un temps)* Pourvu qu'elle ne les montre pas un jour aux enfants !!! L'idée était saugrenue ! *(Un temps)* Mais je flottais dans un monde étrange.

Exorciste

Obscenum image !!!

Témoin

L'Eglise avait toujours affiché sa détermination.

Père

(A mi-voix, accablé et tourné vers le témoin) Il ne faut jamais satisfaire ses besoins au milieu des crocodiles !

Supérieure

1,38 ! *(Un temps)* Des nonnes enceintes et ces clichés seraient les meilleurs des porte-voix !

Père

Cette outrance était-elle nécessaire--- ???

Témoin

La Mère supérieure m'avait paru nerveuse. J'allai à nouveau frapper à sa porte !

Supérieure

--J'ai des nausées !

Témoin

J'étais très ému.

Supérieure

Nous avons convoqué les média ! A l'entrée d'un cimetière ! *(Un temps)* Nous avions attendu que nos ventres soient bien ronds !

Témoin

Je pensais qu'elles voulaient des enfants, alors qu'il s'agissait d'en attendre---.

Exorciste

(A la Supérieure) Comment vous repentir sans confier ces fruits du péché à l'orphelinat !!?
Grondement de tonnerre lointain

Supérieure

(Violente) Enfant, je m'interrogeais ! Pour quelles raisons notre curé, en charge d'une paroisse très chrétienne, était-il couvert d'exéma !??

Père

Mon Dieu !!!

Supérieure

(A l'exorciste) Vous défendez une vieille place forte que, par votre aveuglement, vous sapez !
(Fataliste) Le lest qui nous est affecté en naissant parait chez vous bien pesant !!!

Père

Ma sœur--- !

Exorciste

En quoi ma naissance--- !??

Supérieure

Les journalistes étaient incrédules--- !

Témoin

(Murmurant) Je ne comprenais pas---.

Supérieure

Puis, ils nous ont écoutés !
Eclair et coup de tonnerre.

Exorciste

(Tendant la croix vers la supérieure) « Je te conjure, Satan, prince de ce monde, reconnais la puissance et la vertu de Jésus Christ, qui t'a vaincu dans le désert, a triomphé de toi dans le jardin, sur la croix, t'a dépouillé, et, se relevant du tombeau, a transporté tes trophées au royaume de la lumière ; retire-toi de cette créature, Chiara ! *(Un temps)* En naissant, il a fait d'elle sa sœur et en mourant, il l'a faite sienne, par son sang ! ».

Témoin

Chiara ---

Père

Vous avez emprunté un chemin si différent dans votre recherche de Dieu, qu'il pourra seul en juger. *(Un temps)* Nous prierons pour vous !

Exorciste

Il a fallu plusieurs siècles pour comprendre les paroles du Christ ! La recherche est close !!!

Supérieure

(Soudain lasse) Vous marmonnez, sourd aux bruits du monde, et indifférent à ceux qui doutent de votre catéchisme !!! *(Se tournant vers l'exorciste)* Alors qu'il vous faudrait effacer les deux mille ans de graffitis, fruits d'une histoire trop humaine, gravés sur vos murs, et dont vous vous faîtes le chantre !!?

Exorciste

C'est de l'apostasie !!!

Supérieure

Le diable s'est introduit dans nos textes ! *(Un temps)* Et, usant de l'assujettissement, l'asservissement, la dépossession, la dépendance, la servitude, la frustration, la ségrégation, la croisade, la violence, la guerre et le dol, il éloigne l'homme du vrai message divin !

Père

(Un long temps) *(Pensif, à la Supérieure)* Je doute du--- du pourquoi ?

Témoin

Du pourquoi---???

Père

(A la Supérieure, pédagogue) Votre démarche pourrait avoir un but différent de celui que vous dites !

Supérieure

(Un temps) *(Plutôt pour elle même)* Combler un désir enfoui de maternité--- ???

Témoin

(A mi voix) Pourquoi ? *(Un temps)* Pourquoi ai-je accepté leurs requêtes ? Partager leur joie ou besoin viscéral de répandre mes gènes ?

Père

(A la Supérieure) Je me demande si, en voulant secouer le pays, vous n'avez pas, plutôt, songé à violemment ébranler l'Eglise--- ! *(Un temps)* Notre inconscient décide, sans que nous percevions vraiment ses raisons, quitte à nous en donner d'autres pour nous rassurer ! *(Un temps)* Et je crains que votre ambition inconsciente ait été telle que vous ayez du vous la cacher !

Témoin

--- besoin viscéral de répandre mes gènes ?

Père

On ne sait qui décide en nous, ni comment le ciel intervient.

Supérieure

(Un temps) Ebranler l'Eglise--- ???

Témoin

(A mi voix) Je n'ai cessé de les aimer---.

Supérieure

Face à l'obscurantisme, au fanatisme, à l'archaïsme et la violence, au nom de Dieu, dont nous sommes témoins, notre Eglise, pourrait-elle servir d'exemple d'entendement, de quiddité, d'égalité, de liberté, de modernité et d'empathie !??

Exorciste

Le diable !!!

Père

(Méditant) Pourquoi s'agirait-il du diable ?

Exorciste

(Explosant, devant des interlocuteurs, ébahis, comme un taureau lâché dans la foule, furieux, mugissant, soufflant, éructant)(Au père) J'ai été élevé comme un enfant de la noblesse ! Don de soi et rigueur ! *(Un temps)* J'ai le rang d'un évêque ! *(Un temps)* Et votre rhétorique m'irrite ! *(Un temps)* Vous n'avez pas foi en notre Seigneur, mais dans les débats qui entourent ses paroles ! Et en prétendant l'éclairer, vous affadissez son message !!! *(Soufflant)* C'est échauffant !!! *(Mugissant en se tournant vers le témoin)* Et vous, vous n'aviez qu'à engrosser vos propres femelles ! L'Eglise réformée s'y prête ! *(Sardonique)* Je vous tourmenterais avec plaisir---. *(Doucereux)* Que vos compatriotes n'aient jamais brûlé l'un des leurs est une faiblesse ! *(Un temps)* En abandonnant depuis des siècles la part du feu aux voisins, ils en ont oublié la douleur---. *(Sarcastique)* Et si j'admire que vous éduquiez vos filles, *(Avec commisération)* elles font peu de longues études, pour en faire des épouses lisses et polies, de là, à venir vous déniaiser chez nous !!! *(Se tournant vers la Supérieure)* On aurait du vous marier à treize ans ! *(Victorieux)* La barbaresque africaine en a gardé la vertueuse coutume avec ses filles ! *(Faussement empathique)* Vous seriez chaisière, en charge de moucher les chandelles et brosser les dalles ! *(Méprisant)* Les gens du peuple n'ont aucune des retenues de l'âme qu'ont ceux d'une noble lignée !!!

Supérieure

(Vexée et explosant à son tour, répondant à l'exorciste) Vous pensez sans doute aux âmes, bien nées, qui, récemment encore, se sont réjouis du fascisme !!

Exorciste

(Sombre) Cette abbatiale a été détruite par les Américains !!! *(Se tournant vers le témoin, avec commisération)* L'argent rend égoïste ! *(Méchant)* Putainerie pour putainerie, ces ventres, nous aurions du vous les vendre, et pour ceux qui étaient neufs, vous les vendre cher ! *(Vers la Supérieure)* Dieu a crée le monde en sept jours et le singe n'a jamais été mon cousin !!! *(Un temps)* Vos excès de connaissances vous ont éloignée de la foi ! Je détruirais vos livres ! *(Au père, méprisant)* Quant à vous, vous enténébrez une curie qui se débat courageusement pour rester italienne ! Il vous faut retourner en Afrique !!! Céder la place ! Le Christ était blanc ! Et, sous un verni de chrétienté, peu ou prou, les noirs restent des animistes ! *(Se retournant vers la Supérieure, sardonique)* Chaisière, votre croupe rebondie, aurait servi à quelques abbés emportés par leur sève !!! *(Les yeux au ciel)* Quel prélat n'a pas rêvé du cul d'une nonne nourrie de semoule !!? *(Doucereux)* Après confession, Dieu vous aurait pardonné et la faute serait restée confidentielle ! *(Hurlant)* Il faut occire les païens, éventrer leurs animaux, leur femmes et leurs enfants, incendier leurs maisons, confisquer leur terres !!! *(Il respire bruyamment)* Et en usant du hasard et de la poudre pour semer la terreur !!!

Supérieure

A défaut de vider le seau hygiénique, nous vivrons dans l'urine, répétait Maman !

Exorciste

(Eructant) (Désignant le témoin) Nos gardes viennent déjà de chez vous ! Nous ne voulons pas d'un Pape suisse !!

Violent coup de tonnerre.

Exorciste

(Regardant soudain le ciel avec inquiétude, abasourdi par ses propres mots) Mon Dieu, que dis-je !?? *(Un temps)* Mon Dieu ! *(Se jetant à genoux)* Pardonnez-moi ! Satan tente de me circonvenir alors que je suis ici pour le chasser !

Père

(Se levant affolé et brandissant sa croix en direction de la chaire) « Je te conjure, Satan, qui trompe le genre humain. Reconnais l'Esprit de la vérité et de la grâce---

Exorciste

Non !!! *(Se relevant précipitamment)* L'exorciste, c'est moi !!! *(Brandissant sa croix, et la retournant vers lui)* « Je te conjure, Satan, qui trompe le genre humain ! Reconnais l'Esprit de la vérité et de la grâce, qui repousse tes embuscades et embrouille tes mensonges ; va-t-en de cet humain créé par Dieu, *(Se frappant la poitrine)* Guiseppe ! *(Un temps)* Il l'a marquée du sceau d'en haut ! Retire-toi de cet homme ! *(Un temps)* Dieu, par l'onction spirituelle, a fait de lui un temple sacré. Retire-toi donc, Satan !!! Au nom de Père, du Fils, et du Saint Esprit, retire-toi par la foi et la prière de l'Eglise ! Retire-toi par le signe de la sainte Croix de notre Seigneur Jésus Christ, qui vit et règne pour les siècles des siècles ».

Eclair et coup de tonnerre.

Père : *(Recroquevillé sur lui-même)* Amen !

Un temps.

Dans la poche du témoin, paralysé de surprise, un portable se met à sonner, les frappant tous de stupeur et d'incrédulité.

Noir

Fin

NB :

1 Au moyen âge, l'exorcisme était d'une rare violence. Causait-il un effet voisin de l'électrochoc ? Etait-il de nature à modifier la programmation neurolinguistique de certains sujets ? Se révélait-il quelquefois efficace ? Serait-ce la raison de sa perpétuation ?
Lors des trois adjurations, il faut retrouver la violence de l'époque.
2 Lors de ces adjurations, l'Enquêteur doit répéter en latin et à voix basse les propos de l'Exorciste. L'inverse, l'exorciste s'exprimant à haute voix en latin et le père répétant ses propos en français est une autre option.
3 Le metteur en scène peut souligner l'explosion de l'exorciste comme une métaphore des guerres de religion qui embrasent le moyen orient, en accompagnant le texte de bruits lointains de mitraille et de grondement de canon.

Maurice

Jean Renault

A Alice Renault et Alphonsine Barral, mes tantes et Maurice Renault, mon père,

Préface

Ce texte est inspiré de mon roman « La gare de Grasse ».

Si l'histoire est tirée de la vie de deux de mes tantes, leurs délires, leurs fantasmes et leurs confrontations ne sont que des spéculations au service du sujet, la maladie d'Alzheimer, le naufrage qui l'accompagne, et de la dramaturgie.

Ils ne reflètent en rien l'opinion ou la perception de l'auteur à leur égard, ni ne modifie son admiration et son profond attachement pour elles !

Ce texte est une construction imaginaire.

*****

Personnages

Alice : Une vieille dame
Alphonsine : Une vieille dame

Décor

La scène se passe dans une cour ou au fond d'un jardin, clos d'une barrière et d'une haie. On devine à proximité, mais sans les voir, une voie ferrée, un passage à niveau, une gare de campagne. Dans un angle, on aperçoit un signal lumineux, rouge après le passage d'un train, puis vert.

Le texte est accompagné ou entrecoupé par, la sonnerie du passage à niveau, la cloche de l'annonce de l'arrivée d'un train dans la gare, le sifflet d'une locomotive, le bruit de la vapeur à son passage, et le roulement des wagons sur le rail.

*****

Scène 1

Les deux vieilles dames sont à l'âge ou la mémoire proche disparaît et où l'éducation et la pudeur se délitent pour laisser place à l'évocation de vieux et douloureux souvenirs et aux fantasmes qui les accompagnaient.

Elles sautent de la narration de leurs souvenirs réels et des jugements qui les accompagnent, quand elles ont toute leur tête, aux récits de fantasmes et aux délires, lorsqu'un instant plus tard, elles la perdent. Elles s'expriment avec affect, quand il s'agit de leurs souvenirs réels, et d'une voix monocorde, cassée, dans les graves, d'outre tombe, quand il s'agit de fantasmes ou de délires.

Elles attendent avec un sac de voyage et une valise à la main.

Bruit de cloche d'annonce du train, puis sifflement de la locomotive, puis bruit de vapeur.

Alphonsine

A cette époque, j'étais chef de gare de La Bouilladisse, sur la ligne d'Aubagne à La Barque, une passerelle enjambait la voie, en face de l'école, puis, il y avait la gare et plus loin le passage à niveau, au-delà, la ligne montait vers Valdonne, droite et raide !

Alice

En entrant à la poste, j'ai été nommée à Anzin, les hommes ne pensaient qu'à me sauter, je le voyais dans leurs yeux, le sentais dans leurs gestes, le sexe ne m'intéressait pas, chez eux c'était une obsession, ils me dégoûtaient !

Alphonsine

Le chemin de fer a écrasé ma libido, l'a écrabouillé, détruite, réduite en miettes ! *(Bruit de roulement)*

Alice

Je n'étais bien qu'avec Maurice, nous avions les mêmes goûts et nous comprenions à demi mots ---

Alphonsine

J'ai rencontré Maurice à la buvette de la gare d'Aubagne, il me faisait la cour, avec quatre ans de moins que moi il en avait trente, c'était mon client préféré, il ne buvait pas, et donc, ne me rapportait rien. La buvette, je détestais ce travail, mais il fallait que j'élève mes enfants ! Il voulait m'épouser, mais, je l'aurais tué, comme les autres. J'ai fait venir Fernande, Maman ne voulait pas qu'elle reste à Saugues, elle la trouvait trop belle et craignait qu'elle ne finisse dans les bras d'un vaurien, elle ne souhaitait pas que nous restions à Saugues, ni les uns ni les autres ! L'atelier de mon père ne valait plus rien, les gens n'achetaient plus de sabots. *(Un temps)* Maurice et Fernande ---

Alice

(Délirant soudain) Le car est en retard !

Alphonsine

Il n'y avait plus de trains de voyageur à La Bouilladisse ! Face aux cars qui s'arrêtaient en un plus grand nombre d'endroits, ces trains ne transportaient plus assez de monde et on les avait supprimés. *(Un temps)* Aucun car ne passe ici !

Alice

J'attendrai le temps qu'il faudra, ma valise est prête et je n'ai pas froid ! *(Un temps)* Mes bottes sont sales ! *(Un temps)* C'était plein de boue, comment tout ces hommes à cheval ont-ils pu se ruer face aux archers anglais, je vous parle d'Azincourt, et se faire décimer ! *(Un temps)* Faut-il être désespéré ! *(Un temps)* La mort au bout du pré !

Alphonsine

Par bravade !

Alice

Par ennui ! *(Un temps)* Ma mère vous traitait de pute, vous lui aviez enlevé son fils !!! *(Un temps)* Qu'est-ce que je raconte !?? *(Un temps)* Maman avait un faible pour les garçons, j'ai fait ceci pour déjeuner, Maurice, je t'ai préparé ça, pour lui, c'était toujours quelque chose de différent, il était difficile !

Alphonsine

Maurice et Fernande se sont mariés à La Bouilladisse ! Jean est né l'année d'après.

Alice

J'avais fait des photos dans la cour de la gare, je me vois rembobinant la pellicule, elle était empierrée, au fond une barrière de bois fermait le jardin, à côté, deux grands cyprès.

Alphonsine

Voulez-vous boire quelque chose ?

Alice

A la buvette d'Aubagne ?

Alphonsine

Mais, --- vous n'y êtes pas, je n'y suis plus depuis des années !

Alice

Vous devriez avoir des remords !

Alphonsine

Des remords, *(Un temps)* pourquoi, non, absolument pas, des regrets plutôt, quelques occasions ratées !

Saviez-vous qu'en 732, j'étais à Poitiers, et là, ce fut une réussite !

Alice

A quel propos ???

Alphonsine

Avec Charles, c'était nécessaire, il fallait les arrêter !!!

Alice

De qui parlez-vous !??

Alphonsine

Des Maures !!! Je dis qu'il fallait les arrêter, les Maures ! Charles a choisi d'engager le combat à Poitiers. Il m'en a donné les raisons, mais la stratégie m'échappe. La veille encore, c'était un jeudi, je partageais sa couche, *(Un temps)* préoccupé, il fut fébrile et maladroit !

(Un temps) Ce que je vous raconte est effrayant ! Non !?? J'en ai l'impression, ma bouche est moite !

Alice

Peu après le débarquement, je suis allé chercher Jean à Cannes, en vélo ! Depuis le pont des Gabres, la montée est très dure, je n'avais pas de dérailleur, je me suis arrêté à l'endroit où la route nationale rejoint la voie ferrée et la mer, situées en contrebas, appuyés sur la barrière blanche, il y avait deux marins américains, pourtant, c'était assez loin du port, ils souriaient et nous ont offerts du chewing-gum, Jean en mâchait pour la première fois, plus loin, un camion de prisonniers allemands nous a doublés, les sentinelles ont fait le V de la victoire. La route était devenue plus simple, plate et rectiligne. Il faisait beau, *(Un temps)* devenu plus simple ---.

Alphonsine

Maman s'ennuyait à Saugues, c'était monotone, *(Un temps)* comme Godefroy, quand il quitta Bouillon pour partir en croisade ! Je l'avais suffisamment aimé pour savoir que tout ça n'était qu'un prétexte tant il s'ennuyait avec sa femme, je parle de Godefroy --- de Bouillon. J'étais sa maîtresse !

Alice

Les américains avaient regroupé dans des camps les japonais qui, avant la guerre, vivaient chez eux !

(Un long temps) Vous attendez le train !??

Alphonsine

Le train !?? Ici !!? *(Bruit de roulement)*. A La Bouilladisse, le seul train de voyageurs était celui des mineurs, il les prenait le matin très tôt pour les ramener en fin d'après midi, je ne m'en occupais pas, tous les autres étaient des trains de charbon qui montaient à vide d'Aubagne pour redescendre le lignite à Marseille. C'est à La Bouilladisse que Mireille est née, au début de la guerre ! Pour éviter que Jean n'entende les cris de Fernande, Gaby et Josette l'ont promené sur un chariot à bagages dont le bruit était assourdissant. La veille, le chauffeur d'un camion avait défoncé le passage à niveau, Gaby avait récupéré des morceaux des catadioptres et lassé de pousser ce chariot les avait donnés à Jean *(Un temps)* pour l'occuper, Maurice était furieux !

Alice

Défoncer est un verbe masculin, mis en œuvre pour plaire à leurs gonades, *(Un Temps)* j'en ai horreur !

Alors que nous étions en montagne et roulions en vélo, Marie Rose a tourné trop tard et percuté le parapet. Elle est tombée dans un ravin. Je l'ai crû morte, le rocher brisé, son oreille saignait !

Alphonsine

Mon premier mari avait traversé trop tard, il était chef de gare, c'était à Saint-Chamas, devant une machine haut le pied, (*bruit de sifflement*) projeté sur un chariot à bagage, il fut tué sur le coup, j'ai soif, il me restait trois enfants, ma fille aînée était morte, emportée par le croup, la nuit précédant cet accident, son chien, un chien de chasse, avait hurlé sans interruption, les animaux sentent les choses, je lui avais succédé comme chef de gare, une étrange succession, à Croix-Sainte, presque au même endroit !

Alice

(Regardant une montre qu'elle n'a pas) C'est l'heure !

Alphonsine

(Avec un même geste) J'ai hâte de les revoir, *(Un temps)* je reprendrai mes études et je repartirai avec eux, ils me logeront, ce sera plus simple, *(Un temps)* faites comme moi, vous en oublierez ce qui vous tourmente !

Alice

Vous m'en donnez l'envie, faire des études de gériatrie, en aurais-je encore la patience et le temps ? Les études sont longues !

Alphonsine

Pourquoi ne pas faire l'ENA, j'y ai souvent pensé, ma vie en serait transformée !

Alice

J'ai réussi à être nommée à Antibes, et revenir habiter chez mes parents, la santé de mon père était fragile, il avait attrapé la tuberculose dans les tranchées. *(Un temps)* Je détestais le Nord, mais j'y avais fait quelques amis et appris à boire le café en mettant directement le sucre dans la bouche, le contraste de l'amertume et du sucré est délicieux, c'était plus rapide aussi, je n'ai jamais aimé attendre !

(Un temps) Que fait le car !?? Vous n'avez rien oublié, d'aucuns égarent leurs affaires, surtout en voyage !

Alphonsine

Il avait traversé devant une machine haut le pied, je parle de mon premier mari, en quatorze, les saint-cyriens avaient chargé en gants blancs, *(Un temps)* c'était similaire et puéril, *(Sévère)* vous parliez de leurs gonades, *(Gourmande)* de leurs gonades ----

Alice

En fin de journée, je faisais des additions sans fautes, des pages entières de chiffres et ne les recomptais qu'une fois. Je ne le referais plus aujourd'hui ! Il faut dire que si nous avions trop d'argent, l'excédent appartenait à la poste, et s'il en manquait, nous devions le mettre de notre poche. C'était injuste, mais, ça conduisait à faire des calculs exacts !

Alphonsine

Au début, j'étais terrorisée par les visites de l'inspecteur, bien qu'il ne vienne que rarement et qu'il n'ait jamais rien à me reprocher, j'en avais la hantise, il arrivait à l'improviste, je redoutais l'idée de sa venue plus que sa venue elle-même, et puis une femme seule ---, puis, je me détendais quand il était là, *(Un temps)* j'étais seule et vulnérable ---

Alice

--- vulnérable ? Vous ne pensiez qu'au sexe !!!

A la poste, le contrôleur harcelait Marie Rose ! Elle a fini par demander son changement, et Dieu sait si elle se plaisait à Antibes, par aller vivre à Nice. Il nous a éloignées l'une de l'autre !

C'était un saligaud ! Qu'au sexe !

Alphonsine

C'est un sénateur qui fut le plus doux de mes amants, dire s'il me harcelait ---, il adorait mes seins, il en était fou, --- leur vue, en te regardant, me disait-il, je nourris mon discours politique, en quoi le blanc de ma peau l'aidait-il au parlement, j'ai chaud, le désir est complexe, c'est souvent un fouillis, tout est mélangé !

Alice

Un homme vous prend et vous pensez à une bouse !!!

Alphonsine

Vous croyez !?? *(Un temps)* Je me suis remariée, il était veuf et avait un enfant ! *(Un temps)* Pour éviter d'accompagner les wagons jusqu'à l'endroit qui leur est affecté, gagner du temps, les mécaniciens les lancent, et c'est un sabot placé sur le rail qui les arrête. Mon second mari était sous-chef de gare à Pertuis, il a posé ce sabot trop tard, *(Bruit de roulement)* il a glissé, sa jambe a été sectionnée, c'est une voisine qui est venue me prévenir, on venait de le transporter à l'hôpital, *(Un temps)* pour y mourir, elle m'a ramené la jambe oubliée sur le ballast, entourée de papier journal, terrorisée, ne sachant qu'en faire ---, j'étais --- c'était sa jambe ---*(Un temps)* Fernande adorait danser !

(Un temps) On m'avait remarqué à la cour, les filles intelligentes y étaient rares, les mariages consanguins n'arrangeaient rien !

(Cloche d'annonce) Il n'y a que des X au chemin de fer ! *(Un temps)* L'inspecteur avait tenté de m'embrasser, j'avais dû céder, j'avais aimé, il en était jaloux *(Un temps)* Ce n'était pas réciproque ! La jalousie est un bien de propriétaire, et je n'avais plus rien !

(Un temps) En reprenant mes études, je pourrais accéder aux plus hautes fonctions !

Alice

Vous délirez, je reconnais les symptômes du délire, avez-vous des absences ?

Alphonsine

De quel genre ?

Alice

Du genre, je raisonne et entre temps, j'oublie !

Alphonsine

J'ai rêvé cette nuit que je repassais le certificat, c'était affreux, j'avais tout oublié ! *(Un temps)* J'essaie désespérément de me souvenir !

Alice

J'ai le Brevet Supérieur !!!

Alphonsine

A l'ENA, prendront-ils en compte mon expérience de chef de halte !?? Je pourrai séduire certains camarades, je suis encore jeune !

Alice

Pourquoi brûler cette jeune femme, j'avais voulu le demander à Cauchon, et lui faire remarquer, vous ne brûleriez pas un mâle de vous avoir défait !

Alphonsine

J'ai connu de nombreux cochons, avec plus ou moins de plaisir !

Alice

Cauchon !

Alphonsine

Ah, l'évêque ! J'avoue que j'ai du mal à vous suivre dans vos digressions !

Alice

Ils sont misogynes, depuis toujours nous souffrons d'être réduite, pourtant plus nombreuses, nous sommes en minorité ! *(Un temps)* Dans un même état de frustration, certains bonzes se tuent par le feu !!! *(Un temps)* Madame Cadet habitait près de chez nous à Antibes, elle aussi travaillait à la poste. Quand nous passions avec les enfants devant sa maison, elle nous arrêtait, puis peu après, fondait en larmes : --Oh mon Dieu que ces enfants sont beaux ! --Qu'est-ce qu'elle a, me demandait Jean. --Elle fait de la neurasthénie ! Le jour où elle n'est pas venue au bureau, elle n'était jamais absente, je l'ai retrouvée à genoux, la tête dans son four, ça sentait le gaz, elle semblait chercher un farci qu'elle aurait égaré, morte, le gaz !!!

Etes-vous résignée ?

Alphonsine

L'essentiel est d'avoir bon appétit ! *(Regardant son poignet)* Habituellement, ils sont ponctuels ! ?

Alice

Ils vous avaient dit qu'ils viendraient !!?

Alphonsine

Je ne sais si après l'ENA, je retravaillerais à la Compagnie !

Alice

Reprendre nos études, est-ce bien raisonnable !?? Maurice sera d'un excellent conseil, il est toujours d'un excellent conseil !

Alphonsine

Il faudra leur en parler !

Alice

Je ne retournerai pas à la poste !

Alphonsine

Après ce deuxième accident, j'étais devenue au chemin de fer une curiosité statistique, je m'en serai bien passé ! C'est à ce moment là que la compagnie me donna la gérance de la buvette d'Aubagne. Deux époux tués par un train pendant leur travail ---, l'aspect exceptionnel de ces événements en estompait le drame, l'étonnement se substituait à la compassion, j'étais moi-même stupéfaite, ça me protégeait, peut-être, ça venait du ciel, ou du diable, être l'objet d'autant de sollicitude, je ne faisais plus attention, j'avais arrêté de me maquiller, j'avais de longs tabliers noirs que j'ai gardés pendant toute la guerre, mes moyens financiers et mes désirs étaient en harmonie, au plus bas ! Je me concentrais sur mes trois enfants et mon travail. J'aurais pu, ou dû, détester la compagnie et leur transmettre ce dégoût ---- or deux d'entre eux sont entré au chemin de fer et y ont très bien réussi et j'ai aimé ce métier, profondément ! *(Cloche d'annonce)* Ils y ont très bien réussi !!!

Alice

(Un temps) J'ai l'impression surprenante que je ne connaissais rien de votre vie !

Alphonsine

Ce soir là, au bal donné par le Roi, ma parure était très belle, tous voulaient m'épouser, c'était fréquent, mais je préférais le jeune marquis au vieux comte !

Alice

(Un temps) Pour aller au déduit, même décatis, aucun d'eux ne manque à l'appel !!!

Alphonsine

Je confonds, peut-être, parfois je mélange, d'autrefois j'oublie, quelquefois je m'inquiète sur ma façon de raisonner, de m'appuyer sur des souvenirs incomplets, entre le coq et l'âne, je ne me souviens que du coq, *(Un temps)* et je me réfugie dans le bizarre et les doigts noués !

(Un temps) Mais, l'idée de me retrouver sur les bancs de l'école me rend toute drôle. Certains étudiants sont séduisants !

Alice

Je n'accepte aucune familiarité !!!

Alphonsine

L'ENA ne se prête pas aux familiarités, ceci dit, je crains que faire d'abord Science Po ne soit du temps perdu !

Alice

Charles sept était fou, savez-vous que par moments je doute, un jour, j'ai réalisé que je venais d'avoir une absence, comme vous, là ---, la suffocation m'a saisi, et j'ai crains quelques secondes que mon cœur n'y résiste pas !

Alphonsine

Je recevais peu de wagons pour mon usage, la mine de La Bouilladisse avait été fermée. Il y avait toujours deux locomotives, la seconde était à l'arrière. Les trains s'arrêtaient tous en montant pour les dépêches, pour un colis, des fois pour rien, pour respecter l'horaire. La machine de devant stoppait à la hauteur de la gare, à cause de la courbe, celle de derrière était cachée. *(Sifflement)* Puis, sur un sifflement de la locomotive de tête, le train repartait bruyamment dans un nuage de fumée et de vapeur *(Bruit de vapeur, puis de roulement)* et au moment où la locomotive de queue passait devant le bâtiment, il était déjà en pleine vitesse et son mécanicien me saluait d'un petit signe de tête, méconnaissable derrière ses lunettes. J'aimais ces bruits et ces odeurs, *(Un temps)* je les trouvais charnels !

Alice

Le monde devient plat, incolore, monotone --- *(Sonnerie de passage à niveau)*

Alphonsine

Mes désirs sont intacts !

Alice

Vous prétendiez que votre libido s'était éteinte !

Alphonsine

Elle vaut mieux que le reste, regardez la forme de mon pied !

Alice

Charnels, aimer qui, *(Un temps)* aimer des saligauds !!!

(Un temps) La moitié du temps, ma journée était coupée en deux, le matin au guichet, l'après-midi à l'arrière, pour traiter certains documents, m'occuper du courrier en retard. Celui qui triait les colis nous faisait rire aux larmes, il compensait à la poste la terreur que son épouse faisait régner chez lui, aimer comment, elle venait avec son goitre, les yeux exorbités, le harceler au bureau, on aurait dit une, --- oui, une martienne.

(Un temps) Avez-vous rencontré des extraterrestres, moi, je n'y crois pas, un télégraphiste en aurait vu quatre près de Biot, leur engin s'était, paraît-il, posé sur la route, mais, j'en doute !

Alphonsine

Tout à fait ! Le premier venait d'Andromède, je l'avais rencontré par hasard, il n'était pas venu pour moi, vous savez comment ces choses là se font, on croise un regard au jardin des plantes, en fait, c'était dans un champ qui venait d'être moissonné, sa soucoupe était là, quelle aventure, je craignis un moment qu'il n'ait l'idée de m'allonger par terre, tant la paille était dure, je n'ai pas immédiatement réalisé ce qu'il me faisait, j'imaginais une embrassade protocolaire plutôt qu'un viol, d'ailleurs, ce ne fut pas à proprement parler un viol, oui, plutôt une séduction inattendue, irrésistible et non consentante, il ne m'avait rien demandé, comment l'aurait-il fait, nos langues étaient fort différentes, il posa sa main sur mon chat, sans aucune équivoque --- ou plutôt avec ! J'avais faim ! ! Sa semence était sucrée, c'est étrange, bien que le sucre soit un produit banal !

Alice

Alors qu'on en manquait douloureusement pendant la guerre, les sucres ont envahi depuis les parties les plus pauvres des Amériques, du Moyen Orient et d'Italie, ils sont obèses, je le découvre avec des hauts le cœur !

Alphonsine

Je suis gourmande, enfant, c'était trop cher ! C'est Maman qui va être étonnée d'avoir un énarque dans la famille !

Alice

Laisse les longues études aux garçons, me dira Maman, ça me met hors de moi !!!

Alphonsine

J'imagine la tête de Fernande !

Alice

Mon oncle Antonin, le frère de maman, à plus de quatre-vingts ans, avait été transporté à l'hôpital à la suite d'un léger malaise sur la voix publique. On ne lui avait rien trouvé et il n'y était resté que quelques heures ! Il avait toujours eu une excellente santé, malgré plusieurs années passées au front en quatorze, et, il avait rendu visite pour la première fois à un dentiste à soixante-seize ans. Et bien, à la suite de ce malaise, il s'était, en rentrant chez lui, allongé sur son lit et *(Un coup de feu)* tiré une balle dans la tête avec son pistolet d'ordonnance ! Et Dieu sait pourtant qu'il était hésitant, il lui arrivait de redescendre du train juste avant son départ par doute ! Il avait une très belle situation dans les assurances.

Alphonsine

Tous les excès sont néfastes, y compris d'avoir une excellente santé, mais je préfère cet excès là ! *(Un temps)* Pourquoi me parlez-vous de cet homme ?

Alice

Mon car va arriver !!!
(Un temps) On avait attendu quatre ans, mais les alliés sont arrivés ! *(Un temps)* En 1944, Maurice et Fernande habitaient Super Cannes, avec leurs voisins ils avaient construit une tranchée, des Allemands résidaient dans les villas environnantes, Maurice se souvenait de l'attaque du pont du Var par les avions américains, un train était en gare, à la fin du bombardement, le viaduc était intact, mais une bombe était tombée près du train, ses portes étaient déchiquetées, les banquettes recouvertes de cervelle et de sang. *(Un temps)* Les Américains bombardaient de trop haut, les Anglais bombardaient en piqué en partageant les risques avec ceux qui étaient bombardés. *(Un temps)* Avez-vous parfois des éclats d'explosion dans la tête, cette impression de déchiqueté ?

Alphonsine

Reprendre nos études, Maurice va s'en amuser, Fernande s'en réjouir !

Alice

(Un temps) La tranchée construite, Fernande et ses voisines s'y étaient réfugiées avec leurs enfants, pour s'apercevoir que c'était intenable. Ils allèrent dormir dans la cave voûtée de la maison d'en face, tous les gens du quartier y amenèrent leur lit, elle était spacieuse,

possédait une issue de secours. *(Un temps)* Après tout, se regrouper dans une cave, c'est dans l'ordre des choses, nos ancêtres se réfugiaient dans des trous ! *(Un temps)* Quand il n'y a plus qu'à se recroqueviller et attendre, --- et attendre recroquevillé !

Alphonsine

(Scrutant son poignet) Ils ne vont plus tarder !!!

Alice

Ils seront là dans quelques minutes ----

Alphonsine

Pourquoi ne pas coucher avec un copain de fac, ça me tente, un ou plusieurs, vivre avec eux, c'est la mode, les jeunes rêvent d'avoir une fille plus âgée dans leur lit !

Alice

Il n'y a aucune raison que je n'obtienne pas des résultats comparables à ceux des hommes !!!

(Un temps) Là voyez-vous, je déraisonne, je commence à, --- j'ai des trous, je le vois dans votre regard, c'est fugitif ----, vous ne dites rien, la brume trouble chaque jour un peu plus nos sens, notre image et nos idées ! *(Sonnerie de passage à niveau)* Où peut-on faire pipi !?

Alphonsine

Les toilettes de la gare ne sont jamais très propres, et sentent le grésil ! Les Allemands avaient amené un wagon surmonté d'un canon puissant dans la courbe qui précède la gare, ils tiraient de La Bouilladisse sur la flotte des Alliés dans la rade de Toulon. *(Bruit de canonnade)* J'en avais averti les résistants !!!

Alice

Il faut décimer les envahisseurs !!! *(Un temps)* Les étrangers, les vieux, le sucre, les obèses, et les Etats Unis !

(Un temps) Les Etats Unis, les Etats Unis --- ??? Pourquoi !?? *(Un temps)* Le deuxième jour, l'escadre des alliés était dans la rade de Cannes, de la terrasse, Maurice et Jean regardaient les bateaux tirer sur les blockhaus en bordure de mer à la Bocca, *(Canonnade en fond de texte)* Fernande voulait les faire redescendre dans la cave, les obus étaient lumineux et de là, les explosions à peine perceptibles, Jean trouvait que c'était beau, Maurice lui faisait remarquer qu'il n'était pas sur la plage ! *(Fin de canonnade)*

(Un temps) Madame Boualègue est sans dessus dessous, sa fille est partie avec un marin américain, le pompon des marins porte-bonheur, elle va se faire engrosser, tous des saligauds !!!

Alphonsine

Somme toute, il est assez naturel de s'enfuir en vue de se rapprocher !

Alice

Plusieurs années après, Paulette a eu une attaque, elle ne me reconnaissait plus, nous étions pourtant très proches, elle est morte sans avoir reconnu son mari, c'était aussi un saligaud, alitée pendant plusieurs mois, ça n'avait aucun sens, il vaut mieux dans ces cas là périr dans un accident, *(Un temps)* c'est soudain, et tout devient noir !

Alphonsine

Le jour où j'ai découvert que René s'était amouraché d'une Italienne, je suis devenue folle, c'était nos ennemis, comment pouvait-il me faire ça, l'aîné, et des trois, le plus raisonnable, j'étais blanche, les fascistes purgeaient leurs ennemis à l'huile de ricin ! Maurice essaya de me convaincre que les Italiens étaient nos ennemis sans l'être et qu'à la fin, c'était plutôt les ennemis des Allemands, Fernande me répétait que l'amour n'avait que faire de ce conflit et que cette Italienne, déjà en France avant la guerre, ne l'était plus ! Je pensais à la cinquième colonne, consciente que c'était de la paranoïa, enfin je ne savais pas l'expliquer, mais j'étais profondément contrarié par ce mariage !

Alice

(Regardant son poignet) Pourquoi un tel retard ?

Alphonsine

Je suis moi-même surprise ! *(Un temps)* De toute façon, même en couchant avec un étudiant, je ne ferais pas d'autres enfants, les miens sont trop grands !

Alice

J'en ai déjà élevé quatre et qui n'étaient pas à moi, je suis lasse ---

Alphonsine

Je n'avais jamais imaginé refaire ma vie avec quelqu'un de très jeune ! *(Elle esquisse un mouvement de gymnastique lent et emprunté)* Je salive et j'ai chaud, on risque, paraît-il, l'accident vasculaire, puis, de sombrer dans le coma !

(Un temps) J'ai toujours redouté qu'une fois dans le coma, on ne me débranche trop tôt, regardez, certains se sont réveillés après plusieurs années, indemnes, qu'en sait-on, sait-on ce qui se passe, l'absence de communication ne signifie rien, la seule certitude, c'est celle de possibles erreurs, la certitude que des erreurs ont déjà été commises ! Dans le coma, que connaît-on de leurs rêves ? Mais, je me porte bien et je n'ai jamais de migraines !

Alice

Que peut-on encore espérer, rien !

Alphonsine

A défaut d'être heureuse, je vais bien !

Alice

A cette époque, c'est Maurice qui venait retourner la terre du jardin, Papa était incapable de bêcher, une mauvaise terre trop sableuse pour les légumes. Nous avions quand même des pommes de terre, des tomates et des petits pois, des pois chiches aussi, avec les poules et les lapins de maman, ça nous permettait de survivre ! *(Un temps)* On racontait que les Allemands jetaient d'avion des stylos remplis d'explosif, Jean aurais pu en trouver un !

Alphonsine

J'ai participé, modestement, à la bataille du rail !

Alice

Des femmes, ils en ont, comme les autres, profitées ! !

Alphonsine

Parlez-vous des résistants !??

Alice

C'est sur le terrain de sport de l'école catholique, toujours désert, qu'un homme s'est approché de Mireille, elle était avec une copine, c'était un jeudi, il a ouvert en grand sa gabardine, sous laquelle il était nu, elles ont d'abord été surprises, l'ont observé, un instant incrédules et pétrifiées, avant de s'enfuir à toutes jambes ! On leur a expliqué que c'était un satyre, Jean a demandé s'il y avait des femmes dans ce cas, *(Un temps)* déçu que je réponde non ! Je suis allée porter plainte, Mireille avait pu nous décrire cet homme, enfin sa tête, il était connu de la gendarmerie.

(Un temps) Alphonsine, on a dû me voler ma culotte, je le sens, je sens le froid, que m'ont-ils fait, vous étiez là, j'ai connu deux guerres, ils récupéraient leurs vêtements --- *(Un temps)* Roland, lui-même, fut abandonné par Charlemagne !!!

Alphonsine

Son Italienne se prénommait Elidée, je parle de celle de René, ce n'était pas un prénom, on l'appelait Dédé, c'est un surnom, Dieu, que cette affaire m'a contrariée, Italienne !!!

Alice

(Scrutant à nouveau son poignet) C'est réellement inquiétant !

Alphonsine

Ce n'est pas dans leurs habitudes et, je ne peux plus attendre, *(Un temps)* il faut que je prépare mon trousseau, que je colle les étiquettes sur mes vêtements, je serai pensionnaire !

Alice

Au début de la guerre, les Italiens n'avaient pas compris pourquoi ils devaient tuer leurs voisins, et dès lors, ils tiraient au canon par-dessus la frontière vers des endroits où il n'y avait manifestement personne et les Français faisaient pareil. *(Canonnade)* Alors qu'un soldat italien s'était aventuré entre les deux lignes de front pour cueillir des cerises, un soldat français avait annoncé, celui là, je me le paye, et son sous-officier lui avait rétorqué, tu veux le tuer alors que tu ne le connais pas, que t'a fait cet homme, et l'affaire en était restée là ! *(Un temps)* Alphonsine, reconnaissez-vous nos voisins !??

Alphonsine

Avec nos voisins, ce sont toujours les mêmes combats !

Alice

Les mêmes combats inutiles et gratuits !

Alphonsine

Je déteste les Italiens, surtout les calabrais !

Alice

Vous et moi sommes devenus différentes, devenues des voisines de chez nous, que pensez-vous de la Saint Barthélemy !?? *(Un temps)* L'humanité vit dans l'appartement d'un célibataire égoïste, violent et malpropre qui attend le moment de jeter sa mère à la porte !!!

Alphonsine

Fernande avait décidé de cirer ses escaliers et le lendemain, les avait descendus sur le dos, Maurice avait dû m'amener les enfants. J'avais demandé au directeur de l'école de prendre Jean avec lui, il préparait l'entrée en sixième, et comme je doutais du niveau de l'établissement, j'avais fait peur à cet homme qui le mit une classe au-dessus ! *(Un temps)* Tout le monde me craignait, Jean m'avait surnommé, la tante aux gros yeux, avec Fernande, nous avions les mêmes, des sourcils fournis et charbonneux. Par coquetterie, elle les épilait et se mettait du rouge aux lèvres et aux ongles, aux ongles des mains et des pieds. Le peintre Jean Gabriel Domergue avait d'ailleurs remarqué ses pieds, ils habitaient à côté, et voulait l'avoir comme modèle, elle redoutait que Maurice ne se fâche, mais, ça l'avait flatté.

Alice

Jean Gabriel Domergue était libidineux, j'aime beaucoup Camille Claudel, Rodin était un salaud !!! *(Un temps)* Savez-vous où nous sommes, il m'arrive de me perdre, *(Un temps)* où nous sommes, ici, *(Un temps)* vous semblez être de la région, au cap d'Antibes, sans doute !

(Un temps) Quand madame Chenet venait rendre visite à maman, c'était à pied et du bout du cap, en chapeau et voilette. Elle soulevait sa voilette d'un doigt à demi tendu avant de porter la tasse de thé à ses lèvres, et s'exprimait comme une Anglaise, mais sans accent. Lors de leurs rencontres, elles parlaient un langage châtié, différent de celui de la rue, elles avaient leur certificat d'études !

(Un temps) Maman vous traitait de pute, vous lui aviez pris son fils !!!

(Un temps) A la fin, elle perdait la tête ---. *(Sonnerie de passage à niveau)* Nous finissons par déverser des torrents de boue, expulser la fange que nous cachions aux regards ! J'ai honte !!! Eugène avait de la tension, il était resté paralysé quelques heures après sa première attaque, de trois doigts d'une main, puis, il en avait eu d'autres. A la fin, je le revois à l'hôpital, on l'avait mis dans un berceau, pour ne pas tomber, c'était encore un colosse, hagard, il ne parlait plus, ils ont fini par l'attacher, il était resté très fort, ses yeux nous suppliaient ! *(Cloche d'annonce d'un train)* Pourquoi ne pas l'avoir tué !??

Alphonsine

Quelle idée !?? A Grasse, Fernande avait fait la connaissance d'une femme charmante, son mari, lui aussi, avait eu une attaque, ils avaient vécu dans les colonies. Fernande allait chez elle avec les enfants pour goûter et cet homme, paralysé et perpétuellement assis dans un fauteuil à l'angle de la table, se mettait à hurler avec des yeux méchants, chaque fois ! C'est la vie !!!

(Un temps) Vous ne trouvez pas qu'on mange bien ici, tout est ---

Alice

Tout est monotone et plat !!! Nous passions nos vacances en montagne avec un ou deux amis, je faisais des photos, j'ai toujours fait des photos, en 6x9, en noir et blanc. Je préparais nos voyages, Maman se mettait en rogne : -- Ne régente pas la vie de ton frère, tu le couves ! Elle était mal placée pour le dire ! --Il doit se marier !!!

Il doit se marier, mais pourquoi, *(Un temps)* est-ce nécessaire et que vais-je devenir ?

Alphonsine

Avec nos diplômes, nous changerons ça !!!

Alice

Maman, aussi, avait de la tension, le docteur l'avait découvert par hasard, en venant voir papa. A près de soixante-dix ans, elle avait eu un arrêt cardiaque, très long, à plus de quatre-vingts, elle déféquait partout et tenait des propos incohérents ! Mireille était convaincue qu'elle le faisait exprès, pour ---, oui, pour l'emmerder, qu'elle était réellement méchante et la détestait ! Ses propos redevenaient quelquefois étrangement lucides. *(Un temps)* Alphonsine, que nous arrive-t-il ? Depuis quelque temps, votre marche me semble plus hésitante, incertaine, *(Un temps)* je suis moi-même ankylosé !

Alphonsine

J'ai connu pire ! Je rentrais à la gare, il faisait nuit noire, l'air était glacé, une nuit sans lune, une chape de nuages, j'avançais à tâtons, me croyant au milieu de la rue, j'ai heurté la bordure du trottoir, je suis tombé en avant, il y a eu un craquement, j'ai réussi à me traîner, je serais morte de froid, oui, de froid, jusque chez madame Long, épuisée, j'ai cogné à sa porte, et malgré le vent, elle m'a entendu. Fernande est venue s'occuper des enfants, j'étais plâtrée de haut en bas, immobilisée ! Jean était ravi d'être à La Bouilladisse !

Alice

Immobilisée, rien n'est pire ! J'ai essayé de m'enfuir deux fois d'ici, la première fois, par hasard, je m'étais trompée de porte et retrouvée dehors, j'ai fait sept kilomètres à pied, et comme je ne retrouvais pas mes clés, celles de l'appartement, je suis allée chez le boulanger, je le connaissais bien, la police est venue et je suis repartie dans un fourgon grillagé, ils m'ont traité comme un voleur, j'étais décontenancée, furieuse et fatiguée, j'avais perdu une chaussure !

Alphonsine

J'ai toujours eu peur qu'on m'extorque un accord quelconque ou qu'on croit l'avoir obtenu ou qu'on profite d'un moment de faiblesse de ma part ou de l'ambiguïté d'un regard qui pourrait être las, ou encore de ma réponse à une question différente de celle qui m'a été posée et que j'aurai mal entendue ou comprise, *(Un temps)* il suffit d'une intraveineuse, pour un jour me faire disparaître comme un chien ! *(Un temps)* Vous sentez mes battements de cœur !!?

Alice

Ce jour là, j'avais perdu une chaussure !

(Un temps) pendant la guerre, Maurice les ressemelait avec des bouts de pneus, quand Jean traînait les pieds, lui si calme s'énervait. On voit bien que tu ne répares pas tes semelles ! Et piqué au vif, Jean avait décidé d'essayer, à sept ans, il avait lâché le marteau dans la cuvette des cabinets, en le saisissant sur une étagère, et l'avait trouée, Fernande était folle ! L'été, je lui offrais des espadrilles de corde qu'il allait tremper dans le goudron, qui refroidi, les rendait inusables !

Alphonsine

Il y a tant de façons idiotes de perdre ses chaussures ! *(Sifflement et bruit de vapeur)* Je me souviens de ce voyageur qui venait à Aubagne dans un train qui ne s'y arrêtait pas, il avait quand même décidé de descendre, d'autant qu'il lui semblait entendre le train ralentir, et quand il avait pris sa serviette et son parapluie et enfoncé son chapeau et s'était lancé dans le vide, le train roulait à quatre-vingt-dix kilomètres à l'heure ! *(Bruit de roulement)* C'est à ce moment là que Maurice, incrédule, l'avait aperçu. On ne saura jamais pourquoi au lieu de rouler sous le train, il s'était mis à tourner comme une toupie en se déplaçant d'une centaine de mètres parallèlement à la voie avant de s'effondrer inconscient. Quelques jours plus tard, il était venu rechercher son chapeau, sa serviette, son parapluie et une chaussure, il n'avait rien, il s'était reposé, on avait parlé de miracle !

Alice, en dépit de toutes ces menaces, je suis optimiste !!!

Alice

Voulez-vous que l'on vous aide à traverser les voies, que j'appelle un porteur pour votre sac ?

(Cloche d'annonce) Pendant la guerre, nous récupérions les olives et les pissenlits au bord de la route, nous échangions les olives contre un peu d'huile et nous partagions les pissenlits avec les lapins, à égalité ! Les gens faisaient perpétuellement tremper un gros clou dans de l'eau qu'ils faisaient boire à leurs enfants, pour qu'ils ne manquent pas de fer ! Fernande voulait en faire boire à Jean, Maurice doutait de l'intérêt de cette eau croupie !

Alphonsine

Le soir, je l'immerge dans l'eau, *(Mastiquant)* où ai-je mis mon appareil, *(Mastiquant en montrant ses dents)* on me l'a refait trois fois, le dernier, plus moderne, est d'un goût bien meilleur !

Alice

(Regardant son poignet) Pourquoi nous auraient-ils oubliés ?

Alphonsine

Je bous d'impatience !!! Je n'ai jamais beaucoup ri ! L'ENA me convient.

Alice

J'organiserai le voyage de promotion, nous irons en Antarctique, j'adore la mer !

(Un temps) A Juan, il était impossible de se baigner, pour prévenir tout débarquement, les Allemands avaient enterré des mines, enfoncés des pieux de bois et mis des barbelés sur la plage, puis construit des blockhaus. J'étais une excellente nageuse ---

(Un temps) Ici, ils m'ont proposé de me baigner deux fois par semaine, je me lave tous les jours et je vous remercie, leur ai-je répondu, si, si, nous allons vous baigner !!! Le département les aiderait d'avantage pour les pensionnaires dépendants, chut, je l'ai entendu dans le couloir, un intéressement lié à leur longévité, ils n'ont de cesse de rendre dépendant ceux qui ne le sont pas, Madame, nous viendrons vous laver deux fois par semaine, ils ont insisté !!! *(Un temps)* On nous exploite, je me méfie, je surveille mon voisin, il a étranglé sa mère !

Alphonsine

Comment !??

Alice

 Avec un lacet !

Alphonsine

Pourquoi ?

Alice

Elle avait cassé ses jouets ! *(Un temps)* Si vous jouez au Scrabble, vous aurez remarqué que le mot étranglé est de huit lettres !

(Un long temps) Maurice était arrivé sur la place de la mairie avec Jean, ce jour là, elle était presque vide, au centre il y avait un gibet, il tenait son fils par la main, tout à côté une affiche : « Ont été pendus ce matin ! », puis, des noms inconnus, « pour sabotage » et le dessin d'un homme accroché à une corde, noir et vert, la tête inclinée, les mains dans le dos. *(Sonnerie de passage à niveau)* --Sabotage, qu'est-ce que c'est, avait demandé Jean. Un dessin noir et vert ! *(Un temps)* Alphonsine, mieux vaut tout oublier ! *(Un temps)* Je devine m'égarer de plus en plus souvent dans d'étranges pensées et me perdre là où je me trouve, ce n'est plus supportable, d'ailleurs, où sommes-nous ici, *(Un temps)* j'ai les pieds glacés !

Alphonsine

Nous devrions le tuer, c'est un malade, votre voisin, ils sont plus nombreux qu'on ne le pense, *(Un temps)* et ce serait profitable !

Alice

Chut, ne parlez pas si fort, il nous entend, le tuer, pour ne plus avoir à le surveiller, si c'est profitable, c'est tentant, profitable pour qui, ça l'est toujours pour quelqu'un, mais comment, le tuer comment ?

Alphonsine

Au sarin, c'est un gaz !

Alice

Du gaz, non, n'y pensez pas, vous feriez sauter la poste !!!

(Un temps) A Cannes au début de l'avenue de Vallauris, il y avait l'usine à gaz, en fait l'usine était à la Bocca, là, il n'y avait que des réservoirs, et pendant toute la guerre les riverains ont vécu dans la hantise d'un bombardement.

Alphonsine

Il faudrait des masques de la guerre de quatorze, mon père en gardait au grenier, il en avait deux boites !

Alice

Deux boites de sarin ou deux boites de masques !!? S'il s'agît de gaz en boite, c'est commode, facile à utiliser. *(Un temps)* Presque tous ont été gazés !!!

Alphonsine

Chut, lesquels, les débiles, les poilus ou les Juifs ?

Alice

Les trois, c'était une horreur et en quatorze, c'était à l'ypérite !

Alphonsine

Le sarin, plus récent, serait meilleur, ils continuent les recherches, ils faisaient des expériences sur certains prisonniers !

(Un temps) Je ne veux pas donner mes organes, alors qu'on me le demande, je redoute un arbitrage insensé, de perdre ma vie pour sauver quelqu'un de plus utile, il pourrait être tentant pour certains, soucieux d'efficacité, de me débrancher trop tôt, on réforme les wagons, tentant de prélever une pièce sur un vieux véhicule pour en équiper un neuf, je n'aimerais pas que l'on m'enlève un essieu, j'ai toujours à ce sujet un affreux doute ! Au fil du temps, on s'attache à soi, je n'ai pas de prothèse, mon seul désir est de mourir en l'état d'origine !

Alice

Alors là, je m'en fous, mes organes, je n'ai rien fait pour, je n'ai rien fais contre, j'ai fait avec !

Alphonsine

(Un temps) J'ai croisé hier mon ami sénateur, devenu ministre des anciens combattants ! Il y a des millions d'anciens combattants, lui ai-je dit, pourquoi ne s'intéresser qu'aux plus jeunes, *(Un temps)* avez-vous pensé à Monsieur de Richelieu, *(Un temps)* silence poli de sa part. Monsieur de Richelieu a défendu La Rochelle, ai-je ajouté. --Mais, mais, Madame, Monsieur de Richelieu est mort ! Il me prenait pour une gourde !!! Pourquoi ne pas donner, à titre posthume, la Légion d'honneur à Monsieur de Richelieu ? --A titre posthume ??? Je me suis fâchée ! Combien de collaborateurs avez-vous, *(Un temps)* non, ne répondez pas, et aucun n'a pensé à Monsieur de Richelieu ?

Alice

Je me fous de Richelieu et de la légion d'honneur, si vous saviez, et je suis certaine que vous ne lui avez demandé ça que pour l'emmerder, *(Un temps)* d'autant que l'état s'en fout aussi, il a toujours été sanguinaire, obèse et diabétique, en cas de danger, n'en attendez aucune protection personnelle, je ne vais plus voter, *(Un temps)* ne me parlez pas de civisme, jamais aucun des horticulteurs auquel j'avais rendu trop d'argent au guichet, ne me l'a ramené, combien de temps encore allons nous échapper aux persécutions, puis, à l'assassinat, par lassitude, indifférence ou soucis d'économie !!?

Alphonsine

Vous rêvez à de biens sombres ---, trop sombre pour moi !

Alice

(Un temps) Michèle est née en 1946 ! Un an plus tard, Maurice a été nommé à Grasse, sous-chef de gare, c'était une gare importante, elle comptait trente employés. Ils y ont aménagé en mille neuf cent quarante-huit !

Alphonsine

(Regardant son poignet) Comment leur cacher ma contrariété !!?

Alice

Moi, de même !

Alphonsine

J'ai de l'ambition, j'ai toujours eu de l'ambition, pourquoi ne pas me présenter à la mairie ?

Alice

Pour y faire des ménages !!? Je souhaite d'une manière ou d'une autre, quitter cet endroit, je saurai me débrouiller !

Alphonsine

Subitement, Josette a voulu se marier, pour être indépendante, à dix-huit ans, là aussi, ça me contrariait, je voulais qu'elle continue ses études, la guerre avait tout accéléré, il avait dix ans de plus, était mineur de fond, un métier dangereux, épuisant, ce qui n'arrangeait pas les choses, j'ai essayé d'empêcher ce mariage, puis, j'ai pleuré en la voyant en blanc, il s'appelait Néné, à nouveau ce n'était pas un prénom, j'avais la chair de poule à l'église, ce sont les orgues qui me font ça, *(Sifflement, bruit de vapeur et de roulement)* un mécanicien a sifflé en passant en gare. René avait appris le violon, Josette le piano, Gaby s'était mis à la clarinette, j'avais voulu qu'ils ne manquent de rien !

Mes deux frères sont des coureurs de jupons !!! *(Un temps)* On vient de violer une femme de mon âge, dans un train, *(Un temps)* et je me surprends à rêver !

Alice

J'aurais honte !!! En rentrant à l'improviste, Paulette a découvert que son mari était couché avec quelqu'un d'autre, si encore, --- mais non, c'était dans son lit, je n'ose pas dire ce que j'en pense, on a l'impression que pour eux, c'est vital, que rien d'autre ne compte, faire ça dans son lit à elle, je parle de lui !

Alphonsine

J'adore les extraterrestres, ils copulent à la perfection, ils m'apportent ce que j'attends !!!

(Un temps) Vous savez, mes enfants m'en auront fait voir ! *(Un temps)* Quand Fernande a appris qu'elle attendait son quatrième enfant, elle en était si bouleversée qu'elle est allée à Saugues se faire consoler par maman, maman n'était pas du tout de celle qui console et l'a renvoyée en lui disant qu'elle en avait élevé cinq !

Alice

C'est l'heure de la compote, je me sens déjà ballonnée ! *(Un temps)* Le temps s'est gâté, *(Un temps)* il fait froid, avez-vous vu ce ciel ?

(Un temps) Fernande allait accoucher, Jean et Mireille étaient avec moi. Papa était mort en septembre, de la tuberculose, les derniers temps, il n'embrassait plus les enfants, leur disait bonjour, au revoir, de loin, la mairie était venue désinfecter sa chambre, c'était au printemps, que maman avait eu une crise cardiaque, elle était restée inanimée plus d'un quart d'heure, qu'elle ait survécu tenait du miracle, elle n'a plus jamais été la même, très affaiblie. On se sent très affaibli !

Alphonsine

Nous les verrons demain !

Alice

Vous êtes trop confiante !!!

Alphonsine

Le chef de gare de Grasse craignait que l'on oublie son établissement, isolé, tout en bas de la ville, nous en avions parlé tous les deux lors d'un de mes passages et avions conclu qu'il fallait organiser un bal, le bal de la gare, il y avait déjà celui de Saint-Claude, Fernande était enchantée, Maurice ne comprenait absolument pas notre démarche, un bal, ne voyait pas de lien, je trouvais leur fille Jacqueline jolie et très bien élevée, je souhaitais que Gaby la rencontre !

Alice

(Un temps) Savez-vous où nous sommes, je déteste cet endroit, et il fait presque nuit !

(Un long temps) Un employé de la gare d'Antibes était venu en vélo en fin de soirée nous avertir que Fernande avait donné naissance à une petite fille, Maurice leur avait téléphoné !

(Un temps) Qui êtes-vous, j'ai l'impression de bien vous connaître, mais je ne me souviens pas de votre nom !

Alphonsine

J'avais recommandé que nous invitions à ce bal quelqu'un de Marseille, un dirigeant, il ne fallait pas non plus que le Centre oublie qu'il y avait une gare à Grasse, Maurice nous traitait de rêveurs et pensait que personne de la compagnie ne viendrait pour un bal de quartier, il avait tord, Jean fut déguisé en Provençal, sa cavalière était beaucoup plus grande que lui, et nous avons écrit un compliment qu'il a récité à nos deux invités. Mais, je fus déçu par l'attitude de Gaby, son peu d'empressement, à partir du moment où je lui avais présenté une jeune fille, elle devenait suspecte !

Alice

Le même employé était revenu vers minuit nous crier depuis l'impasse que Fernande était très fatiguée, *(Un temps)* qu'elle était très fatiguée ---. J'ai pris Jean avec moi, je ne me sentais pas capable de faire le trajet à pied, seule jusqu'à la gare, et je voulais des explications, savoir ce que Maurice exactement leur avait dit, *(Un temps)* j'étais soudain très inquiète ! *(Sonnerie de passage à niveau)* Le sous-chef de gare d'Antibes était sur le quai, sa casquette était blanche, *(Bruit de vapeur et de roulement)* Jean était devant moi, curieusement cet homme ne le voyait pas, et alors que j'en étais encore à plusieurs mètres, il me dit d'une voix grave : --J'ai le profond regret de vous informer que votre belle sœur est décédée en fin de soirée d'une hémorragie. *(Un temps)* Sa voix était profonde, *(Un temps)* j'ai ressenti le froid, le froid du cœur à la peau, *(Un temps)* Jean s'est retourné en sanglots et jeté dans mes bras.

(Un temps) Où nous sommes-nous rencontrées !!?

Alphonsine

Je venais de perdre ma fille aînée, *(Un temps)* oui, avec quatorze ans d'écart, Fernande était presque ma fille aînée. *(Un temps)* Elle venait de découvrir que Jean était amoureux de Jacqueline, de huit ans plus âgée, et ça l'agaçait ! *(Un temps)* Avais-je moi-même été amoureuse ? Adolescente, *(Un temps)* puis, plus tard, puis mariée ? *(Un temps)* Puis après, quelquefois ? Oui, bien sûr ! Comment était-ce ? *(Un temps)* J'ai du mal à le décrire ---, c'était ---, oui, c'était comme un gros nuage de vapeur, oui, de vapeur très blanche, le halètement d'une locomotive, son démarrage lent, très lent, le patinage sur la voie, une fumée très noire, les bielles qui battent, le signe de la main du mécanicien, le tchik tchak du graisseur qui égrène le temps, ce halètement rauque, un coup de sifflet strident, l'odeur du charbon mouillé et celle de la suie, un peu âcre, le foyer grand ouvert et rougeoyant, brûlant, une chaleur qui saisit, sidère, laisse pantoise, une machine qui passe en pleine vitesse, montant vers Valdonne, cramponnée à l'arrière de son train, comme si les deux ne faisaient qu'un, puis le tender qui suit en oscillant, différant du reste, libre en partie, en partie seulement, la voie, les deux rails parallèles, qui à l'infini se regroupent, on n'y voit plus qu'un point, dans le soleil couchant, un point noir sur de l'écarlate. Amoureuse malgré tout !
(Cloche d'annonce, sifflement, bruit de vapeur puis de roulement)

Alice

(Un temps) Comment se fait-il que nous soyons ensemble !??

(Un long temps) Je vous présente mes condoléances, il n'avait pas dit un mot de plus ---, après, tout est allé très vite, c'était insupportable, nous avons réveillé Marie Rose, puis, Paulette, je ne savais pas ce qu'il fallait faire, où était mon devoir, Maurice ne pourrait jamais se débrouiller seul avec les enfants, nous avons marché longtemps dans la rue, sans but ----. Nous sommes montés à Grasse le lendemain, il était effondré, je le voyais pleurer pour la première fois, il répétait : c'était sa destinée, pourtant personne ne l'accusait, c'était sa destinée ---, le docteur leur avait dit qu'on n'accouchait plus à la maison, on ne l'imaginait pas responsable, --- lui-même, peut-être ?

Alphonsine

Jean, veux-tu une dernière fois embrasser ta maman, il était très courageux, *(Un temps)* un baiser de marbre !!!

Alice

Nous avons fait une réunion de famille, les deux frères de Fernande étaient là. Je peux récupérer Maurice et les trois aînés ---, ai-je annoncé, ma voix était blanche !

Alphonsine

Fernande ne viendra plus !

Alice

(Regardant son poignet) Maurice, peut-être encore ---.

Alphonsine

Tout est désordonné, Dieu nous a rouées de coups, je ne crois plus en Dieu, je ne vais plus à l'église qu'aux mariages et aux enterrements. *(Un temps)* Mais, j'ai résisté, ça n'a pas toujours été drôle, résisté, j'en suis surprise et assez satisfaite !

Alice

Le métal qui me constitue est écroui, je suis en fouillis !

Alphonsine

René et Josette avaient quitté la maison, Gaby allait le faire, je n'avais pas cinquante ans, le travail à la gare me permettait de m'occuper d'un nouveau-né, *(Un temps)* je récupérais Geneviève à la maternité de l'hôpital, confuse, je n'avais pas acheté de biberons depuis si longtemps ---

(Un temps) On ne vaccinait pas encore contre la diphtérie, ma fille aînée était morte, son chien avait pleuré toute la nuit, la machine était haut le pied, il avait voulu mettre un sabot sur le rail, trop tard, mettre un sabot sur le rail ou accoucher, encore, à la maison ---, trop tard.

Alice

L'horreur peut se résumer en quelques phrases, simples, courtes !

(Un temps) Dieu est un homme et ce sont tous des saligauds !!! *(Un temps)* J'attends le car, vous attendez le car, vous aussi ?

Qu'est-ce que je vous raconte !?? *(Un temps)* Dans ma tête, tout a volé en éclats, s'est délité, lézardé --- *(Sonnerie de passage à niveau)* Pourquoi continuer à vivre comme un légume, sombrer par étapes et le deviner jusqu'au moment où on n'a plus assez de mémoire pour s'en souvenir, ça coûte beaucoup pour soi et trop pour d'autres !

(Un temps) De deux ans plus âgée, vous rendez-vous compte de votre état !!?

Alphonsine

Désormais tout va bien, j'en connaissais certains, débiles à la naissance, d'autres qui l'étaient devenus, à l'école, en travaillant, où voudriez-vous placer la frontière entre les fous et les autres ?

Alice

(Un temps) Je retrouvais Maurice, mais, par défaut, notre connivence ne serait plus jamais la même, Fernande restait une frontière entre nous, il fallait élever les enfants, je ne voulais pas la remplacer, n'en avais pas le droit, je les ai élevés, plutôt comme une gouvernante, je ne sais pas si ma tendresse s'était éteinte ou si simplement, je l'étouffais par devoir, par devoir de mémoire envers elle, j'étais trop attachée à Maurice pour lui donner l'impression que je voulais, ou pouvais, lui succéder !

Alphonsine

Quelques mois plus tard on a fermé la gare de La Bouilladisse et j'ai été nommée chef de gare à Simiane, près d'Aix, et peu après, j'ai compris que Geneviève devait être rendue à son père, j'ai pris le premier prétexte venu. *(Roulement de train)* A mon retour, j'ai retrouvé un chausson sur le sol du bureau et je me suis effondré en larmes. Un client était là, déconcerté.

Alice

Vous tremblez !??

Alphonsine

Certains me disaient, vous captivez votre auditoire, vous devriez enseigner l'histoire, j'avais une bonne mémoire et bien, je n'ai jamais pu me souvenir de maman le jour de ma naissance !

Alice

Moi non plus ! Mais ma mémoire remonte plus loin, je me souviens d'avoir été un photon, puis d'avoir cogné quelque chose, une autre particule sans doute, et je me retrouve ici, *(Un temps)* le temps passe trop vite ! Oh ! Temps suspend ton vol !!!

Alphonsine

Enseigner l'histoire, pourquoi n'en retient-on que des dates insolites, des bribes insensées, quelques images d'Epinal, une vague mélodie et quelques souvenirs d'ébène, un bois trop noir !!?

Oh ! Temps suspend ton vol ! *(Un temps)* Préférez-vous que nous prenions le train, quelle heure est-il, oh mon Dieu, déjà ! *(Cloche d'annonce)*

Alice

On ne prendra pas le même train, même s'ils se suivent de peu, et j'attends le car, je suis essoufflée de cette course et j'ai un point de côté !

Alphonsine

Jean était depuis quelques jours à Simiane, au centre du village, il y avait un château, le vieux compte était venu en promenant, je les avais présentés. --Etes-vous l'un des descendants de Madame de Sévigné, lui avait demandé Jean. --Comment le savez-vous ? --Madame de Sévigné écrivait à sa fille se rendant dans le midi : « Le Rhône me fait une peur étrange ! », j'ai appris que sa petite fille avait plus tard épousé le comte de Simiane. Ce brave homme était interloqué, j'étais moi-même réellement surprise. --Mais, où l'avez-vous appris--- ? --A l'école ! *(Un temps)* Que quelqu'un de la gare, de passage à la gare, mon neveu, sache ça, le remplissait d'enchantement, il était sur un nuage, le chemin de fer, pour lui, changeait tout à coup de visage, de couleur, il aurait acheté un billet pour aller quelque part, nous remercier, aller n'importe où, *(Un temps)* jusqu'à Marseille, peut-être !

La vie continue, pleine d'étranges surprises, Alice, il faut s'y préparer !

Alice

Aller n'importe où, quelque part surtout !

(Un temps) Une partie de la vie de Maurice s'était interrompue, nous allions tous les dimanches au cimetière avec les enfants, n'oublie pas de prendre un broc pour arroser les

fleurs, j'ai mis des chrysanthèmes, c'est ce qui tient le mieux en cette saison, Geneviève s'asseyait sur sa tombe.

Alphonsine

J'ai fini ma carrière à Aix, en plein centre, la gare des marchandises était là, je m'occupais des colis. J'y avais quelques amies dont les maris avaient d'excellentes situations dans les Pétroles, cela flattait mon ego et c'était pour elles une sorte de revanche, *(Un temps)* en face de leurs époux, mon amie chef de gare, disait l'une, *(Bruit de vapeur et de roulement)* l'importance de la gare était secondaire, disparaissant derrière le titre, j'ai une excellente amie qui est chef de gare, disait l'autre, *(Un temps)* c'était drôle ! Nous ne parlions jamais de sexe entre nous, si ce n'était pour le déplorer, *(Un temps)* mes enfants m'en ont fait voir !!!

Alice

Maman vous traitait de pute, vous lui aviez pris son fils !!!
(Un temps) Mais, avec ce drame, Maman venait de le retrouver.
(Un temps) Tiens ! Le temps se calme ---
(Un temps) Nous allions en vacances au lac des Settons, dans une maison, très simple, sans eau ni commodités, mais, c'était un changement d'air, nous faisions de longues promenades à pied entre deux averses, Jean fanait chez les voisins.

Alphonsine

Savez-vous ce que c'est que faner, c'est batifoler dans un pré ---.

Alice

(Démarrage puis bruit de roulement de train) Mireille s'est mariée la première, Jean l'a suivi, Maman est morte l'année d'après, puis, Michèle et Geneviève nous ont quittés, et nous sommes restés seuls tous les deux, *(Un temps)* une dizaine d'années, puis Maurice est mort, *(Arrêt du roulement)* après une opération banale.
(Un long temps) Alphonsine, c'est moi qui l'ai tué !!!

Alphonsine

Non, il s'est laissé mourir, il avait depuis longtemps décidé de rejoindre Fernande.

Alice

Je commençais à avoir des absences, d'affreux trous de mémoire, il le voyait, je devenais irascible, agressive, m'emportait à tout propos, furieuse contre moi-même ou d'autres, je me retournais contre lui, il se taisait et savait que ça ne pourrait qu'empirer !

Alphonsine

Dans ce départ, je lui reprocherais un peu de lâcheté, l'abandon d'un enfant trop gâté, *(Un temps)* vous avez la chair de poule !??*

Alice

Il est grand temps, *(Un temps)* nous devons les retrouver !

Alphonsine

Nous verrons demain !

Alice

Ce tunnel est noir et n'en finit plus, *(Un temps)* nous devrions nous entre-tuer, comme chaque fois qu'entre eux, les hommes sont dans une impasse !

Alphonsine

Il ne s'agirait plus d'une impasse, mais d'un coupe gorge, voulez-vous du réglisse, c'est sucré !

Alice

J'ai la fronde de mon neveu dans ma valise, les cailloux du ballast seront de bons projectiles !!!

Alphonsine

Vous me donnez le hoquet !

Alice

Vous viviez aux côtés des machines à vapeur et il n'y en a plus depuis trente ans ! *(Cloche annonçant un train)* Ici, on ne peut plus s'abriter, ils ont détruit la vieille marquise, et tout à côté, reconstruit la poste sur l'ancien cimetière, ils y retrouvé et déterré des os, j'en ai des frissons, *(Un temps)* on gazait les débiles pour récupérer leurs dents et leurs vêtements !

Alphonsine

Vos commentaires sont insolites et inquiétants !

Alice

Je ne connais rien aux poisons et aujourd'hui, je le regrette ! Votre visage me rappelle quelqu'un, mais, ça remonte à des années ! *(Un temps)* A quoi joue-t-on, ici, ou que fait-on, je ne sais plus !

Alphonsine

Joue-t-on, j'aimais beaucoup la marelle, mais, je la pratiquais peu, je devais m'occuper de mes frères et de mes sœurs, plus jeunes !

Alice

J'ai un nœud dans l'estomac, combien de temps encore vont-ils s'occuper de nous ?

Alphonsine

Alice, vous avez votre retraite !!!

Alice

Arrivera le moment, un jour, une date, au delà de laquelle on ne soignera plus les ---, où les ressources seront insuffisantes, où on ne trouvera plus personne pour s'en occuper ---

Alphonsine

Ne raisonnez pas en vaincue, je touche du bois, ça pourrait survenir !

Alice

Le suicide est-il préférable à l'euthanasie prévisible, inéluctable, qu'elle soit personnelle ou groupée ???

Alphonsine

Le suicide est plus propre, il n'y a pas de coupable et plus de doute !

Alice

J'ai peur, et je vais vomir sur le ballast !

Alphonsine

Vous devriez reprendre vos promenades en montagne, je ne sais pas, grimper le mont Blanc, avec un peu d'entraînement, on l'escalade dans la journée !

Alice

Je reconnais mon devoir, vous étrangler, *(Un temps)* je ne sens plus mes jambes, la raison en est confuse, mais, s'il me reste un devoir à accomplir, c'est celui-là !!!

Alphonsine

Soyez prudente dans vos élans, le cou est fragile, vous me faites frémir, je sens soudain, moi aussi, le froid !

Alice

Maman vous traitait de pute, je dois achever de vous ce qui était détestable et devient chaque jour un peu plus branlant, regardez, vous ne pouvez plus plier vos doigts !!! *(Un temps)* Maurice et Fernande seront là !

Alphonsine

Ne tentez pas de maquiller de vieilles rancœurs de quelque rationalité, nous avons le même âge et je suis votre aînée ! (Un *temps*) Les premiers temps, vous ne pouviez pas garder Geneviève, et après, je devais vous la rendre, nous en avons, elle et moi, beaucoup souffert, je n'accepte aucun reproche à ce sujet ! !

Alice

En lui faisant rencontrer Fernande, vous avez détruit la vie de Maurice, *(Un temps)* détruit la vie de Maurice !!!

Alphonsine

(Un temps) N'oubliez pas que vous étiez sa sœur ! Sa sœur !

Alice

Vous avez sans cesse cherché à l'attirer près de vous, où sont vos mérites !!?

Alphonsine

Il y a longtemps que face aux tourments que suscitent ce genre de propos, je n'ai plus de larmes, vous-même, en avez-vous jamais eu, de larmes !!?

Alice

Les enfants n'ont manqué de rien !

Alphonsine

De tendresse !!!

Alice

Vous en manifestiez pour deux et au premier venu, maman avait raison !

Alphonsine

Ne me reprochez pas ce qui est commun, en postillonnant sur mon tablier!!!

Alice

N'ayez aucune crainte, l'eau ne mouille pas les plumes des vieilles courtisanes ! J'espère que vous partirez, d'ici, la première !!!

Alphonsine

Vous m'agacez, vos insultes sont inappropriées et inopportunes !

Alice

De quoi parle-t-on !?? *(Début de sonnerie de passage à niveau)* Quel est le sens de cette lente agonie du corps et de la tête, de l'un, de l'autre ou bien des deux, de cette façon d'entrer dans l'au-delà par dépendances et petites étapes perdant insensiblement leur netteté ? *(Fin de sonnerie)*

Il faut interrompre cette dégringolade et en finir proprement ! *(Elle ouvre sa valise pour s'emparer d'une fronde et laisse s'échapper sur le sol une pelote de laine, un tricot et des aiguilles)*

Alphonsine

Votre tricot vient de choir sur le quai !

Alice

J'ai les doigts gourds, je perds mes mailles, mais, je vais trouver une pierre bien pointue !!!

Alphonsine

Ce n'est pas une fronde, c'est un lance-pierre !

Alice

Jean s'en servait à la Bouilladisse pour casser les porcelaines des lignes téléphoniques, mais, sans succès !

Alphonsine

Et bien, si j'avais su ça, je lui aurais tiré les oreilles !!! *(Un temps)* Vous allez vous blesser, ne soyez pas chimérique, le caoutchouc de ce jouet, desséché depuis des lustres, va se briser et vous fouetter la main !

Alice

Vous êtes femme de mauvaise vie, et j'ai beaucoup de force dans les poignets !!!

Alphonsine

Ne m'approchez pas !!!

La lumière ambiante commence à décroître

Alice

Où que l'on regarde, ce chemin est en impasse ! *(Un temps)* Ils me souhaitaient la fête des mères, et vont m'accompagner au train *(Bruit de vapeur et de roulement)*. Je mélange les choses tous les jours un peu plus, saurais-je encore reconnaître mes neveux ? *(Un temps)* Alphonsine, pourquoi nous débattre dans ce bourbier, l'odeur de la charogne y précède, de trop de temps, celle de la mort, je vais viser la tempe ! Mes joues sont bouillantes !!!

Alphonsine

Quel est le sens de cette lente agonie, mais, ni plus ni moins que le sens du reste, je vous trouve resplendissante ! Restez où vous êtes ! Depuis des années, je vais et je viens, comment pourrais-je répondre à cette question sans savoir ce que nous faisons ici, ce dont je suis incapable et ce n'est pas faute d'y avoir réfléchi. Reculez !!!

(Un temps) J'étais à Poitiers et saurais me défendre contre une agression !

Alice

En rentrant de l'hôpital, Antonin s'était allongé, puis tiré une balle dans la tête, j'ai les mains qui tremblent, vos narines sont blanches et pincées !

Alphonsine

Entre vengeance et compassion, voire même assassinat gratuit, rien n'est clair, quel est votre mobile, remettez de l'ordre dans vos idées !!!

Alice

Je vais me jeter sous un train, il n'y aura plus de mobile !

(Sonnerie de passage à niveau)

Alphonsine

Je préfère, c'est plus honnête ! Je ne veux pas servir de réceptacle à vos pulsions et je ne partage pas votre extrême lassitude, moi, je préfère m'allonger près d'un voyageur plutôt que sous un train, l'idée d'ailleurs me séduit, il va faire nuit, près d'un voyageur, ce que vous me racontez n'est pas drôle !

Alice

On ne souffre pas, *(Bruit de roulement)* quelques secondes d'appréhension, mais, je vais d'abord faire pipi !

Alphonsine

Si vous croyez que les choses sont différentes, préférez à l'inconnu d'ici, l'inconnu de la bas, et bien tant pis, c'est ce que vous avez de mieux à faire, c'est si personnel, mais, vous n'aurez aucun accompagnement de ma part, *(Un temps)* je suis amoureuse des débris et des rêves qui me restent, de joies ou de défaites, ils me tiennent à cœur, *(Un temps)* je vous dis adieu, et tenant à apprivoiser mes douleurs, je vais boire un vin sucré !

(Elles s'embrassent)

Alice

Avant de les incendier, Néron, savait-il si les maisons romaines étaient inhabitées ? Je compte le lui demander !!!

C'est lui ! Oh, mon Dieu, le voilà ! Je ne l'attendais plus. Maurice !!! *(On devine le grincement d'une brouette)* Maurice !!!

Alphonsine

Je vais lui dire ce que j'en pense !!!

Jardinier

(Poussant une brouette. Une pelle et un râteau en dépassent) Euh, oui ?

Alice

D'où vient son chapeau !?? Tu nous avais oubliés !??

Alphonsine

Ce n'est pas lui !!!

Jardinier

Euh, si, euh, oui, je, je suis Maurice !

Alphonsine

Je ne le reconnais pas ---

Alice

Je ne lui connaissais pas ce chapeau ! Tu reviens du jardin ?

Jardinier

Oui !

Alice

J'espère que nous aurons des tomates !

Jardinier

Des tomates ? Euh, non ! Je ramassais les feuilles --- Ce n'est plus la saison !

Alphonsine

Je ne le reconnais pas !

Alice

Tu ferais mieux de bêcher ! Des feuilles, le soleil et le vent s'en chargent. *(Un temps)* Je compte reprendre mes études ! Je t'attendais ! Tu es toujours d'un excellent conseil ! Voilà ! *(Un temps)* J'en suis moi-même surprise !
(Elle l'embrasse) Je me réjouis que tu sois là !

Alphonsine

Alice ! Vous en êtes sûre !?? Il a beaucoup changé ---

Alice

Quoiqu'il arrive, vous n'êtes jamais contente ! Puis, vous en accusez le destin ! C'est trop facile !!!

Alphonsine

Il paraît plus jeune ---. Je n'ai pas à rougir de ma vie !!!

Jardinier

Euh ! Qu'avez-vous dans vos sacs, dans ces valises !??

Alice

Nous rentrons avec toi ! Je reprendrai ma chambre ! *(Un temps)* Ici, c'est impossible, il n'y a ni tableau, ni craie !

Alphonsine

Ce sont nos affaires !

Alice

Nous ferons un arrêt chez Prunier ! Je n'ai plus de gomme ! *(Un temps)* Alphonsine veut préparer l'ENA ! Comment vont les enfants !!?

Alphonsine

Je l'ai connu plus, plus vif !

Alice

Sa passivité exaspère Fernande ! Et elle doit lui demander de faire les choses, trois fois.

Jardinier

Qui est Fernande--- ???

Alice

Je dormirai dans la chambre de Maman ! Près du cagibi !

Alphonsine

Nous n'allons pas traverser le village avec lui dans cette tenue !!!

Jardinier

Je ne me change qu'à la maison. C'est plus commode !

Alphonsine

Si Alice reprend aussi ses études, de Strasbourg, je ne pourrais pas l'aider !

Alice

Qu'attend-on !??

Jardinier

Euh, mais, mais je n'en sais rien ---

Alphonsine

Maurice, à quelle heure finissez-vous ?

Jardinier

Je finissais quand vous m'avez appelé ---

Alice

C'est bien, j'avais hâte de rentrer !!!

Jardinier

Il se fait tard ! *(Un temps)* Vous auriez du, vous risquez de prendre froid, du rentrer, le faire !

Alice

Nous t'attendions !!!

Jardinier

Vous devez vous, euh, je ne suis pas, euh, me confondre avec, je ne suis là que depuis, je n'ai commencé, ici, que ce matin ! Pourquoi ces valises !??

Alphonsine

Comment êtes-vous venu ?

Jardinier

En vélo !

Alice

Il a du prendre ma bicyclette. Celle de Fernande est trop petite ! *(Un temps)* Nous te suivrons à pieds !

Jardinier

Non, mais, il ne faut surtout pas !!!

Alphonsine

Alice ! Je reconnais la brouette !

Alice

Je sens l'humidité ! J'espère que maman a fait de la soupe !

Jardinier

Il faudrait que quelqu'un vous aide ---

Alphonsine

On mettra ma valise sur le porte bagage et celle d'Alice sur la selle ! Je garderai mon sac ! Mon train pour Aubagne ne part qu'en fin de matinée !

Jardinier

Oui ! Je vais chercher de l'aide !

Alice

Je t'assure que ce n'est pas nécessaire !

Alphonsine

J'y ai beaucoup réfléchi ! *(Un temps)* Maurice, j'accepte votre proposition de mariage ! *(Un temps)* Je n'y étais pas favorable, et vous savez pourquoi ! Je ne voulais pas d'un nouveau drame ! Et, vous êtes plus jeune que moi ! J'hésitais à maltraiter une tradition à laquelle nous reconnaissons des qualités !

Alice

Comment va papa ? Sa toux !?? Ses dernières radios n'étaient pas bonnes !

Jardinier

Je ne, je ne sais pas --- de qui ---

Alice

Il faut lui arracher les mots !!!

Alphonsine

Pourquoi rester perpétuellement en noir !!? *(Un temps)* Je suis prête à me remarier !

Alice

Vous remarier !?? Alphonsine, auriez-vous le feu aux landilles !!? Vous remarier avec qui !?? Ce n'est pas raisonnable ! Et en reprenant des études !!?

Alphonsine

Maurice !!?

Jardinier

Je ne, je ne suis là que depuis ce matin ---

Alice

Où vous êtes vous rencontrés !??

Alphonsine

(Désignant le jardinier) Vous savez parfaitement que c'était à Aubagne !!! Je devais une réponse. Elle est faite ! Dans cet hymen, il s'agit de raison. *(Un temps)* La vie m'a appris !

Alice

Les hommes ne pensent qu'à me sauter, pour vous, c'est l'inverse ! C'est de la goinfrerie !!! Maurice n'est pas libre ! Je ne sais à quelle vieille demande vous vous référez ! Je vous trouve bien présomptueuse ! Que vous reste-t-il à offrir !!? Vos illusions !!! Maman vous traitait de grue ---.

Alphonsine

Votre mère perd la tête !!! J'avais beaucoup d'estime pour elle !

Alice

Elle est morte !

Alphonsine

Vous me l'apprenez ! C'était une femme clairvoyante et bien élevée.

Jardinier

De quoi, euh, de qui ?

Alice

(Au Jardinier) J'ai l'impression que nous ne sommes pas dans le même train ! Comment va Mireille !??

Jardinier

Euh ? Nous n'avons pas vraiment choisi le prénom. Et, c'est prévu pour juillet !

Alice

Suis-je sotte !!! *(Un temps)* Maman n'est pas morte et Mireille n'est pas née ! *(Un temps)* C'est un trou de mémoire ---. C'est affreux !

Alphonsine

Maurice m'a fait la cour, il y a quelques années ! Je n'ai aucun trou de mémoire !!!

Alice

Trouvez en un autre qui, après quelques orgues, accepte de vous sauter !!!

Alphonsine

(Prenant le jardinier par la manche) Partons !!!

Jardinier

Oui ----

Alice

(Se mettant devant la brouette en brandissant son sac) Où comptez-vous aller !!?

Alphonsine

(Jetant sa valise dans la brouette) A l'église !!!

Alice

(Essayant maladroitement d'envoyer son sac sur la tête de sa partenaire) Et, vous croyez que ça va se passer comme ça !!?

Alphonsine

C'est de la jalousie !!!

Jardinier

--- allons à la cantine ! On va y servir le souper ---

Alice

(S'emparant de la pelle) Je ne le permettrai pas !!!

Jardinier

Vous allez vous blesser !!!

Alphonsine

(S'emparant du râteau et le brandissant devant elle) Et bien, nous verrons !

Jardinier

Il faut que je ramène vos bagages !

Alphonsine

Je ne resterai dans cette tenue pour la cérémonie !

Alice

(Jetant sa valise dans la brouette) Maurice ! Rentrons ! La soupe de maman va être froide ! *(Regardant dans la brouette)* Tu aurais pu cueillir quelques fleurs et ramasser les pois chiche !!!

Jardinier

Euh ! C'est un jardin de, d'agrément et les fleurs sont fanées.

Alice

(Levant sa pelle) Vous m'entendez !!! *(S'ensuit un combat lent et maladroit avec pelle et râteau).*

Jardinier

(Frappé à l'épaule) Arrêtez ! Non --- Non ! Aïe !!!

Alphonsine

(Lâchant le râteau) Vous l'avez blessé !!!

Alice

(Lâchant la pelle) Je vais le soigner !!!

Jardinier

(Se frottant l'épaule) Euh ! On va vous chercher. Il faut rentrer !

Alphonsine

L'une de nous deux doit disparaître ! Et, vous étiez prête à le faire ! Désireuse de ---

Alice

Vous me l'apprenez ! *(Sarcastique)* « Le chemin de fer a écrasé ma libido ! ». Continuez à forniquer avec les gens d'Andromède ---

Alphonsine

Tirons au sort !!!

Alice

Je ne joue pas ! Qu'à la belote qu'avec les enfants !

Alphonsine

Je n'ai jamais rien compris aux cartes ! *(Un temps)* Maurice, donnez moi une pièce !

Jardinier

(Cherchant dans sa poche) Euh, mais, après, nous rentrons !

Alphonsine

(Prenant la pièce et la regardant longuement) Où est le côté face ? *(Montrant la pièce à Alice)* Vous, vous le voyez ?

Alice

(Tournant et retournant la pièce, écarquillant les yeux) Non ! Je n'ai pas mes lunettes.

Alphonsine

 (Montrant le sol) Alors --- vous allez vous allonger sur une voix, et moi sur l'autre ! Et nous y attendrons l'arrivée du premier train. L'une sera écrasée, l'autre repartira avec Maurice ! Voie paire ou impaire, je vous laisse choisir !

Alice

Vous êtes sûr que ça ne risque rien !??

Alphonsine

 (Extirpant de sa valise deux lampes de poche qu'elle donne au jardinier) C'est vous qui conduirez ce train ! *(L'entraînant fermement avec sa brouette dans un coin de la scène)* Vous partirez de là ! J'allume vos lanternes ! *(Elle allume les lampes de poches qu'elle coince sous les aisselles du jardinier)* Vous n'avez pas de feu rouge en queue. Ce n'est pas réglementaire ! Mais, vous ferez sans ! Alice, c'est le moment ! N'oubliez pas vos bagages ! *Elles prennent leur valise et leur sac et vont se coucher l'une à côté de l'autre à l'autre extrémité de la scène en tournant le dos.*

Alphonsine

Alice, vous n'êtes pas sur la voie !!! Vous êtes sur une traverse ! *(Au jardinier)* Nous sommes prêtes ! Et n'oubliez pas le bruit ! Tcheu, tcheu ! C'est une locomotive à vapeur ! Une 140 L ! Vous faites le mécanicien et la locomotive. Partez !!!

Alice

Alphonsine, ne me laissez pas seule face aux sarrasins !

Alphonsine

Je n'ai pas regardé comment l'aiguille était orientée, ce sera la surprise ! *(Au jardinier)* Roulez lentement ! Laissez-nous le temps de --- !

Le jardinier commence à s'ébranler en dépliant et repliant ses bras pour imiter les bielles d'une locomotive et sans les écarter du corps pour ne pas faire tomber les lampes.

La lumière s'éteint. On ne distingue plus que le faisceau des deux lampes de poche et, derrière la haie, le feu du signal lumineux passant du rouge au vert.

Alice

Je me souviens d'avoir été un photon ! Puis, d'un choc ! Et, je me retrouve dans l'obscurité.

Sifflement, bruit de vapeur et de roulement d'un train sur les rails.

Fin

Futur antérieur

Jean Renault

A Jean Ledieu, graveur de disques.

Personnages

La mère : Une Arabe d'une quarantaine d'année.

Le fils : Un Arabe barbu d'une vingtaine d'années.

Le Passant : Un homme d'une quarantaine d'années, un air de poète.

Yachiru : Une Japonaise en costume traditionnel.

Isocèle : Une Européenne d'un âge indéterminé.

Charles : Un Européen, ancien universitaire.

Auguste : Un Européen, ancien militaire.

Ces quatre derniers personnages sont devenus ferrailleurs.

Voix off : Plusieurs voix off.

Costumes

Costume de ville pour **la mère**, costume arabe traditionnel, et chevilles nues, pour **le fils**.

Le passant, vêtu de noir, ressemble à l'amoureux de Peynet. Il porte dans les bras une grosse pierre, elle est suspendue à son cou.

Un costume traditionnel très défraichi pour **Yachiru**.

Des tenues défraichies pour **Isocèle** et **Charles**. Isocèle porte un stupéfiant chapeau et de longs gants blancs et sales.

Un vieux costume militaire, voire, un casque, pour **Auguste**.

Décors

Côté cour : Une table sépare la mère et le fils, sur laquelle sont posés des couteaux.

Côté jardin : Un arbre et un vieux sofa. Des détritus sur le sol. Un vieux gramophone. Quatre vieux caddies ou voitures d'enfant pour Yachiru, Isocèle, Charles et Auguste. Ils sont remplis de ferrailles, et d'un sabre pour celui de la Yachiru.

*****

Scène 1

Côté cour.

La mère, un passeport ouvert à la main, s'approche de son fils.

La mère

Qu'est-ce que c'est !??

Le fils

Tu as fouillé !!?

La mère

Qui t'a donné ça !!?

Le fils

C'est rien !

La mère

(Atterrée) Mohammed, tu veux tuer des gens !??

Le fils

C'est pour un pote !

La mère

Daoud ! Ce n'est pas toi ! Daoud ! Ce n'est pas ton nom ! *(Ouvrant le passeport)* Mais, c'est ta photo !!! Pour un pote !?? Ta photo ! Tuer des gens--- !??

Le fils

Tu as fouillé !

La mère

Tu n'as qu'à ranger tes affaires--- !

Le fils

(S'approchant) Donne-le-moi !!!

La mère

(Reculant) Tuer des gens que tu ne connais pas ! Mais, qu'es-tu devenu !!?

Le fils

Allah Akbar !!! Louanges à Allah, seigneur de l'univers !

La mère

Allah ne veux pas qu'on tue ! *(Un temps)* Et tu veux brûler des livres !?? Des livres que tu n'as jamais lus, détruire des temples dont tu ne connais rien !??

Le fils

Allah est grand et Mohammed est son prophète !

La mère

Ne parle pas d'Allah !!! *(Agitant le passeport)* Là, il s'agit du diable !

Le fils

Il faut châtier les impies, les apostats, les idolâtres !!!

La mère

Mais, de quel droit !!?

Le fils

Je vais rejoindre le Shâm !

La mère

Le Shâm ??? Pour asservir, violer, exterminer !!?
(Le portable posé sur la table sonne. La mère s'en empare) Allo !!!

Voix off 1

Avez-vous pensé à isoler vos fenêtres ? *(Un temps)* Cette semaine, nous passons dans votre commune et ---. *(Effarée, la mère coupe l'appareil en rugissant).*
Le côté cour s'éteint, le devant de la scène s'allume.

Scène 2

Au bord de la scène.

Le Passant

J'ai fabriqué un disque, une feuille d'or collée sur du verre---. *(Un temps)* J'y ai gravé l'image d'un corps humain, le théorème de Pythagore, et un dessin du système solaire. *(Un temps)* Avec comme ambition d'informer d'éventuels extraterrestres ---. *(Un temps)* Pour la NASA !
(Scrutant et désignant le côté cour) J'ai l'impression de faire le grand écart !
Le devant de la scène s'éteint, le côté jardin s'allume.

Scène 3

Côté jardin.

La japonaise, en costume traditionnel, un coussin sur le dos, (de façon à peine perceptible, ses gestes sont mécaniques), et Auguste, (On devine sa fatigue) entrent.
Ils tirent ou poussent de vieux caddies ou de vieilles voitures d'enfant, bourrés de ferrailles.
Ils arrivent dans un no man's land, un arbre, et un sofa, sur lequel repose une pile de revues.

Auguste

(Soufflant) Pff ! Je m'assois !
Yachiru commence à feuilleter une revue.
Deux nouveaux ferrailleurs, Charles et Isocèle, font irruption, ils poussent de vieux caddies.

Charles

(Furieux) Comment êtes-vous entrés !!?

Auguste

Entré ???

Charles

(Eructant) Il y a des barrières !!!

Auguste

Quelles barrières !??

Yachiru

Je m'appelle Yachiru, ce qui, en japonais, signifie, Mille torrents !
Dans le caddie d'Isocèle un portable sonne. Elle le cherche, farfouille, puis décroche.

Voix off 1

Avez-vous pensé à isoler vos fenêtres ?

Isocèle

Euh ! *(Perplexe, regardant autour d'elle)* Non ! Pas cette année !

Voix off

Nous reprendrons contact !

Isocèle

(Avenante) Bien volontiers ! *(Après avoir raccroché)* Le télémarketing, c'est un métier que, vraiment, je n'envie pas ! Alors, je les encourage !

Charles

(A Auguste) Qu'êtes-vous venus faire !!?

Auguste

(Las) Nous récupérons le cuivre ! Le cuivre---.

Yachiru

(Brandissant une revue ouverte) Vos robots assemblent des voitures avec habileté---.

Charles

Ce ne sont pas mes robots !!!

Isocèle

(A Yachiru) Les robots ---? *(Soupirant)* Je ne sais pas où ça va nous conduire !

Charles

(Péremptoire) A cinquante pour cent de chômeurs !!! *(Un temps)* Du cuivre !??

Yachiru

(Contrariée) Vous dites ça, mais ---

Charles

(Désabusé) A cinquante pour cent de chômeurs ! *(Vindicatif, soulignant ses propos d'un geste agressif)* Ne restez pas là !!!

Isocèle

Charles, cet homme a l'air fatigué !

Auguste

(Las) Je ne voudrais pas vous contredire, mais ---. *(Un temps)* Aucune des révolutions industrielles n'a ---. *(Un temps)* Les cochers sont devenus mécaniciens, les paysans des ouvriers, et leurs enfants des cadres. *(Un temps)* Des cadres---.

Isocèle

Quand même, avec tous ces robots--- ! *(Un temps)* Il y a de quoi---.

Charles

(Vindicatif) Si les premières machines ont remplacé les ouvriers, les nouvelles remplacent, précisément, les cadres !!!

Auguste

(Contemplant les débris qui jonchent le sol, fataliste) Les cités se bâtissent sur les ruines de celles qui les précèdent. *(Un temps)* Et avant, qu'est-ce que vous faisiez ?

Isocèle

(Désignant Charles, sur le ton de la confidence) Il enseignait ! *(Un temps)* En faculté !

Yachiru

(Enjouée, agitant sa revue) Le robot Nao aurait appris à marcher comme un enfant ! *(Un temps)* En rampant, à quatre pattes, puis debout !

Charles

J'imagine les ruines à venir ! *(Un temps)* Moins, ce qui sera bâti !

Yachiru

(Lisant, rayonnante) Le robot QBO se serait reconnu dans un miroir ! *(Un temps)* Et, en entendant sa propre voix, l'un d'entre eux se serait repéré parmi trois autres. *(Avec un bruit de bouche)* C'est passionnant !
Explosion lointaine.

Charles

(Maussade) Encore un attentat ! *(Un temps, désignant les revues)* Avec ça, d'attentats, nous n'en manquerons pas !!!

Isocèle

(Montrant la direction de l'explosion) Ces révoltes sont nées dans le sable ! *(Un temps)* Je suis convaincue que le désert pousse aux délires !

Charles

(A Isocèle, haussant les épaules) Dans le sable !?? Pff ! *(Un temps)* Vous devriez vous taire !

Yachiru

(Soupirant de plaisir) Ce robot, Nao, prendrait peu à peu conscience de lui-même ! *(Les bras au ciel)* Ces machines apprennent à faire face à des situations inhabituelles, *(Scrutant l'une des roues de sa voiture)* comme se déplacer sur un sol instable, avec des comportements inattendus ! *(Un temps)* C'est stupéfiant !

Charles

(Marmonnant) --- un nouvel attentat !

Isocèle

(A Yachiru) C'est inquiétant !

Auguste

(Tendant le bras dans la direction de l'explosion) Nous n'aurions pas du aller nous battre chez eux !

Yachiru

(A Auguste) Mais vous aviez des robots démineurs ! *(Un temps)* *(Enjouée)* Les robots japonais décryptent les émotions de leurs interlocuteurs, et suscitent leur empathie !

Isocèle

En Afrique, ils utilisent des rats ! *(Un temps)* Des rats démineurs ! *(Un temps)* On leur apprend comment s'y prendre sans se faire tuer, et c'est meilleur marché !

Charles

(Virulent, désignant les revues) Toutes ces machines vont percevoir la douleur *(Un temps)* et le plaisir ! Et à défaut de les ressentir, elles le simuleront ! *(Un temps)* Nous marchons sur la tête !!!

Isocèle

(Fouillant dans ses affaires) Vous n'auriez pas vu mon ours ? Un ours blanc ! *(Frissonnant)* J'ai beaucoup de caractère, mais quand je suis désemparée, je m'accroche à ce qui flotte !

Yachiru

(A mi-voix, désignant son compagnon) Auguste était dans les commandos !

Auguste

(Las) Je ne veux plus tuer personne---.

Yachiru

(Feuilletant très rapidement le journal, enthousiaste) Un nouvel algorithme serait meilleur que les meilleurs des oncologues ! *(Réjouie)* Il lirait des millions de pages par seconde !

Charles

(Haussant les épaules) Les médecins connaîtront le sort des disquaires !
Nouvelle explosion lointaine

Auguste

(Las et désabusé, tourné vers l'explosion) Nous aurions du les laisser régler entre eux leur façon irraisonnée de se haïr, de s'égorger, de s'étriper ! *(Un temps)* Et, de mépriser leurs femmes !

Isocèle

(Reniflant) J'ai l'impression de puer ! *(Désignant la direction du bruit)* Mais, tant que la foule nous évite à cause de l'odeur, nous sommes à l'abri !

Yachiru

(Professorale) Pour retrouver les explosifs, à Tokyo, nous avons des robots renifleurs !

Auguste

(Montrant le lointain) En y allant, nous pensions les protéger, d'eux-mêmes ! *(Haussant les épaules)* Ils appartiennent à des espèces devenues rares ! Comme le rhinocéros blanc ! *(Un temps)* Mais, je ne suis pas certain que les rhinocéros s'entretuent avec une telle sauvagerie.

Isocèle

(A Charles) Et vous pensez que, grâce aux robots, une moitié des emplois va disparaître ? C'est beaucoup ! Non !!? *(Un temps)* Ou vous le dites juste comme ça !??

Charles

Pas grâce, mais à cause !!! *(Un temps)* Plus vite qu'on ne croit !

Auguste

Ces machines, il faudra des hommes pour les concevoir !

Charles

(Furieux) Elles apprendront, très vite, à se concevoir !!!

Auguste

(Etonné) Vous êtes bien pessimiste !

Isocèle

(Désignant Charles) Il enseignait *(Lentement, en articulant)* la phénoménologie, *(Un temps)* c'est un mot que j'ai du mal à prononcer, *(Un temps)* autrement dit, les relations de causes à effet ! *(Un temps)* Elle n'avait pas quinze ans quand elle l'a dénoncé ! *(Un temps)* Pour agression--- ! Prétendument pour une claque sur les fesses ! *(Un temps)* C'était sa parole contre la sienne ! Et ils l'ont remercié ! *(Un temps)* Ca marque---.

Charles

(Repoussant le chariot de Yachiru, hargneux) Vous n'avez rien à faire ici !!!

Isocèle

Charles, nous avons si peu de visites !!! *(Un temps)* Elle l'a dénoncé ---. *(Un temps)* En fait, c'était une mythomane ! *(Un temps)* C'est horrible !

Auguste

Nous allons être assistés par des intelligences artificielles plus objectives que nous le sommes ! *(Trifouillant dans sa voiture avec fatalisme)* Qui vont nous aider ! Voire, décider ! *(Las)* Que demander d'autre !??

Yachiru

(Méditative) Un algorithme aurait deviné ce qu'était un chat en regardant des images !

Le passant *(Brièvement éclairé)*
(Songeur) Alan Turing s'est interrogé sur ce que, penser, veut dire !

Isocèle

(Eberluée) Décider pour nous ???

Charles

(Sombre) C'est une révolution pernicieuse---. *(Un temps)* D'où sortez-vous ce cuivre !!?

Isocèle

Si ces machines suppriment la moitié des livreurs, des chauffeurs et des ouvriers agricoles---. Dites ! Ce sera l'horreur !

Charles

Non !!! La moitié des juristes, des notaires, des assureurs, des banquiers--- ! *(Un temps)* Une horreur plus avertie !

Le passant *(Brièvement éclairé)*
Que les robots puissent détruire une moitié des emplois, dans--- vingt, trente ans ! Au départ, ce n'était qu'un bruit. Ca fait parti aujourd'hui des scénarios que l'on murmure ! Mais, entre ceux qui n'en ont jamais entendu parler, ceux qui l'imaginent comme très lointain, ceux qui n'y croient pas, il y a des limites technologiques, disent-ils, ceux qui croient y échapper, ceux qui refusent d'y songer tant les conséquences sont lourdes, imprévisibles, et révolutionnaires, au point de tétaniser leurs pensées ---. *(Léger)* Deux grandes banques viennent d'annoncer qu'elles vont réduire leur personnel d'un tiers !

Charles

(Sombre) Tous les emplois répétitifs vont disparaître. *(Menaçant)* Ce cuivre !!?
Le portable d'Isocèle sonne. Elle farfouille, le trouve et décroche.

Voix off 2

Nous lançons une enquête sur l'absence de perspectives chez les seniors ! *(Un temps)* Ca ne vous prendra que quelques minutes !

Isocèle

L'absence de perspectives--- ??

Voix off 2

Qu'en pensez-vous !??

Isocèle

(Spontanée) ---qu'il n'y aura jamais assez de ponts pour les loger !

Voix off 2

Euh ??

Isocèle

(Très affable) A vrai dire, ce n'est pas le bon moment, je vous ai dit ça, mais---. *(Un temps)* Nous recevons des amis et nous sommes à table ! *(Elle raccroche et se tourne vers Yachiru)* Ma spécialité, c'est le foie gras au whisky ! *(Un temps)* Quand il y a du whisky ! *(Riant)* Mais ce n'est pas un plat japonais !

Auguste

(Soupirant) Des emplois nous en créerons d'autres, différents, et dont nous ne connaissons rien aujourd'hui !

Charles

La moitié des femmes et des hommes finiront à la rue !

Isocèle

(A la cantonade) Combien y a-t-il de ponts ? *(Un temps)* Je n'en ai aucune idée !

Charles

(A Isocèle) Taisez-vous !!!

Isocèle

(A la cantonade) Je suis spontanée !

Yachiru

(Affable) Chez nous, ce sont des robots qui font la toilette des personnes dépendantes !

Charles

(A Yachiru, méchamment) Vous êtes lobbyiste !!?

Yachiru

Mais, c'est dans vos journaux. *(Avenante)* Ces machines semblent serviables, corvéables---.

Isocèle

A qui profite ce crime !??

Auguste

Ce crime ???

Le passant *(Brièvement éclairé)*
(D'un ton léger) Des molécules d'ADN vont former la base d'un système d'archivage capable de stocker l'équivalent de cent millions de DVD dans un grain de sable ! *(Un temps)* La totalité des connaissances humaines tiendra dans un récipient de neuf litres.

Charles

(Maussade) Préparons nous au pire !!!
Le côté jardin s'éteint, le côté cour s'allume.

Scène 4
Le fils

Allah est grand !!! Mohammed est son prophète !
Le portable posé sur la table sonne. La mère décroche.

La mère

(Peu amène) Oui !!?

Voix off 2

Nous réalisons une enquête sur l'absence de perspective chez les jeunes ! Vous avez certainement des enfants---.

La mère

L'absence de perspectives !!? *(Elle raccroche en rugissant et brandissant le passeport)* Ton truc, je vais le brûler !

Le fils

(S'approchant et tendant la main) Tu dois m'obéir !!!

La mère

(Les yeux au ciel) Soldat d'une guerre qu'il ne comprend pas, pour des offrandes à un ciel d'un autre âge, mon fils voudrait mourir en martyr !!? *(A son fils)* Allah, c'est lui faire injure !!!

Le fils

(Sortant le livre et le serrant précieusement) C'est dans le Coran !

La mère

(Péremptoire) Le Coran est pris en otage par des barbares, agnostiques, manipulateurs, machiavéliques, ambitieux, formés par les pires dictateurs, eux-mêmes éduqués par d'anciens nazis, *(Un temps)* entourés de religieux archaïques, égocentriques et ignares, cruels, prêcheurs de haine, *(Un temps)* jouissant de l'horreur, *(Un temps)* et de nous en faire partager les images !!! *(Un temps)* Ils trahissent les musulmans et les tuent ! *(Un temps)* L'islam n'est qu'un prétexte !!!

Le fils

(Méprisant) Tu ne sais pas !

La mère

Mais, j'écoute !!! *(Un temps)* Le coran, ils l'ignorent, ils ne le pratiquent pas, ils s'en servent ! Ils haïssent l'islam ! Ils le dénaturent, le dévoient !

Le fils

Il faut t'adresser à moi en baissant la tête !!!

La mère

Je suis ta mère !!! *(Un temps)* On te manipule ! *(Un temps)* Et de ces mœurs de bédouins, nous n'en sommes pas, nous n'en avons que faire !

Le fils

(Inspiré) Nous avons déjà chassés les Français du Maghreb !

La mère

Tu es français !!! *(Un temps)* Tu voudrais te venger d'un mépris que nous n'avons jamais ressenti ! *(Un temps)* Ta rancœur est factice, monté en épingle, nourrie par l'argent du pétrole ! Et ceux qui vivent du pétrole se servent du coran pour ne pas le partager !

Le fils

La charia !

La mère

(Désignant le coran) L'idée de martyr est absente du livre !

Le fils

Tu blasphèmes !!!

La mère

Le délit de blasphème n'existe pas ! L'apostasie n'y est pas condamnée ! *(Agitant le passeport)* Ils attirent les psychopathes, les monstres, les esprits médiocres, les petits délinquants, la lie, pour en faire les personnages d'un roman noir où, --- *(Dégoûtée)* un idéal monstrueux et factice et la haine se côtoient !

Le fils

L'iman sait ! *(Un temps)* C'est un homme pieux.

La mère

Tu n'es qu'un pantin !!! *(Baissant la voix)* Personne ne veut les voir revenir ! *(Un temps)* Tout est fait pour les exterminer, là bas !!!

Le fils

(Soupçonneux) Fais-tu tes prières !??

La mère

Leurs exactions vont troubler la conscience de ceux qui survivront !

Le fils

Allah nous éclaire ! Mohammed est son prophète !

La mère

(Sentencieuse) Si les attentats se multipliaient, ici, à la ségrégation que nous vivons, s'ajouterait une ségrégation de peur ! Elle augmenterait la misère ! *(Un temps)* *(Sombre)* Après Pearl Harbour, les Américains ont emprisonnés les Japonais vivant chez eux. *(Brandissant le passeport)* Tu nous invites chez barbe bleue !!! *(Sarcastique)* Sœur Anne, ne vois-tu rient venir--- ?

Le fils

(Doucereux) Hors de la maison, tu porteras le voile !

La mère

Le voile !!? *(Méprisante)* Etouffer sous des chiffons pendant que tu vas bras nus !!? Même quand elles sont consentantes, celles qui le portent en sont, à leur insu, prisonnières ! *(Un temps)* Le prophète n'a jamais exigé le voile !!! *(Fixant son fils)* Seuls les illettrés sont bardés de pareilles certitudes !
Le côté cour s'éteint, l'avant scène se rallume.

Scène 5

Le passant *(Brièvement éclairé)*
Je me sens--- écartelé ! Entre ce passé très lointain, et local, et un futur universel et proche. Entre ceux qui, apeurés, se murent, se cloitrent et, d'autres, plus libres, souverains et, inconscients, que jamais ! *(Un temps)* Entre des combats d'arrière garde et une chevauchée fantastique, délirante---. *(Un temps)* C'est bizarre !
L'avant scène s'éteint, le côté jardin se rallume

Scène 6

Isocèle

Mais, Charles !!! *(Un temps)* J'y songe ! Que vont-ils faire de leur temps ? *(Un temps)* Ces, ces inemployables ? *(Un temps)* Même le mot me fait peur !

Charles

Ils feront la guerre ! *(Examinant les tubes contenus dans le caddie de son voisin)* Ce n'est pas du cuivre, c'est du laiton ! *(Avec dédain)* Vous n'y connaissez rien !!!

Auguste

Le laiton contient du cuivre !

Isocèle

(*Interloquée*) Nos enfants ne pourront jamais s'épanouir ! (*Un temps*) Car, quand même, même si je n'y connais rien, sans travail !

Auguste

(*Se calant contre son dossier*) Pour ce faire, chère Madame, le travail n'est pas nécessaire ! (*Un temps*) Les nobles étaient inactifs !

Charles

(*Péremptoire*) Si bien que pour les occuper, on a inventé les croisades, et plus tard à Versailles, les règles de l'étiquette--- ! (*Il crache par terre*).

Isocèle

(*Lustrant ses gants blancs et sales*) J'ai toujours rêvé de vivre à Versailles !

Charles

(*A Auguste, dédaigneux*) Vous avez l'air d'ignorer que les fous, qu'ils soient nobles ou roturiers, vivaient ensemble, que les roturiers, fous, étaient au service des nobles, fous (*Un temps*) et que cette, occupation, leur permettait souvent de guérir ! Alors qu'aucun des nobles ne s'en sortait ! (*Un temps*) Vous rendrez une moitié de la population idiote !!!

Isocèle

L'un de mes ascendants avait une petite charge---. (*Un temps*) Une cure ou quelque chose de ressemblant. (*Lissant ses gants*) J'en ai gardé de l'attachement pour cette époque ! (*Un temps*) Ceci dit, je me félicite d'avoir un emploi à temps plein !

Yachiru

Un de mes ancêtres était samouraï !

Charles

Je n'ai jamais aimé les Japonais !!! (*Un temps*) (*Amer*) Quand l'oisiveté règnera en maître---!

Isocèle

Comment vais-je pouvoir l'annoncer à mes proches !?? (*Un temps*) Ils ignorent tout de cette affaire, de, d'inemployables et d'oisiveté --- !

Charles

Ils la découvriront tout seul !!!

Auguste

(*Las*) Il n'y a rien de pire que les activités répétitives ! (*Reniflant à l'entour*) Et quand c'est aussi puant que dans une usine de poisson !!!

Charles

Ne me parlez pas sur ce ton !!!

Yachiru

(*Brandissant une nouvelle revue*) On dit que certains algorithmes imitent les grands peintres et les musiciens de renom ! (*Enjouée*) C'est dément ! Non !??

Charles

(*Sombre*) Oui--- ! Dément ! (*Un temps*) J'aurais du jeter ces journaux !

Isocèle

Et qui va les nourrir ? (*Un temps*) Les, les inemployables ! (*Un temps*) Il faudra les maintenir en vie---et vivant !

Auguste

Nous !

Charles

Les tentatives de partage de ce genre ont fait soixante millions de morts !!!

Isocèle

(Son portable sonne. Elle farfouille et décroche). Allo !

Voix off 3

Je suis Agate D ! *(Un temps)* Et vous êtes---. Vous êtes ? Euh ! Bonjour ! D comme dentelle !
(Un temps) Vous savez sans doute, certainement même, que les deux tiers de vos dons sont
déductibles, non pas de vos revenus, mais de vos impôts ! De vos impôts ! *(Un temps)* Et,
que notre association, « Temps libre » bénéficie du rescrit fiscal. Et j'aimerais vous en parler
--- *(Isocèle raccroche)*

Le passant *(Brièvement éclairé)*

Ce n'est pas un problème d'argent, l'argent n'est qu'un outil facilitant les échanges. *(Un
temps)* La question n'est pas là, n'est plus là, elle est autre, elle est nouvelle : Toutes ces
machines, tous ces algorithmes, tous ces programmes, hautement productifs, permettront-
ils de loger, nourrir, transporter, soigner, éduquer et distraire les inemployés,
inemployables ? *(Un temps)* Si on remplace des employés par un algorithme, il faudra que
cet algorithme soit, non seulement, moins coûteux, mais qu'il assure la subsistance de ceux
qu'il remplace ! Autrement, ça n'aurait aucun sens ! Hors pour quelques investisseurs cédant
à leur cupidité.

Isocèle

(Enjouée) Je suis née à Cannes ! Et, bien sûr, je rêvais d'être intermittente ! *(Un temps)* Ca
n'a pas été simple, et à défaut, j'ai opté pour l'auto-entreprendre de--- de ce que je trouve !

Charles

(Sombre) Il n'y aura plus que des intermittents d'un spectacle joué par des robots !!!

Isocèle

Qu'une moitié de l'humanité n'ait plus d'usage, m'attriste !

Yachiru

(Enjouée) Les femmes consacraient leur temps à se plaindre de leur bonne ! Eduquer la
servante était une activité en soi ! *(Affable)* Et se faire obéir d'un robot toutes tâches
pourrait se révéler prenant ---

Isocèle

(Rêvant) Pouvoir enfin ne s'intéresser qu'à soi ! *(Inquiète)* Mais, est-ce que ce, soi, pourra
remplir une vie !?? Ca me trouble !

Charles

(A Auguste et Yachiru, virulent) Vous en êtes tout aussi responsables !!! Vous barbotez dans
la confiture ! *(Sombre)* Vous allez nous y noyer !!! *(Sarcastique)* Babas devant l'or qu'on vous
fait miroiter, et avec lesquels on nous empoisonne ! *(Tournant le dos)* J'en ai assez entendu !

Le passant *(Brièvement éclairé)*

Question : Pourquoi travaille-t-on ?

Nouvelle explosion lointaine.

Auguste

(Désignant le lointain) C'est à nous qu'ils en veulent ! *(Un temps)* Nous représentons ce
qu'ils exècrent ! *(Emphatique)* La connaissance, la curiosité, l'indépendance, la liberté, la
tolérance, *(Un temps)* l'impudeur ! *(Ricanant)* Et, la consommation d'alcool ! *(Las)* Mais,
comme ils ignorent où nous sommes, ils s'en prennent aux innocents les plus proches dès
qu'ils se regroupent.

Isocèle

En quatorze, mon grand, grand oncle avait été gazé ! *(Un temps)* Pour, après la guerre, enseigner la chimie ! C'est quand même bizarre, non ? *(Un temps)* Il toussait, d'une petite toux inextinguible et sèche ! Et, tant qu'il ne reprenait pas sa respiration, ses élèves restaient en apnée ! *(A voix basse)* J'ai peur du gaz moutarde !

Charles

(A Yachiru, vindicatif) Comment avez-vous atterri ici !!?

Yachiru

Euh ! De fil en aiguille !

Charles

De fil en aiguille, eh bien, c'est le devenir ! *(Un temps)* En attendant, ce laiton est à nous !!!

Auguste

Ma grande tante avait une maison ici ! *(Un temps)* Le partager serait légitime !

Isocèle

(Semblant se réveiller) S'ils ne font plus rien, que vont devenir ceux qui manquent de curiosité, *(Un temps)* d'ambition, *(Un temps)* n'ont aucun courage ? *(Mastiquant ses mots)* C'est proprement affreux !!!

Auguste

Autrefois, l'ennui était salvateur---.

Yachiru

(Amusée) Les algorithmes les feront jouer ! *(Un temps)* Ils le font déjà !

Charles

Les pesticides d'aujourd'hui en conduisent à la démence précoce ! *(Ricanant)* Les poisons de demain seront plus inattendus !

Le passant *(Brièvement éclairé)*

Bill Gates vient de déclarer, je ne comprends pas pourquoi les gens ne sont pas inquiets ! L'intelligence artificielle deviendra suffisamment performante pour poser des problèmes !

Yachiru

(Enjouée) A Nagoya, on organise de vraies funérailles pour les robots de compagnie !

Charles

(Désabusé) Ils viendront à nos obsèques !!!

Le passant *(Brièvement éclairé)*

Un grand écart ! *(Le simulant)* D'un côté, peut-être, trop de science ---. *(Un temps)* Et de l'autre, son refus ! *(Un temps)* Jusqu'à l'absurdité !

Le côté jardin s'éteint, le côté cour se rallume.

Scène 7

Le fils

(Le regard fuyant) Femme, tu dois m'obéir !!!

La mère

Je me suis réjouie des révolutions arabes, je me réjouis que l'armée ait repris le pouvoir au Caire ! *(Un temps)* Tes pratiques religieuses sont incompatibles avec la liberté à laquelle j'aspire !

Le fils

(Tapant du pied) Ce pays n'est pas le mien !

La mère

Tu n'es qu'une proie !!! *(Un temps)* Un mouton qu'on tond, puis, qu'on sacrifie ! *(Un temps)* Poussé à mitrailler au hasard, des femmes, des enfants, des vieillards, et, --- en fermant les yeux, de peur de découvrir chez tes victimes une incompréhension et un désarroi qui détourneraient ton bras d'assassin ! *(Un temps)* --- qu'une proie entraînée à en égorger d'autres ! *(Méprisante)* Croire, quand on est faible, qu'il y a de grands bénéfices à se soumettre est vain et illusoire !!!

Le fils

C'est dans le livre !

La mère

(Méprisante) Ton imam est assurément un homme très pieux !

Le fils

--- les hadits !

La mère

Tu n'as jamais écouté que les charlatans ! *(Sur la table, le portable sonne, elle décroche, excédée)* Allo !!!

Voix off 4

J'attire votre attention sur notre dernier ouvrage ! Merveilleusement illustré, il compare les religions du livre !

La mère

(Raccrochant) Qu'ils aillent se faire foutre !!! *(Un temps)* Mais le coran, tu t'en fous !!! Ce qui t'intéresse, c'est le jihad ! *(Venimeuse)* Et comme tu ne fais rien de ta vie, tu rêves d'en supprimer d'autres ! *(Un temps)* Pour te nourrir et t'habiller, j'ai nettoyé la merde chez des étrangers !

Le fils

Chez des étrangers !?? Désormais, mon oncle t'y accompagnera !

La mère

Fi de ce patriarcat !!! *(Un temps)* Les raisons qui ont fait de moi une servante sont les mêmes que celles qui ont conduit l'islam à renier le progrès !

Le passant *(Brièvement éclairé)*
Les arabes ont inventé le zéro, un concept qui n'allait pas de soi ! *(Un temps)* Mais, oubliant les travaux d'Averroès et de quelques autres, leurs querelles et le poids des plus conservateurs, les ont endormis, cloîtrés, puis asservis.
La lumière s'éteint côté cour et s'allume côté jardin.

Scène 8
Isocèle

(S'approchant de lui avec un air de reproche) Mais Charles, comment en est-on arrivé là !??

Charles

(Venimeux) Des génies malfaisants ont imité le cerveau des enfants !!! *(Martelant)* En imaginant des algorithmes, auto-apprenant ! *(Ténébreux)* Nous approchons d'un trou noir !!!

Isocèle

Auto-apprenant ???

Le Passant *(Brièvement éclairé)*
(Emerveillé) A sa naissance, l'enfant dispose d'un réseau de neurones vierges, et de sept besoins essentiels, respirer, bouger, boire, manger, uriner, déféquer et, coïter, *(Un temps)* besoins qu'il tente de satisfaire ! *(Un temps)* Chaque fois qu'il réussit, les neurones qui ont été sollicités, grossissent, alors que ceux qui sont impliqués dans ses échecs, s'étiolent et disparaissent. *(Un temps)* Son apprentissage s'inscrit donc matériellement dans son réseau neuronal ! *(Un temps)* Les chercheurs se sont dit, c'est une idée de la fin du siècle dernier, pourquoi ne pas concevoir un algorithme imitant le cerveau d'un enfant, lui conférer des désirs, et voir si, mis en relation avec l'environnement, il peut apprendre en tâtonnant à les satisfaire ! Et ça a marché !!! Au-delà de toute espérance ! *(Un temps)* Si bien que nous sommes entourés de programmes, et de robots, qui apprennent ou ont appris, seul, à nous aider, nous soulager et--- nous espionner !

Charles
(Péremptoire) Notre insatiable curiosité est la source de nos maux !
Yachiru
La connaissance nous permet de limiter l'interdit !

Le passant *(Brièvement éclairé)*
C'est un programme de ce type qui a terrassé le champion du jeu de go, mis au supplice par des coups extraordinairement inhabituels !

Charles
(Ricanant) Ce joueur se serait consolé en se disant que, contrairement à lui, la machine n'avait pris aucun plaisir à jouer ! Pff ! *(Péremptoire)* Il aurait du comprendre qu'il ne s'agissait que d'un plaisir que la machine n'avait, pas encore, ressenti ! *(Un temps)* Pas encore !!!
Isocèle
Ca m'angoisse !
Yachiru
(Découvrant un vieux gramophone) Il marche ?
Isocèle
Tout à fait !
Yachiru
Je peux ?
Isocèle
Je vous en prie !
La japonaise lance le gramophone. On entend un vieil air de jazz.
Yachiru
(A Auguste) Vous m'invitez !??
Auguste
(Las) Une autre fois !
Yachiru se lance avec maladresse dans un slow solitaire.
Isocèle
(Eclatant de rire) Manifestement, ce n'est pas une musique japonaise ! *(Un temps)* *(Critique)* Dans nos activités fort salissantes, ce coussin sur le dos doit vous gêner, non !??
Yachiru

(Virevoltant) C'est un accessoire de séduction !

Auguste

(Rouvrant les yeux) C'est un algorithme qui analyse la stratégie militaire de Daech !

Charles

(Méchamment) Personne n'ignore plus que l'armée américaine va fabriquer des robots tueurs !!!

Yachiru

(Stoppant ses gestes) Un accessoire de séduction --- *(La musique s'arrête)*

Isocèle

Des robots tueurs !??

Charles

Et capables de choisir, seul, leur cible ! *(A Yachiru et à Auguste)* Votre admiration naïve vous en rend complices !!!

Auguste

(Rouvrant les yeux) Mais avant de, de se servir de ces robots, ils ont prévu de leur faire découvrir le bien et le mal ! *(Un temps)* En leur faisant lire des contes !

Isocèle

En leur faisant lire des contes !??

Auguste

Des contes pour enfant ! *(Un temps)* Ceux que lisent nos enfants !

Charles

(Un temps) Dans mes pires cauchemars--- !

Yachiru

(Brandissant un nouveau journal) Les derniers tests de voitures sans chauffeur sont un succès ! *(Un temps)* Mais, à propos du bien et du mal, et ça va vous amuser ! A la question posée aux gens : Si face à un obstacle imprévu, la voiture devait choisir entre la mort de ses passagers ou celle d'enfants sur le trottoir, que devrait-elle faire ? Il a été unanimement répondu, préserver les enfants, *(Eclatant de rire)* sauf par ceux qu'on interrogeait dans la voiture, moins affirmatifs ! *(Sarcastique)* Les machines n'auront jamais les mêmes états d'âme, ---douteux !

Charles

(Méprisant) Pourquoi ne pas leur faire lire « Mein Kampf » et « La vie de l'abbé Pierre » !?? Puis, les laisser choisir--- !

Yachiru

Je suis convaincu que certains l'ont fait !

Isocèle

L'ont fait ???

Yachiru

---que certains algorithmes ont déjà analysé ces deux ouvrages ! *(Un temps)* Puis, jugé de leurs mérites et de leurs vices. *(Elle se lève, virevolte, bombe la poitrine)* Certains garçons et certaines filles vont tomber amoureux et auront des relations intimes, avec des partenaires de réalité virtuelle !

Charles

Ca promet !!!

Yachiru

(Enjouée) Alors qu'au Japon, nous n'avons aucune honte du corps, une majorité à treize ans, une sexualité joyeuse, sans tabou, d'ailleurs nous célébrons le pénis avec, dans les rues, des

légumes sculptés, des décorations, des sucres d'orge, à l'image d'une verge en érection, et alors que nos hommes fantasment sur les pucelles, et malgré une drague féminine féroce, *(Sombre)* une moitié des Japonais n'a pas de relations sexuelles ! *(Un temps)* Est-ce du aux barrières sociales, on évite de se toucher dans la sphère publique, ou aux relations ambigües des ados avec leur mère ? *(Un temps)* Dès qu'ils ont des enfants, leur désir s'endort ou, se noie dans l'alcool. *(Un temps)* Et plus tard, quand ils le regrettent, ils vont aux putes ! *(Un temps)* Chez nous la libido n'est ni assumée, ni paisible ! Elle est hétéroclite, cyclique, aléatoire, contrite, explosive, *(A mi-voix)* et les viols sont fréquents---. *(Un temps)* Alors, si les robots s'en chargent avec plus de sagesse et de discernement---!

Charles

Même les putains ont du souci à se faire !!!

Auguste

(Amusé, ouvrant les yeux) Aucune machine n'osera demander le divorce !

Charles

L'esclave est assommante !!!

Isocèle

(Pincée) C'est une remarque dont je me souviendrai !!!

Yachiru

Nous avons développé un art de la séduction, de la convivialité dans la nudité, de l'unité silencieuse peau à peau, et de la conversation corps exposé ---.*(Un temps)* Et comme j'en avais fait mon métier, j'ai pu aider les chercheurs qui programment les robots de compagnie. *(Un temps)* C'était passionnant !

Charles

C'est un nouveau Pearl Harbour que vous nous préparez !!! *(Un temps)* Mais, cette fois, vous serez, avec nous, sous les bombes ! *(Vindicatif)* Qu'êtes-vous venue faire chez nous !!?

Yachiru

Vos attentes sexuelles sont différentes !

Charles

(Dégoûté) Faire du marketing !!!

Isocèle

(Sortant de ses pensées) Charles, que l'on fasse appel aux connaissances d'une, *(Désignant Yachiru)* d'une putain, pour programmer une poupée gonflable me déconcerte ! *(Un temps)* Je vous assure !

Yachiru

Je ne m'interdis pas d'aller en Arabie !

Charles

Vous ne serez pas déçue !!!
La lumière s'éteint côté jardin et s'allume côté cour

Scène 9
Le fils

La charia !!!

La mère

(Les yeux au ciel) Séparer les garçons des filles pousse à une homosexualité qui ensuite suscite la haine, de l'homosexuel, de la femme, des autres, de soi !!! *(Scrutant son fils)* Comment avoir de l'empathie, dès lors qu'on se méprise !!?

Le fils

De mon père, tu n'en valais qu'une moitié ! *(Un temps)* Il t'a justement répudiée !

La mère

(Sarcastique) Cette prétendument moitié suffirait à me rendre agnostique !!! *(Un temps)* Ton père était un lâche ! Tu lui ressembles ! Et je remercie le ciel qu'il m'ait répudiée !

Le fils

(Crachant par terre) Tu n'es qu'une chienne !!!

La mère

(Arrogante) J'ai pu découvrir le plaisir!

Le fils

(Saisissant un couteau) Une chienne et une putain !!!

La mère

(Aimable) Je n'avais pas choisi ton père !

Le fils

Tu seras lapidée !!!

La mère

Lapidée !?? *(Un temps)* Il faut être monstrueusement narcissique, immature, débile, pour se réjouir de tels actes ! *(Un temps)* J'aurais du t'étouffer, enfant !!!

Le fils

Et d'ici là, tu porteras le niqab !

La mère

Tu es l'unique responsable de ton mal être !

Le fils

Et je choisirai, moi-même, les pierres !

La mère

(Méprisante) Tu as volé, vendu des poisons, *(Un temps)* violenté une voisine !!!

Le fils

(Le regard fuyant) Elle était indécente !!!

La mère

Hier, c'était le shit, aujourd'hui, c'est la croisade ! *(Un temps)* Qui es-tu !!? Si ce n'est, un drogué !!! *(Un temps)* Tu fais honte à tes sœurs ! *(Sonnerie du portable sur la table. Furieuse, elle décroche).* Allo !!

Voix off 5

Je serai brève ! Je suis Berthe A. et je suis en charge des publications ! Je vous recommande notre dernier ouvrage, « Les contes des milles et une nuit » ! *(Un temps)* Vos enfants ont besoin d'un récit, d'une fable, d'une épopée, de la lire, l'entendre, et surtout de s'y inscrire ! *(Un temps)* Quel âge ont-ils ?

La mère

(Elle raccroche et crache). Les contes des mille et une nuits !!?

Le fils

Mes sœurs épouseront des guerriers, cesseront leurs études, elles sont illicites, et resterons chez elles !

La mère

Aucune femme ne voudra de toi !!! *(Un temps)* Ta barbe de fou ne réussi pas à masquer ton menton de paresseux !

Le fils

Des milliers de vierges m'attendent !!! *(Un temps)* Les martyrs vivent dans le corps des oiseaux verts jusqu'à l'heure du jugement !

La mère

Jadis, on riait de l'idiot du village ! *(Grave)* Mais, il n'était pas armé. Ta naïveté me fait honte !

Le fils

Il te faut cesser de vivre dans l'illusion ! Le calife décidera de ton sort !! *(Empreint de fausse compassion)* Et s'il est clément, tu serviras d'épouse aux combattants, sans jamais y éprouver de plaisir !

La mère

Des combattants pour lesquels les relations sexuelles avec les enfants sont licites ! Pff !!! *(Elle crache)* Tu n'imagines pas les nuits de cauchemars qu'Allah te réserve, si tu en reviens !

Le fils

Allah Akbar !!!

La mère

Je n'irai pas reconnaître ta dépouille à la morgue ! *(Un temps)* *(Sur la table, le téléphone sonne. Elle répond avec une voix d'outre-tombe)* Oui !!?

Voix off 6

Ca ne vous prendra que quelques minutes ! Il s'agit d'un jeu, d'un nouveau jeu ! *(Un temps)* Nous aimerions savoir --- ! Ce sont des robots qui se battent et ---- *(La mère jette son appareil)*

Le passant *(Brièvement éclairé)*

Je crains que nos croyances métaphysiques ne soient gravées trop tôt dans nos neurones et, pour nombre d'entre elles, de façon irréversible !
La lumière s'éteint côté cour et s'allume côté jardin

Scène 10

Charles

(Saisissant avec un air dégoûté, du bout des doigts, une revue, sans l'ouvrir) Une intelligence artificielle décide de ses actes en analysant des millions de données. Mais, si l'une d'elles est erronée, elle se fourvoiera ! Et de façon imprévisible ! *(Un temps)* Ces machines ne sont pas dangereuse par supplément d'entendement, mais parce qu'elles sont stupides !!!

Yachiru

(Amusée) Quand il deviendra impossible de distinguer leur comportement de celui d'un être humain, on les dira intelligentes !

Charles

(Tournant le dos, sombre) C'est à l'échafaud que vous conduisez nos enfants !

Auguste

(Sortant de sa torpeur) Cher collègue, je ne comprends pas vos inquiétudes ! *(Un temps)* Ces machines resteront soumises au but que nous leur fixerons ! *(Un temps)* Le risque c'est l'homme et non, la machine.

Charles

Je ne suis pas votre collègue ! Mais, pas du tout !!! *(Un temps)* Et vous squattez chez moi !

Auguste

(Cérémonieux) A nous de nous assurer que nos démocraties disposeront, les premières, de robots conscients d'être !

Charles

Vous bouffez tout ce qu'on vous donne, comme les rats, mais ce sont des boulettes empoisonnées !!!

Isocèle

De robots conscients d'être ??? D'être quoi !??

Auguste

Conscients d'exister ! Comme nous le sommes !

Isocèle

Conscients d'être des machines ???

Yachiru

Nous sommes aussi des machines !

Auguste

Comme nous savons être des hommes et non, des ours !

Isocèle

Mon ours !?? Eh bien, je viens de le retrouver !?

Charles

(Sombre, méditant) On ne ralentira pas l'histoire---. *(Un temps)* Ces revues rappellent que nous sommes en sursis !!! *(Il en saisit une et la jette)*

Le passant *(Brièvement éclairé)*
Stephen Hawkins a déclaré, une fois que les humains auront développé une intelligence artificielle, elle prendra son envol et se remodèlera elle-même ! *(Un temps)* Et, avec un métabolisme beaucoup plus lent, nous ne pourrons rivaliser ! *(Un temps)* Il a ajouté, créer une intelligence artificielle consciente serait le plus grand événement dans l'histoire de l'humanité, mais ce pourrait être le dernier ! *(Un temps)* A court terme, ça dépendra de qui, la, contrôle. A long terme de savoir tout simplement si elle peut-être contrôlée. *(Un temps)* Les algorithmes qui passent des ordres d'achat et de vente en bourse, au millième de seconde, ne sont déjà plus réellement contrôlables---.

Charles

(Hurlant) La question n'est plus celle du progrès, mais du libre arbitre !!!

Auguste

S'il s'agit d'écouter des êtres plus raisonnables et plus cultivés que nous ne le sommes ---.

Charles

(Méprisant) Vous êtes un pétainiste !!!

Auguste

Si vous pensez que nous avons perdu la guerre, à quoi bon me le reprocher ? *(Charles crache par terre)*

Isocèle

(Insouciante) Je ne voudrais pas qu'un robot décide un jour de me débrancher, *(Un temps)* machinalement, *(Un temps)* sans percevoir ce que ça recouvre, de profond ! *(Eclatant d'un rire nerveux)* Ce serait monstrueux ! *(Un temps)* C'est méta, métaphysique !

Auguste

(Soupirant) Il sera toujours plus sage qu'une aide soignante en mal de mort !

Yachiru

(Un temps) En Suisse, la prise en charge de la sexualité des handicapés est cantonale ! *(Un temps)* Et ce sont des agents de la fonction publique, spécialisés, qui l'assument, avec leur propre corps. Les Suisses sont protestants ! *(Un temps)* A défaut de fonctionnaires français

qui accepteraient de faire jouir les infirmes ---les robots s'en chargeront ! *(Un temps)* Le bonheur du corps doit égaler celui de l'esprit !

Charles

Je déteste les putes !!!

Auguste

--- un robot qui pousserait simplement mon caddie !

Isocèle

Nous faisons connaissance, ne nous chamaillons pas pour une menace lointaine !

Charles

Trop proche !!! *(Las)* Et je ne cesse de vous le répéter !

Le passant *(Brièvement éclairé)*

Pour Munsk, l'intelligence artificielle constitue la plus importante des menaces ! *(Un temps)* D'autres lui répliquent : Pour qu'une espèce veuille en exterminer une autre, il faut qu'elles partagent le même habitat et se disputent les mêmes ressources ! Ajoutant, ce qui ne sera pas le cas dans la confrontation, à venir, homme/machine !

Isocèle

(Un air de reproche) Charles, nous devons absolument interrompre ces recherches !

Charles

(Accablé) C'est trop tard !

Isocèle

(Repentante) Je n'avais jamais lu ces journaux. *(Un temps)* Je regrettais l'absence d'images !

Yachiru

(Inquiète) Auriez-vous une prise électrique ?
Explosion lointaine

Charles

(Désignant la direction de l'explosion) Avec dix pour cent de chômeurs, les barbares frappent à nos portes, avec cinquante, ce sera le rejet général, l'exclusion, le regroupement, l'interdit, l'accusation de blasphème, la mise à mort du mécréant, la haine, la torture, le meurtre, l'esclavage, le viol ---.

Le passant *(Brièvement éclairé)*

Ca, je ne sais pas ! *(Soucieux)* Mais, il faut s'attendre à une concurrence humaine accrue, au règne de l'urgence, de l'immédiateté, au travail isolé, à la tâche, au noir. *(Un temps)* S'attendre à ce qu'il n'y ait plus que quelques emplois permanents, de nombreux mercenaires, et une multitude de précaires ! *(Un temps)* Et pour beaucoup, à une situation de survie ! ---s'attendre à une réalisation de soi au travail devenue un luxe réservé à une minorité. ---à des politiques inefficaces, un dialogue social inopérant, une cohabitation difficile ! *(Enjoué)* Mais tout autant, à un usage des biens se substituant à leur propriété, à l'autoproduction, la récupération, au troc, à la solidarité, l'activité bénévole, aux liens sociaux, aux dons, *(Un temps)* voire, en un revenu minimum d'existence, *(Un temps)* en une grande perméabilité entre sphère professionnelle et privée, et une mentalité d'aventurier cohabitant avec l'esprit collectif !

Charles

(Accablé) Des sorciers vont naître--- poussant les plus fragiles vers des voies parsemés de cadavres, fruits de sacrifices présentés comme nécessaires à transformer l'horreur de leur vie quotidienne en œuvre d'art !!!

Auguste

L'absence d'emploi n'est ni une excuse, ni une malédiction !

Charles

(Amer) Une épidémie de croyance peut se déclarer en quelques jours !

Isocèle

Faudra-t-il qu'on les tue !??

Yachiru

(Avec un large geste de la main) Nous sommes y sommes déjà. *(Un temps)* Je ne comprends pas vos peurs---.

Isocèle

Ce qui me rassure, et c'est bien connu, c'est qu'un terroriste transpire plus qu'un innocent ! *(Péremptoire)* Il sera repéré par les robots renifleurs !

Charles

(Exaspéré, à Isocèle) Vous, vous devriez vraiment vous taire !!!

Isocèle

(Sur le ton de la confidence) Si mon époux m'a répudié, et ce n'étais pas un arabe, c'est parce que j'étais plus avisée que lui !

Charles

Vous taire !

Yachiru

(Lente) Vous n'auriez pas une prise électrique ?
Explosion lointaine

Isocèle

Et, quand je me suis retrouvée seule, absolument seule, j'aurais pu -- ! *(Un temps)* J'avais de la rancune ! *(Un temps)* Et il m'aurait suffi d'une mauvaise rencontre pour croire en de mauvaises raisons ! *(Un temps)* Je suis sensible aux idées ! Et j'étais prête à péter les plombs ! *(Un temps)* Charles m'a trouvé un emploi. Et l'emploi, c'est comme le sexe, indispensable ! *(A Auguste, avenante)* Où vous êtes vous rencontré ?

Auguste

(Sortant d'une étrange torpeur) Je ne veux plus tuer personne ! *(Un temps)* Ils ne le comprenaient pas ! *(Un temps)* J'ai participé à des actes qui m'ont profondément marqué, peut-être autant que mes victimes. *(Fataliste)* Si bien qu'aujourd'hui, ma température est trop basse, *(Un temps)* entre trente et un et trente cinq !

Isocèle

Votre trente sept serait de trente et un à trente cinq ???

Yachiru.

(S'exprimant lentement) A trente cinq, il est abominablement fatigué ! A trente et un, il est en hibernation---, comme les ursidés.

Isocèle

Mais, à son retour de, de là-bas, on ne l'a pas aidé !??

Auguste

(Las) J'étais tireur d'élite ! *(Un temps)* On m'a fait suivre un stage de tri sélectif, de tri des ordures ! *(Las)* On ne m'a rien proposé d'autre ! *(Haussant les épaules)* Et au fond, c'est ce que j'aurais toujours fait, m'occuper des ordures ! *(Sombre)* Je me souviens de leurs visages !

Ils défilent pour que je ne les oublie pas ! *(A voix basse)* Descendre à trente et un, ce serait une façon de m'en défendre---.

Yachiru.

(Très lentement) Son âme est brisée. *(Un temps)* Il ne pourrait plus vivre seul ! Je réchauffe sa peau !

Isocèle

(S'approchant, puis étreignant le bras d'Auguste) Charles est dans le même cas !

Charles

(Vindicatif, à Isocèle) Ne le touche pas !!!

Isocèle

(Désignant Charles) Quelqu'un d'une telle notoriété était nécessairement coupable---. *(Un temps)* Il réapprend à vivre ! *(Un temps)* Il était prêt à se venger, à en tuer d'autres, à se tuer. A commettre des attentats, sans cause ! Et il aurait suffi ---.

Auguste

(Las, lent) Les guerres entre robots seront moins coûteuses---. Je l'espère !

Charles

(Fataliste) Vous l'espérez--- !?? *(Un temps)* Dès qu'ils auront conscience d'eux mêmes, ils verront que nos conflits se font à leur détriment et --- s'entendront pour nous détruire ! *(Un temps)* Nous finirons dans un caniveau, morts et la tête dans le vomi !!!

Auguste

(Souriant) Vous aimez les œuvres d'Edouard Munch ! *(Traînant ses phrases)* Le malheur vous réjouit ! *(Un temps)* Et à défaut vous l'imaginez !

Isocèle

Il est encore très abattu !

Yachiru

(Répétant sa phrase au ralenti en scrutant autour d'elle) Une prise électrique ??

Auguste

(Las) Ne soyez pas paranoïaque ---. *(Emphatique)* Les robots vont nous considérer comme des dieux, créateurs !

Charles

(Haineux) Non !!! Comme des fourmis sur lesquelles on marche !

Isocèle

Une prise électrique ??? Pourquoi !?? *(Soudain interdite, et scrutant Yachiru)* Mais, cette, cette Japonaise n'est pas, n'en est pas une, n'est pas une vraie japonaise---. C'est---

Charles

(Scrutant Yachiru) C'est ???

Isocèle

(Sidérée) C'est un, une, --- une prise électrique---, un androïde---. *(Un temps)* Un androïde !!!

Charles

(Accablé) Nous y sommes !

Isocèle

(Etonnée) J'ignorais qu'il me faudrait détester les robots ! *(Sortant un couteau de son caddie et s'avançant vers Yachiru)* Je dois donc, *(Un temps)* la décapiter !

Yachiru

(Extrayant au ralenti un sabre de son caddie et le sortant de son fourreau). Croyez-vous en Dieu ?
Un temps de stupeur et d'immobilité.

Isocèle

Euh ! Non ! Pas à ce point !

Charles

(Effaré) Ils sont déjà là !

Yachiru

(Très lentement et à voix basse) Il n'y aura jamais de compétition entre nous ! *(Un temps)* Des avis divergents. *(Un temps)* Parfois !

Charles

(Virulent) Nous devrons vous obéir !!!

Yachiru

(Très lentement et à voix basse) Dont vous tiendrez compte--- ou pas !

Charles

(Défait) ---à la vitesse où vous pensez, exprimer une opinion personnelle, *(Un temps)* nous n'en serons plus capables !

Yachiru

(Rangeant son sabre, et s'approchant d'Auguste) Vous êtes las ! *(Un temps)* Je dois vous réchauffer ! *(Se tournant vers Isocèle, paralysée)* Une prise électrique, s'il vous plaît---.

Isocèle

(Son téléphone sonne. Elle décroche). Allo !

Voix off 7 *(Voix mécanique)*

Oh ! J'ai du me tromper ! Je ne m'attendais pas à ---. Mais, vous devez ---. Enfin, sachez que nous ouvrons une boucherie Halal ! *(Un temps)* Au bout de la rue de---. A côté du Sacré Cœur ---. Halal, oui, halal ! *(Un temps)* Si vous respectez les traditions ---. Je vous souhaite une bonne soirée ! *(Isocèle raccroche, éberluée)*

Charles

Des appels incessants ! *(Ricanant)* Une voix, automatique qui joue la surprise et l'erreur !

Auguste

(Las et affalé) Ce monde est bien trop compliqué ! *(Un temps)* Il l'est devenu. *(Un temps)* Trop vaste, trop vif, inattendu ! *(Un temps)* La terre fait tilt ! *(Un temps)* Si on jadis jouait avec cinquante deux cartes, aujourd'hui, c'est avec des milliers ! *(Un temps)* Alors, comment faire ? Nous ne savons plus ! *(Un temps)* Il est temps que des intelligences, plus objectives, plus équitables, plus économes, plus vives, plus amples, et meilleures stratèges, nous--- nous prennent en charge !

Le passant *(Brièvement éclairé)*
Certains transforment des hommes en machines, alors que d'autres humanisent les robots. ---c'est vraiment très compliqué ---.
La lumière côté jardin s'éteint. La lumière s'allume côté cour.

Scène 11
La mère

(Marmonnant) C'est un moment calamiteux ! *(Contemplant son fils)* Avec un tel souci de prétendue pureté, jadis il aurait rejoint les SS ! *(S'emparant à son tour d'un couteau et scrutant son fils)* C'est terrifiant !!! *(Un temps)* Je n'avais jamais cru à l'enfer !

Le fils

(Reculant) Ne t'approche pas !!! Je suis un homme !

La mère

(S'avançant vers lui, le couteau en avant) Peut-on commettre une telle abomination pour en prévenir d'autre, plus funestes --- !??

Scène 12

Le passant *(Brièvement éclairé)*
J'avais fabriqué un disque, une feuille d'or collée sur du verre---. J'y avais gravé l'image d'un corps humain, le théorème de Pythagore et un dessin du système solaire. *(Un temps)* Avec comme ambition d'informer d'éventuels extraterrestres ! *(Lent)* Envoyé dans l'espace par la Nasa, ce disque venait de sortir du système solaire ! *(Etonné)* Et je partais aux Etats Unis---. Le fêter ! *(Un temps)* Un homme s'est approché, je l'ai entrevu, il avait un sac sur le dos, ses gestes étaient déconcertants, j'ai aperçu un éclat de lumière, entendu un bruit assourdissant, mat, puis trop aigu, ressenti une force irrésistible, et ses chairs se sont mélangées aux miennes, dans un monstrueux mariage de déraison. *(Il lâche la pierre qu'il porte, accrochée autour du cou, et s'effondre). (Noir)*

Fin

Du même auteur Bibliographie théâtre

Quelle que soit l'époque --- (Version papier en vente sur **Amazon**)
« **Accords trop parfaits** » et « **Dialogues improbables** » traitent des différences de regard des deux sexes à propos de la discrétion, la sexualité, la routine, la confiance, le délire, l'idolâtrie, la violence, l'injustice, la contractualisation de la sexualité, la logorrhée, la pudeur, l'érection, la libido, le viol, la jalousie, la fusion du couple, l'anticipation, l'après boire, la délocalisation des retraités, la séduction morbide, la cuisine amoureuse, l'anglicité, le coup de foudre, le genre dominant, la violence conjugale, l'angoisse. « **Mémoires en vrac** » traite de l'irrésistible dégradation du au temps. « **La stripteaseuse** », écrite avec Sylvia Bagli, de la libido, « **Container à bouteilles** », écrit avec Eric Beauvillain, du handicap mental et social.

Flirts avec l'absurde ! (Version papier en vente sur **Amazon**)
« **L'escroquerie quantique** », traite de la liberté individuelle et la physique quantique, « **Le mouton du petit prince** », du prion et de l'homéopathie, « **Sels et chocolats** », des drogues et poisons, « **Musiques dissonantes** », de la théorie du genre, « **Philatélie** », des exécutions sans jugement, « **Vernissage** », de l'éclosion de l'intelligence artificielle, « **Les temps modernes** », du bouleversement des mœurs.

A en oublier l'horizon ! (Version papier en vente sur **Amazon**)
« **Aphrodisiaque** » traite de l'évolution de la procréation et des mélanges génétiques, « **Chloé** » de l'apparition de la conscience cérébrale dans une machine, « **L'univers du rien** » de l'emploi quand l'homme est remplacé par un programme, « **Mona Lisa Gherardini** » des progrès inattendus des algorithmes, « **La conjecture du diable** », du duo douleur/plaisir inhérent au vivant et de la terrible exemplarité du mal, « **Le bleu au féminin** » de l'irrésistible féminisation de la société, « **Yo** » de notre monde dans huit cent ans.

Jeux de construction (Version papier en vente sur **Amazon**)
« **Voie ferrée** » à propos de la réalisation du Transgabonais, « **Cale de radoub** » de grands chantiers au Nigeria, « **Tremblements de terre** », des centrales nucléaires en Afrique du Sud et en Iran, et des bouleversements géopolitiques qui les ont accompagnés, « **Chinoiseries** » des premiers pas de la Chine s'ouvrant aux occidentaux, et du monde asiatique de l'époque, « **Bagdad Airport** », de la construction de l'aéroport de Bagdad en pleine guerre entre l'Irak en l'Iran, « **Eaux fortes** », des raisons de l'effondrement du nouveau port de Nice, « **Un tunnel sous la Manche** », du combat ayant donné naissance à l'ouvrage.

Tous les textes contenus dans ces ouvrages sont intégralement, librement et gratuitement téléchargeable en **version digitale** *sur le site « leproscenium.com »*

Bibliographie romans

La colombe noire (Les Editions du Manuscrit, en vente en librairie et sur Amazon)
La gare de grasse (Les Editions du Manuscrit, en vente en librairie et sur Amazon)
La Musipontine (Les Editions du Manuscrit, en vente en librairie et sur Amazon)
Nice, 15h34 (Les Editions du Manuscrit, en vente en librairie et sur Amazon)